다시, 케인스

REVISITING KEYNES

JOHN MAYNARD KEYNES, JOSEPH STIGLITZ, GUSTAVO PIGA, LORENZO PECCHI AND 15 OTHERS

Economic Possibilities

for

Our Grandchildren

FORESTBOOKS

존 메이너드 케인스(John Maynard Keynes)
대공황을 극복하기 위한 방법을 제시한 20세기 최고의 경제학자로 불리는
케인스는 경제학자이면서 전쟁과 평화의 철학자였으며, 경제학, 정치학,
윤리와 같은 사회 문제를 극복하기 위해 고민한 사상가였고, 예술과 문화
를 사랑한 지식인이었다.

조지프 스티글리츠(Joseph E. Stiglitz, 컬럼비아대학교)
2001년 노벨경제학상을 수상한 미국의 경제학자로 27세에 예일대학 정교
수가 되었다. 현재 컬럼비아대학 교수로 재직 중이며 빌 클린턴 행정부 경
제자문 위원장, 세계은행 부총재를 역임했다.

에드먼드 펠프스(Edmund S. Phelps, 컬럼비아대학교)
2006년 노벨경제학상을 수상한 미국의 경제학자로 컬럼비아대학의 정치
경제학 교수이다. 새로운 기술의 발전에 있어 '인적 자원'의 중요성을 분석
하는 데 선구자적 역할을 한 것으로 평가받는다.

로버트 솔로(Robert Solow, 매사추세츠공과대학교)
1987년 노벨경제학상을 수상한 매사추세츠공과대학 명예교수이다. 1961
년 존 베이츠 클라크 메달을 받았고, 1961~1962년까지 대통령 경제자문위
원회에서 일했다.

게리 베커(Gary S. Becker, 시카고대학교)
1992년 노벨경제학상을 수상한 미국의 경제학자로 시카고대학에서 경제
학 교수로 재직했다. 경제학 교수를 대상으로 한 설문조사에서 가장 좋아
하는 살아 있는 경제학자로 선정되었다.

윌리엄 보몰(William J. Baumol, 뉴욕대학교)

미국의 경제학자이자 혁신가로 세계 인터넷 발전의 초석을 놓은 중요한 인물로 알려져 있다. 해롤드 프라이스(Harold & Price) 기업가 정신 교수이자 뉴욕대학교 스턴 경영대학원 버클리 기업가 정신 및 혁신센터의 학술 책임자, 프린스턴대학교의 수석 경제학자이자 명예교수이다.

파브리지오 질리보티(Fabrizio Zilibotti, 취리히대학교)

예일대학교 경제학과 교수이며, 2016년 유럽경제협회 회장을 역임했다. 2009년 45세 미만 유럽 최고의 경제학자에게 수여되는 이르요 얀손(Yrjo Jahnsson)상을 받았다.

벤저민 프리드먼(Benjamin M. Friedman, 하버드대학교)

하버드대학교의 정치경제학 교수이며, 경제학과의 학과장을 지냈다. 『Day of Reckoning: The Consequences of American Economic Policy Under Reagan and After』로 경제학계의 뛰어난 저작에 수여하는 조지 에클스상(George Eccless Prize)을 수상했다.

리처드 프리먼(Richard B. Freeman, 하버드대학교)

하버드대학교에서 허버트 애셔먼 경제학과 의장을 역임했다. NBER(미국 경제연구소)의 연구원이며 현재 하버드로스쿨에서 노동 및 정의 경제센터의 교수진 공동 책임자이다.

리 오헤니언(Lee E. Ohanian, 캘리포니아대학교)

미국의 경제학자로 UCLA 경제학 교수이자 스탠퍼드대학교 후버연구소의 선임 연구원이다. 여러 연방준비은행, 외국 중앙은행 및 국립과학재단의 고문을 역임했다.

악셀 레이욘후부드(Axel Leijonhufvud, 캘리포니아대학교)

스웨덴의 경제학자이자 UCLA 명예교수, 이탈리아 트렌토대학의 교수를 역임했다. 그는 케인스 경제학자들의 케인스 경제학 이론 해석에 대해 저서『On Keynesian Economics and the Economics of Keynes』(1968)를 통해 비판했다.

미켈레 볼드린(Michele Boldrin, 워싱턴대학교)

세인트루이스에 워싱턴대학교 경제학과 교수이자 학과장이다. 볼드린의 연구는 Dynamic General Equilibrium(동태확률 일반균형) 모델의 이론과 적용에 중점을 둔다.

데이비드 레빈(David K. Levine, 워싱턴대학교)

유럽대학연구소, 로버트 슈만(Robert Schuman 고급연구센터 공동 의장, 워싱턴대학교의 존 H. 빅스 경제학 명예교수이다. 성장 이론, 혁신 및 지적재산에 중점을 둔 일반 균형 이론에 대한 지속적인 연구를 수행하고 있다.

루이스 라요(Luis Rayo, 시카고대학교)

노스웨스턴대학교의 켈로그 경영대학에서 전략학과의 어윈 P. 네머스(Erwin P. Nemmers) 교수이자 전략학과장이며, 경제정책연구센터 연구위원이다.

레오나르도 베체티(Leonardo Becchetti, 로마 토르 베르가타대학교)

로 토르 베르가타대학교 경제학과 정교수, 경제금융학과 교수 연구원이
다. 2005년부터 이탈리아의 방카 에티카(Banca Etica)의 윤리위원회 회장을
역임했다.

장 폴 피투시(Jean-Paul Fitoussi, 유럽대학연구소)

프랑스 진보 경제학의 거장으로 존경받는 경제학자이다. 유럽대학연구소
교수, UCLA 객원교수, 파리정치연구소의 명예교수로 신케인스주의의 지
도자 중 한 명이다.

로버트 프랭크(Robert H. Frank, 코넬대학교)

헨리에타 존슨 루이스 경영 교수이자 코넬대학교 사무엘 커티스 존슨 경
영대학원 경제학 교수이다 「뉴욕타임스」 'EconomicView'에 격월로 칼럼
을 기고하고 있다.

구스타보 피가(Gustavo Piga, 로마 토르 베르가타대학교)

컬럼비아대학에서 경제학 박사를 취득한 후 로마 토르 베르가타대학에서
경제학과 전임교수로 재임 중이며, 로렌조 페치와 함께 이 책을 기획하고
편집에 참여했다.

로렌조 페치(Lorenzo Pecchi, UniCredit Group)

UCLA에서 경제학 석사 및 박사학위를 받고 로마 토르 베르가타대학에서
재무 금융 경제학을 가르쳤으며, 구스타보 피가와 함께 이 책을 기획하고
편집에 참여했다.

이 책은 케인스가 1930년에 발표했던 『우리 손자 손녀들이 누릴 경제적 가능성』이라는 에세이를 현대적인 관점에서 평가하는 책이다. 4명의 노벨경제학상 수상자를 포함한 18명의 최고의 경제학자들이 당시 케인스의 예측이 얼마나 정확했는지 분석하고 그의 통찰에 관해 여러 논의를 제시한다. 케인스는 에세이에서 경제 성장을 결정하는 요인들을 정확하게 설명하고 약 100년 후 경제 성장과 소득, 생활 수준 향상에 관해 훌륭하게 전망했다. 그러나 노동시간의 감소와 소비, 생활양식의 변화에 관해서는 틀리고 말았다. 이 책에서 여러 경제학자는 경제문제가 해결된 이후의 사회에 관한 케인스의 이상적인 전망을 비판하고 그의 예측이 왜 틀렸는지 분석을 제시한다.

그의 에세이 이후 90년이 지난 현재, 성장은 계속되고 있지만 기술 발전에도 불구하고 노동시간은 크게 줄어들지 않았고 소비는 증가하고 있다. 또한 여전히 세계의 많은 이에게 경제문제가 아직 해결되지 않았고 불평등은 심화되었으며 지구는 기후변화 재난에 직면하고 있다.

이제 케인스가 자신의 손자 손녀 세대를 생각했던 것처럼 우리도 손자 손녀 세대를 위해 미래를 고민해야 할 때다. 이 책은 케인스의 통찰을 돌아보며 모두가 함께 번영할 수 있는 세상을 만들기 위해 어떤 노력이 필요한 것인가라는 커다란 질문을 던지고 있다.

_이강국 리쓰메이칸대학교 경제학부 교수

케인스는 새로운 시대의 지평을 연 천재이며, 현실에 참여하여 실제 사회 변화에 기여한 실천적 경제학자의 전형이었다. 그는 제1차 세계대전의 종결에 기여했고, 그 봉합 과정이 새로운 세계대전을 불러올 수 있음을 경고했다. 때이른 사망 이후, 그의 천재적인 아이디어는 다양한 경제학자들에 의해 곡해되었다. 그의 아이디어에 대한 아전인수와 곡학아세는 현대 사회의 비극 중 하나다.

그는 대공황이 한창이던 1930년에 『우리 손자 손녀들이 누릴 경제적 가능성』을 기고했다. 이 기고문은 단순히 미래에 대한 상상의 나래가 아니었다. 보호무역에 대한 비판과 더불어, 당시 팽배하던 비관론을 일축하여 경제를 회생시키고자 하는 실천적 경제학자로서의 의미심장한 한 걸음이었다. 그리고 그는 옳았다. 이 책을 통해 케인스의 이른 사망이 현대 사회의 비극임을 또 한 번 확인할 수 있다.

_홍진채 라쿤자산운용 대표이사

| 차례 |

21세기에 따져보는
우리 손자 손녀들이 누릴 경제적 가능성

이 책은 어느 날, 저녁 두 필자가 전화로 존 메이너드 케인스가 1930년대 초에 쓴 짧은 에세이인 『우리 손자 손녀들이 누릴 경제적 가능성』에 대해 이야기하다 틀을 갖추기 시작했다. 케인스는 길지 않은 지면에 100년 후 사회상과 경제 상황에 대한 흥미진진하고 대담한 일련의 예측을 풀어놓으며, 마치 후손들에게 내 예상이 맞는지 한번 시험해보자고 도전장을 내미는 것 같았다. 이는 많은 사람이 20세기 최고의 경제학자로 꼽는 인물의 예측이라는 점에서 상당히 흥미로운 도전으로 보였다. 그리고 에세이에서 제기된 질문이나 성격, 또 그로부터 물꼬가 트일 활기찬 담론과 격렬한 논쟁을 예상할 때 거대한 도전이라고 할 만했다.

우리는 이런 생각을 자연스레 다른 경제학자들과 공유했고, 그들에게 케인스의 에세이에 대한 사견을 밝히는 글을 한 편씩 써달라고 부탁했다. 우리는 쟁쟁한 경제학자들을 꽤 많이 접촉했는데 그중에는 케인스의 주장에 동조할 만한 사람들도 있었고 반기를 들 법한 사람들도 있었다. 일부 학자들은 우리 제안을 정중히 거절했지만, 열여섯 명으로부터 긍정적인 답변을 받았다. 그중에는 우리 사회에서 가장 칭송받는 경제학들이 포함돼 있었다. 윌리엄 보몰, 레오나르도 베체티, 게리 베커, 미켈레 볼드린, 장 폴 피투시, 로버트 프랭크, 리처드 프리먼, 벤저민 프리드먼, 악셀 레이욘후부드, 데이비드 레빈, 리 오헤니언, 에드먼드 펠프스, 루이스 라요, 로버트 솔로, 조지프 스티글리츠, 파브리지오 질리보티가 바로 그들이다.

이 책에는 케인스의 에세이와 함께 이 필자들의 에세이가 수록돼 있다. 또 성장, 불평등, 부, 노동, 여가, 문화, 소비주의, 기업가정신을 논하면서 케인스가 말한 우리 손자 손녀들이 누릴 경제적 가능성이 21세기 초인 현재 실제로 어떻게 실현됐는지에 대한 다양한 시각을 전한다. 이 책에서 소개하는 새롭고 흥미로운 질문과 대답들이 케인스가 원래 던진 화두만큼 매혹적이고 강력하길 바란다.

케인스 전문 전기작가인 로버트 스키델스키Robert Skidelsky에 따르면 『우리 손자 손녀들이 누릴 경제적 가능성』(이하 『경제적 가능성』)은 이제껏 많은 경제학자에게 가벼운 소고 정도로 인식돼왔다. 케인스 본인이 그 글을 어떻게 평가했는지 직접 알려주는 기록은 없지만, 우리는 그가 에세이를 통해 내놓은 자신의 생각들을 상당히 좋아했으리라고 확신했다. 그렇다면 거기에 담긴 내용이야말로 케인스의 사고방식을 보여주는, 작지만 중요한 실마리로 삼아야 한다고 생각했다.

『경제적 가능성』의 첫 번째 버전은 1928년 초에 탄생했다. 케인스는 관련 내용을 학생들을 대상으로 한 학회에서 몇 차례 소개했다. 그 후 1930년 6월 마드리드에서 열린 강연을 위해 몇 가지 내용을 크게 수정했는데, 대공황의 전조를 구체적으로 언급하는 부분도 그때 추가되었다. 이 책의 1장에 수록된『경제적 가능성』전문은 케인스가 1931년에 출간한『설득의 에세이Essays in Persuasion』에 수록된 에세이의 마지막 버전이다.

1930년에 이르자 케인스는 자신과 동시대 사람들이 아주 심각한 경제 위기에 당면했다고 확신했다. 1930년, 그는 「더 네이션The Nation」지의 5월 10일자 기사에 "대다수가 아직 깨닫지 못한 사실은 우리가 현재 극심한 국제적 경기 침체에 빠져 있으며 이번 침체는 역사에 뚜렷이 기록될 가장 고통스러운 위기가 될 것이라는 점이다. 소극적으로 은행 금리나 만지작거려서는 이런 형태의 불황에서 헤어날 수 없으며 아주 적극적이고 단호한 정책이 필요하다"라고 썼다Roy Harrad, 1972, p. 469. 케인스는 이런 시대적 어려움이 있는데도 당시 다수의 국가에 팽배해 있던 '경제적 비관주의'를 '나쁜 공격'이라고 비판했고, 자본주의 사회가 장기적으로 낙관적인 미래를 만들어낼 것이라는 자신의 전망을 굽히지 않았다. 결국 그는 1931년에 발표한 책『설득의 에세이』에『경제적 가능성』을 수록했다.

『경제적 가능성』에는 1) 경제 성장을 결정하는 요인들에 대한 놀랍도록 현대적인 설명, 2) 100년 후(2030년)의 생활 수준과 노동 행태에 대한 일련의 예측, 그리고 3) 케인스의 윤리 철학 및 미학적 견해를 바탕으로 한 미래 생활양식에 대한 고찰이라는 세 가지 내용이 담겨 있다.

케인스의 에세이를 읽는 오늘날의 독자라면 소득 수준에 대한 그의 예측 일부는 어쩌면 그렇게 정확할 수 있는지, 그에 반해 근로시간과 미래 생활방식에 대한 예측은 또 어쩌다가 그렇게 빗나갔는지 이 두 가지에 놀라게 될 것이다. 말이 나온 김에 밝히자면 그는 2030년이 되면 자신의 손자 손녀 세대들이 마침내 저축이나 재산 축적 같은 경제 활동에서 해방돼 더 이상 일하지 않고 권태로울 정도의 풍요로움 속에서 예술, 여가, 시에만 전념하게 될 것으로 전망했다.

하지만 오늘날 현실을 보면 의학, 생화학, 교통, 컴퓨터와 통신 같은 분야에서 탁월한 성과를 이룬 것은 물론이고 1930년부터 지금까지 거대한 경제 성장이 이루어졌음에도 정작 케인스가 상상했던 세계와는 상당한 괴리가 있어 보인다(물론 그가 예언한 시점이 되려면 아직 25년이 남았지만[*]). 케인스의 손자 손녀들은 실제로 부유해졌고, 사실상 그가 예상했던 것보다 더 부유하다. 그렇다고 할지라도 그의 손자 손녀 세대는 여전히 저축과 축재를

---

[*] 이 책의 원서인 《Revisiting Keynes: Economic Possibilities for Our Grandchildren》은 2010년 8월 미국에서 출간되었다.

해야 하고, 장시간 일해야 하며, 권태로울 정도의 소비를 하는 수준에는 도달하지 못한 것으로 보인다. 지적이고 사회적, 경제적 지식이 해박한 케인스가 미래의 경제 성장과 생활 수준은 정확히 예측했음에도 노동과 여가, 소비와 저축 추세는 왜 그렇게 잘못 짚었을까?

성장에 대한 케인스의 예측

—

"앞으로 100년 후에는 선진국의 생활 수준이 오늘날보다 4배에서 8배는 더 높아질 것으로 보인다"라는 케인스의 예언은 옳으면서도 그 자체로 틀린 것으로 밝혀졌다. 이 책에서 질리보티 교수가 계산한 것처럼 "케인스의 예측으로 미루어 보면 그가 적용한 경제 성장률의 최대치는 2.1% 정도가 된다. 그런데 문제의 반세기 동안 인구 가중치를 적용한 연평균 성장률은 2.9%이며, 이는 생활 수준이 단 50년 만에 4배가 증가한 셈이 된다. 2.9%의 연간 성장률을 100년에 대입하면 생활 수준이 17배 증가하는데 이는 케인스가 예측한 최대 성장률의 2배가 넘는다."

1930년대에 영국에서 100년 후의 경제 상황을 예측하는 것은 적어도 두 가지 이유에서 정확할 수 없다. 첫째, 제1차 세계대전 이후로 경제 성장 속도는 상당히 둔화하였다(증가하기는커녕 오히려 1인당 국민소득이 약간 감소했다). 특히 중요한 점은 성장률이 몇십 년 전보다 훨씬 낮다 보니(이 책 12장의 볼드린과 레빈 교수 글 참조) 낙관적인 전망을 하기에는 상황이 너무 암울했다는 것이다. 둘째, 당시 경제학자들에게는 성장을 예측할 만한 이론적으로 타당한 도구가 별로 없었다. 오늘날 우리가 아는 "성장 이론은 1930년대에 존재하지 않았다. 그 시대 경제학자에게는 생산량이 장기적 추세에 가까워지는 균형 상태*의 성장 경로를 자신 있게 예측할 만한 이론적 수단이 거의 없었다. 가령 1930년대에 개발된 해로드-도마Harrod-Domar 성장 모델의 경우 시장 경제는 만성적으로 높은 실업률로 불안정할 것이고 균형 상태는 불확실한 칼날 같다고 예측했다(6장의 오헤니언 교수 글 참조)."

　일반적으로 케인스는 경기 변동 이론을 발전시킨 공로로 찬사를 받았지만 『경제적 가능성』을 보면 그가 자본 축적과 기술 진보 같은 경제 발전의 역학까지 꿰뚫어보는 뛰어난 성장 이론가라는 것을 알 수 있다. 케인스가 경제 성장 과정에서 발생하는 문제들을 간과한 것은 사실이지만, 당시 사람으로서 그런 측면까지 생각해내기는 불가능했을 것이다. 예컨대 세계 기후변화는 그에 따르는 엄청난 사회적 비용을 고려할 때 오늘날 중대한 경제 문제가 된다. 그리고 이 책에서 윌리엄 보몰이 일깨워준 것처럼 "대량 살상 무기를 점점 더 낮은 비용으로 손쉽게 가용할 수

---

*　steady state: 거시경제학에서 쓰이는 말로 경제가 균형 상태에 있는 것을 뜻한다.

있는 상황" 또한 향후 인류의 번영을 심각하게 훼손할 수 있다. 게다가 케인스는 그가 마땅히 흥미를 느꼈을 법한 성장의 세부 사항들을 지나쳤다. 즉 생활 수준이 한 국가 안에서는 물론이고 여러 국가를 아울러 보편적으로 향상되기란 어렵고, 부적절할 정부 정책 때문에 저하될 수 있으며, 생활 수준이 다시 정체되기 시작하면 민주주의 같은 사회적, 정치적 합의가 전복될 수 있다는 사실을 지나친 것이다.

분배 문제를 외면한 케인스

『경제적 가능성』에서 케인스의 주된 관심사는 유럽과 북미 같은 소위 선진국에 태어날 손자 손녀 세대들의 미래였다. 확실히 케인스는 자민족 중심의 견해를 갖고 있었고, 다른 세상의 운명에는 별로 관심이 없었던 것 같다. 질리보티가 이 책에서 제시한 데이터들은 성장률이 시간에 따라, 또 지역에 따라 얼마나 달라질 수 있는지 보여준다. 유럽에서는 1인당 소득 증가율이 1950년대와 1960년대에 상당히 높아졌지만 이후 둔화하였다. 반면 북미에서는 1960대에는 완만했던 1인당 소득 증가율이 이후 수십 년 동안 급격히 높아졌다. 일본과 기타 동아시아 국가들의 경제 성장은 1990년대에 큰 타격을 받았으나 인도와 중국은 최근 20~30년에 걸쳐 괄목할 만한 성장을 이뤘다. 라틴 아메리카 국가들의 경제는 1950년부터 1975년까지 강세였지만 이후 연이은 위기에 봉착했다. 북아프리카와 중동의 운명도 비슷했다. 사하라 이남 아프리카 지역에서는 안타깝게도 지난 50년간 이렇다 할 발전이 없었다. 평균적으로 보면 인류는 케인스가 제시한 가장 낙관적인 전망에 부합할 만한 발전을 이뤘다. 하지만 이 책의 여러 필자가 지적했듯이 케인스가 소득 분배 문제를 완전히 간과했다는 점이 문제로 남는다.

스티글리츠가 이 책에서 일깨워주듯이 "세계 인구의 약 50%는 하루에 2달러가 안 되는 돈으로 살고 있고, 그중 약 10억 명은 하루에 1달러 미만의 돈으로 연명한다." 게다가 세상에는 부유한 나라 옆에 극심하게 가난한 나라가 있을 뿐 아니라(국가 간 불평등), 선진국에서든 개발도상국에서든 부유한 개인 옆에 극심하게 가난한 개인이 사는 것을 흔히 볼 수 있다(국가 내 불평등). 프리드먼 교수는 이 책에서 20세기의 마지막 25년 동안 미국에서 늘어난 불평등 데이터를 제시하며 이 사실을 강조하는데, 그는 "불평등한 분배는 대다수 국가의 성장에 실질적인 걸림돌이 됐다"라는 결론을 내렸다.

많은 선진국에서 자본가와 인적 자본을 가진 숙련 노동자의 소득 비중이 커지면서 이들의 생활 수준이 상당히 높아졌다. 하지만 그에 반해 비숙련 노동자의 생활 수준은 정체되거나 아주 천천히 개선되었다. 그 결과, 임금과 경제 성장의 관계에 흥미로운 문제가 생겼다. 케인스의 예측은 기술이 진보하고 자본-노동 비율이 증가하면 임금은 상승할 수밖에 없다는 가정에 기초한다. 하지만 그는 분배 문제와 그 결과에는 주목하지 않는다.

이런 관점은 로버트 솔로에 의해 시험대에 오르는데, 그는 "케인스가 분배 문제에 전혀 주목하지 않은 것은 심각한 오류"라고 지적해왔으며, "소득 분배 및 임금과 수익의 산출 결과는 노동이 자본에 얼마나 쉽게 대체될 수 있는지에 달려 있다. 자본으로 노동을 비교적 쉽게 대체할 수 있다면 임금 비용이 줄면서 시간이 지날수록 기업의 총소득 중 이익이 차지하는 비율이 점점 커질 것이다. 임금도 상승하겠지만 기업 이익의 상승만큼 충분히 상승하지는 않을 것이다"라고 주장했다.

극단적인 사례로 기계와 로봇이 생산 활동을 전담하는 사회를 들 수 있다. 이 경우에 임금이 전체 국민소득에서 차지하는 비중은 거의 0이 되므로 자본을 가진 노동자만 생존할 수 있다. 케인스는 이런 분배 시나리오를 고려하지 않았으며, 공상과학소설에나 등장할 법한 이런 상황이 머지않아 현실이 될 수도 있다. 이런 추세는 이미 일부 데이터로 나타나고 있다. 사회는 몇 가지 복잡한 정치 이슈를 해결해야 할 것이다. 불평등이 심화하면 순기능 사회에 필요한 사회적 협력이 약해질 수 있다. 이에 대한 한 가지 해법은 솔로 교수가 제안한 것처럼 민주적 자본 소유권을 보장하는 제도를 마련하는 것이다.

노동시간에 대한 케인스의 견해

—

로봇이 생산 활동 대부분을 담당하는 사회에서 인간은 거의 일하지 않아도 되므로 자유 시간이 많아진다. 케인스는 바로 이런 사회를 예상했는데, 다만 그는 인간이 합리적 계산을 바탕으로 노동 대신 여가를 선택할 것이라고 생각했다. 이는 케인스가 『경제적 가능성』에서 제시한 또 하나의 대담한 전망으로, 실질 임금이 증가하면서 나타난 소득효과로 사람들은 노동 활동을 우등재*인 여가 활동으로 대체하고, 그렇게 되면 정규 근로시간이 일주일에 15시간밖에 안 되는 상태에 이른다는 것이었다.

　노동시간은 19세기 말부터 20세기 초까지 수십 년에 걸쳐 크게 단축됐다. 노동자 1인당 연간 근로시간은 1870년부터 1930년 동안에 유럽과 미국에서 30% 가까이 줄었다. 오헤니언 교수는 케인스가 에세이를 쓰던 시기의 거시경제 추세를 보면 그의 예측이 정당화될 수 있다고 말한다. 하지만 이런 노동시간의 단축 흐름은 제2차 세계대전의 여파로, 특히 미국에서 크게 둔화하였다.

　오늘날 개인의 일생에서 노동 활동에 쓰는 시간의 비율이 1930년에 비해 훨씬 줄어든 것은 사실이지만Zilibotti, 프리먼 교수가 그의 에세이에서 역설한 말 또한 사실이다. "부의 증가로 여

---

*　소득이 증가하면 수요가 증가하는 재화를 말한다.

가가 늘어날 것이라는 케인스의 예견을 반박하는 가장 극명한 예는 바로 미국이다. 미국의 1인당 GDP는 프랑스나 독일보다 30~40% 더 높지만, 미국 노동자들은 프랑스나 독일의 근로자보다 1년에 30% 더 많이 일한다. 케인스의 손자 손녀 세대가 그렇게 많이 일하기로 결정한 것은 노동시간과 소득 사이의 역사적인 반비례 관계가 뒤집혔음을 뜻한다. 과거 수십 년 동안 가난한 사람들은 부자들보다 더 많이 일했다. 가난한 사람들은 자신과 가족을 부양하기 위해 더 고되게 오래 일해야만 했다. 일하지 않으면 살아남을 수 없었다. 반면 부유한 사람들은 토지를 소유하고 세습된 사회적 지위 덕분에 원하는 만큼 여유를 가질 수 있었다. 유한계급이라는 말의 의미만 봐도 알 수 있다. 그러나 20세기 후반 50년 동안 시간당 급여와 노동시간 간의 이런 반비례 관계가 적어도 미국에서는 반전을 맞았다. 일중독 부자들이 유한계급 부자들의 자리를 꿰차게 되면서 높은 보수를 받는 사람들이 낮은 보수를 받는 사람들보다 더 오래 일하게 됐다."

왜 우리는 케인스가 예견했던 것보다 더 오래 일하게 됐을까? 이런 의문은 대서양을 사이에 둔 두 대륙이 이렇게 달라진 이유를 설명하는 격렬한 논쟁들만 봐도 알 수 있듯 정책적 의도와 무관하지 않다. 분명 여러 요인이 작용했을 테고, 이 책의 기고자들이 그 원인을 설명할 것이다. 몇 가지만 간단히 언급하면 다음과 같다.

우선 케인스는 일의 즐거움을 과소평가했을지도 모른다. 프리먼 교수가 그의 에세이에 쓴 것처럼 "많은 사람이 단지 돈을 위해 일하지 않으며, 어떤 상황에서는 주당 15시간보다 더 오래 일하고 싶어 할 수 있다. 직장은 사람들이 서로 교류하는 사회적 장이다. 단적인 예로 미국 근로자들의 40~60%는 직장 동료와 데이트한 경험이 있다."

기업가에 초점을 맞춘 에드먼드 펠프스 또한 비슷한 주장을 한다. "케인스는 개인의 경력에 열정과 발전을 가져다주는 혁신의 역할에 아무 의미를 두지 않았다…. 케인스의 예측에는 인간은 풀어야 할 새로운 문제나 개발해야 할 재능 같은 새로운 도전을 통해 스스로 활력을 북돋아야 한다는 실용주의 철학자들(윌리엄 제임스부터 존 듀이, 존 롤스 그리고 아마르티아 센까지)의 지혜가 전혀 보이지 않는다…. 노동 가능 연령층에 속한 사람들이 일하지 않거나 일주일에 고작 몇 시간만 일한다면 그중 다수는 가장 선진화된 경제의 특별한 포상을 박탈당한 기분이 들 것이다."

제2차 세계대전 이후로 여성들의 노동 참여가 늘어나면서 남성들의 단축된 노동시간을 채워줬지만, 또 불평등과 세계화가 사람들이 더 많이 일하게 되는 계기가 됐을 수도 있다. 프리먼 교수는 이런 주장을 한다. "불평등이 커지면 시장에서 더 성공한 사람들과 덜 성공한 사람들 사이의 소득 격차가 더 벌어지고, 그렇게 되면 사람들은 성공을 위해 장시간 노동도 불사하게 된다." 또 이런 말도 했다. "컴퓨터와 인터넷이 등장하면서 사무실 밖에서도 쉽게 일할 수 있게 되었다."

게리 베커와 루이스 라요는 "케인스는 소득 증가가 노동시간에 미치는 영향을 예측하면서 영국 신사들의 행동을 미래 세대에 대한 표본으로 삼았다. 그래서 수입이 증가하면 모든 사람이 그들처럼 행동할 것으로 오판했다. 이런 신사들에게는 물리적, 재정적 자산 형태의 상당한 재산이 있었지만 인적 자본이나 소득은 많지 않았기 때문에 그들의 행동은 케인스에게 왜곡된 미래상을 심어줬다. 경제 이론에 따라 예측하자면 이런 신사들은 그들만큼 부유하지만 재산 대부분을 땅 같은 물리적 자산 대신 인적 자본 형태로 보유한 미래 세대보다 더 많은 여가를 누리게 된다. 영국 신사들은 주로 소득효과*만 누렸지만 소득을 높이기 위해 일해야 하는 사람들은 강력한 대체효과**도 누렸다. 이런 차이는 중동 산유국 부유층이 일하는 행태만 봐도 알 수 있는데, 이들은 소득 대부분 석유를 판 돈에서 얻는다. 아랍에미리트, 카타르, 쿠웨이트 같은 나라 국민은 석유 자본의 혜택을 받지 못하는 외국인 노동자들과 달리 하루에 3~4시간만 일한다. 이는 케인스가 예측한 100년 후에 경제적 성장을 이룬 선진국 사람들의 평균 근무시간에 상당히 근접해 있다.

---

* 영국의 경제학자인 힉스가 주장한 이론으로 실질소득이 증가하면 소비자들의 구매력에 변화가 생기고 이에 따라 재화와 서비스에 대한 수요 또한 변하는 현상
** 상대 가격의 변화가 상품의 수요에 변화를 일으키는 효과. 즉 어떤 상품의 가격이 변화했을 때 소비자가 같은 용도를 제공하는 더 저렴한 상품으로 대체하는 현상

그렇다 할지라도 케인스는 두 가지에서 틀렸다. 그는 손자 손녀 세대에서는 일이 사라질 뿐 아니라 '기본 욕구'를 뛰어넘는 부차적인 소비 욕구가 일어나지 않을 것이라고 주장했다. 윌리엄 보몰이 그의 에세이에서 지적하듯 노동시간에 대한 케인스의 예측이 옳았다면 인류의 번영은 생산량 증가보다 "측정 불가능한 정신적, 심미적 즐거움"의 증가로 나타났을 것이다. 그랬다면 인류는 지난 세기에 누린 생산, 혁신, 소비의 폭발적 증가를 경험하지 못했을 것이다. 그러면 우리는 만약 21세기에 실질소득이 또다시 7배 더 증가했을 때 평균적인 서구인이 어떤 사치품을 사서 즐길지 상상하는 흥미로운 사고 실험을 할 수 없었을 것이다!

과시적 소비에 대한 케인스의 생각

—

생산의 로봇화로 자본 축적이나 기술 발전 없이도 인간이 필요로 하는 모든 것을 얻을 수 있는 고결한 균형 상태에 대한 케인스의 생각이 성립하려면 마지막 요소가 필요하다. 바로 안정적인 소비와 저축의 부재(혹은 최소한의 저축)이다.

따라서 케인스의 머릿속에서는 자본 심화capital deepening를 통해서든, 새로운 발견을 통해서든 소비 포화와 기술 혁신의 종말이 가까운 미래의 삶에서 스스로 지속되는 두 가지 측면이었다. 하지만 둘 다 잘못 짚은 셈이었다. 예컨대 벤저민 프리드먼과 로버트 프랭크는 모두 특정 제품에 한해서는 공급량이 늘어나면 소비 포화에 다다를 수 있지만, 1930년대 이후로 혁신적인 기업가들 덕분에 등장한 여러 신제품(에어컨, 텔레비전, 가정용 컴퓨터, 세탁기, 식기세척기 등)은 그 자체로 소비자에게 새로운 욕구와 수요를 창출했을 것이라고 주장한다. 그렇게 되면 인간은 일을 더 할 수밖에 없다. 프랭크 교수는 "언제가 됐든 하루에 2시간씩만 일해도 대다수가 원하는 것 전부를 살 수 있는 세상은 상상하기 어렵다"라고 역설한다.

케인스는 에세이에서 "인류가 상황과 무관하게" 품는 '절대적 욕구'와 본인이 남보다 더 우월하다고 느끼고 싶은 '상대적 욕구'를 구분했다. 케인스는 이어지는 추론에서 인간 소비의 마지막 동기인 상대적 욕구는 중요하지 않다는 식으로 말했다.

하지만 이 책에 글을 실은 여러 학자는 케인스가 인간의 소비를 부추기는 다른 많은 요인을 간과했다고 역설한다. 가령 피투시는 절대적 욕구의 충족은 사회적 통합에 도움이 되므로 그 또한 사회의 진화와 함께 변한다고 주장하며 절대적 욕구에 대한 케인스의 생각에 반기를 든다. 비슷한 맥락에서 레이욘휘브드와 베커, 라요는 의료관리 영역이 기술 발전과 함께 확장되면서 아무리 소비해도 포화 상태에 이르지 않는 아주 중요한 소비 대상이 됐다고 말한다. 프리드먼은 경제적 성장(케인스가 정확히 예측해서 특히 인상적이었던)이 사회적, 정치적, 도덕적으로 훨씬 더 성숙한 인간을 만든다고 말하며 절대적 욕구가 내생적으로 변화한다고 주장하는 것으로 보인다. 그렇다면 성장은 기본 욕구의 개념이 진화하는 데에도 이바지할 수 있다.

다른 필자들은 케인스가 소비 욕구의 상대적인 특징을 충분히 고민하지 않았다고 지적한다. 케인스 또한 자신의 이웃보다 더 많이 소비할 때 희열을 느끼는 사람들이 있다는 것을 분명 알고 있었고, 어쩌면 그것이 실수의 핵심이었을지 모른다. 레이욘휘브드는 "비슷하지만 그보다 조금 덜 야비한 소비의 동기는 또래 집단의 존경심을 얻고 싶은 욕망"이라고 주장한다.

로버트 H. 프랭크는 다음과 같이 역설한다.

"케인스는 '우리를 위로 끌어올리거나', '우리를 다른 이들보다 우월하게 만드는' 상품들에만 그런 상황이 중요하다고 믿었던 것 같다. 그는 다른 대부분의 경제학자처럼 그런 감정에서 생기는 수요는 경제 활동 전반에서 미미한 비중을 차지한다고 믿었다. 나 또한 그 생각에는 동의한다. 사실 친구나 이웃을 능가하고 싶은 욕망을 의식적으로 느끼는 사람은 드물다. 그렇지만 상황이 수요를 형성하는 구체적인 방식은 그런 감정을 훌쩍 뛰어넘는다…. 가령 품질에 대한 수요 모델은 품질 그 자체를 소유하려는 욕구가 아니라 친구나 이웃보다 더 뛰어나거나 그들보다 뒤처지지 않으려는 욕구에 따른 모델과 본질적으로 같다. 케인스는 다른 사람들을 능가하고 싶은 욕구를 상황에 따라 수요가 형성되는 상품군을 설명하는 중심에 둠으로써 그런 상품군을 주변부로 밀어냈다. 하지만 품질에 대한 요구는 보편적이며 사그라지지 않는다."

스티글리츠 교수는 선호에는 내생적* 특징이 있다고 강조한다. 광고나 마케팅으로 무엇인가를 선호하는 감정이 생기면 사람들은 소비에 (혹은 여가에) 더 많은 가치를 두게 되고, 임금이 인상되지 않아도 변화된 욕구를 충족하기 위해 더 많이 (혹은 더 조금) 일하게 된다. 이 이론은 왜 어떤 사회(아마도 유럽?)는 여가를 점점 더 많이 누리를 쪽으로 나아가고, 또 다른 사회(아마도 미국?)는 소비주의를 더 수용하는 쪽으로 나아가는지 설명하는 데 유용하다.

더 나아가 불평등의 증가가 소비 패턴에 영향을 미쳤을 수도 있다. 레이욘휘브드는 소득 수준이 향상되고 이제 인간의 기본 욕구쯤은 충족될 수 있다는 인식이 깔리면서 사람들이 깊어지는 사회적 불평등을 더 쉽게 용인하게 됐다고 주장한다. 이렇게 불평등에 대한 수용력이 높아지면 사회적으로 '상대적 욕구'를 더 잘 받아들이게 되는데, 이는 기업 세계는 물론이고 젊은이들 사이에서 더 높은 지위에 오르려는 경쟁이 심화하는 것을 보면 알 수 있다.

마지막으로 적어도 서구권에서는 저축률이 급격히 감소할 것이라는 케인스의 예측이 옳았다는 점을 잊어서는 안 된다. 다만 로버트 프랭크는 저축 감소가 소비의 증가와 함께 발생했기 때

---

* 내생적이란 시장 내부의 영향력, 즉 상품의 가격이나 거래 수량, 노동 고용량 같은 경제 변수의 영향을 받는다는 뜻이다. 반대로 외생적이란 시장 밖에서 영향력을 미치는 경제 변동 요소, 즉 세계 무역 동향이나 정부의 재정과 정책, 환경 문제 같은 것에 영향을 받는다는 뜻이다.

서문

문에 케인스의 올바른 예측이 잘못된 추론에서 비롯됐다고 주장한다. 그는 이 또한 상황이 영향을 주었기 때문이라고 말한다. 소득 증가가 주로 각 소득 집단의 상위에 속한 사람들에 의해 주도되기 때문에 하위 소득자들은 상대적 박탈감을 더 느꼈을 것이다. 그리고 준거집단에 발맞추기 위해 소득에서 더 많은 몫을 소비하는 식으로 반응했을지도 모른다는 것이다.

그렇다면 이런 소비주의와 일중독은 걱정할 수준일까? 예상대로 이 책에 참여한 모든 필자가 그렇게 생각하지 않는다. 실제로 우려를 표명하는 사람들은 공교육(2장 질리보티와 3장 스티글리츠의 글 참조)이나 재분배(4장 솔로의 글 참조), 소비세(10장 프랭크의 글 참조)가 성장과 더불어 더 많은 행복을 가져올 수 있다고 주장한다. 하지만 이런 정부 정책들이 혜택보다 더 많은 부작용을 초래할 수 있다는 우려도 있다. 오헤니언 교수는 "제2차 세계대전 이후 선진국 경제가 성장할 수 있었던 궁극적 이유는 1920년대와 1930년대에 결정됐던 최악의 정부 정책들이 개정되거나 폐지되었기 때문이다"라고 주장한다.

좋은 사회에 대한 케인스의 견해

『경제적 가능성』은 21세기 경제의 윤곽을 그저 간략히 그려보려고 쓴 글이 아니다. 케인스의 글에는 이 세상에 곧 이상적인 사회가 도래할 것이라는 야심 찬 철학론이 담겨 있다.

케인스는 이 세상이 '목적 지향적 돈벌이꾼' 때문에 자본주의 사회의 특징이 된 '탐욕, 이자 징수, 돈에 대한 탐닉 같은 허위 도덕 원칙들'에서 벗어나, 진정한 삶의 예술에 몰두할 수 있는 경제적으로 풍요로운 상태에 이를 수 있다고 믿었다. 자본주의는 아무리 혐오스러워 보일지라도 복리라는 경이로운 메커니즘을 통해 인류를 좋은 사회로 이끌 것이다. 이는 케인스가 자본주의에 대해 유일하게 인정한 측면으로 보인다.

피투시는 경제 발전이 "도덕적 목표에 부응해야 한다"라는 지점에서 케인스의 의견에 공감하지만, 그에 의해 희화화된 자본주의와 그 부도덕한 모습에는 동의하지 않는다. 이를테면 피투시는 우리의 행동을 이끄는 도덕적 원칙으로서 카르페 디엠 carpe diem(현재를 즐겨라)이 왜 미래를 중시하는 자본주의 사회의 보편적 도덕 원칙보다 우월한지 납득하지 못한다. 결국 자본주의가 가진 도덕적 힘은 '세대 사이에 이타주의를 끌어낼 수 있는 결과주의'에 있다.

우리가 꿈꾸는 세계에는 개인적 경험 및 문화적 배경이 투영돼 있다. 케인스 머릿속의 이상적인 세계도 예외는 아니었다. 그는 이튼스쿨과 케임브리지에서 공부했고 버지니아 울프, 리튼 스트레치, E. M. 포스터 같은 걸출한 인물들이 예술을 비평하고 학문을 논했던 블룸즈버리라는 문학 그룹의 핵심 멤버였다. 블룸즈버리는 빅토리아 여왕과 에드워드 7세가 재위했던 당시 영국 사회의 종교적, 사회적, 성적 제약들을 거부했다. 그들은 현대 예술을 예찬했다. 블룸즈버리 멤버들은 외교정책에 있어 반제국주의적이고 평화주의적인 노선을 취했지만, 케인스가 그런 관점들에 늘 궤를 같이한 것은 아니었다.

케인스 전문 전기작가인 로버트 스키델스키는 블룸즈버리에 대한 케인스의 애착을 이렇게 표현했다. "블룸즈버리는 케인스의 양심이었다. 블룸즈버리 멤버들은 케인스에게 그냥 친구가 아니라 그의 이상이었다." 그의 마음속에 좋은 사회는 그런 문화적 환경과 경험에서 움트는 것이었다.

피투시의 실용적인 정의를 빌리자면 케인스는 일종의 '엘리트 공산주의'를 꾀하고 있었다. 오늘날 부유한 사회의 사회적 관습, 취향 그리고 사람들이 삶을 즐기는 방식을 보면 블룸즈버리 클럽의 생활방식과 닮은 점이 별로 없다. 유사성이 있다고 해도 블룸즈버리의 하위문화 하나에 부합할 정도일 것이다. 오히려 오늘날의 관습에서 더 다양한 생활방식을 엿볼 수 있다.

악셀 레이욘휘브드의 말처럼 "케인스와 같은 계층 및 세대에 속한 사람들은 경제 발전을 통해 하위 계층이 부르주아 계층의 문화적 가치에 동화되어야 한다고 여겼고, 그 과정을 보조하기 위해 다양한 교육기관들이 일시에 설립되었다. 물론 케인스는 당시 부르주아 계층의 문화가 탈바꿈해 블룸즈버리가 꿈꾸던 방향으로 진화해나가길 바랐다. 그렇다고 중산층이 빈민가 취향을 따를 것이라고 상상하지는 않았을 것이다."

케인스는 '사회에서 자본 축적이 더 이상 중요하지 않게 되면 도덕률에 큰 변화가 생길 것'으로 여겼다. 이 점에 있어서 케인스는 맞기도 하고 틀리기도 하다. 이 책에서도 여러 학자가 강조하지만 경제 문제가 전부 해결되고 자본 축적의 시대가 종식되는 순간이 도래하리라고는 상상하기 어렵다. 생활 수준이 어느 정도에 도달하든 이를 개선하려는 열망은 늘 있기 마련이고, 그에 따라 저축과 축재, 일에 대한 욕구는 언제나 존재할 것이다. 그렇지만 높은 생활 수준이 물질적이고 도덕적인 향상을 이끈다는 케인스의 믿음은 옳았다.

이러한 사회 반응적 성장 개념은 프리드먼에 의해 폭넓게 발전하는데, 그는 선진국들이 달성한 경제 발전 덕분에 오늘날의 사람들이 '더 개방적이고, 관용적이며, 공정하고, 민주적인 사회'에서 살게 됐다는 인식이 확고하다. 하지만 그는 생활 수준과 도덕적 힘의 연관성이 약하다고 믿는다. 오늘날 미국과 영국같이 소득 수준이 높은 나라에서 목격되는 경기 침체와 불평등 증가는 좋은 사회의 도덕성과 가치를 훼손할 수 있다. 특히 미국과 영국 같은 국가에서 목도되는 최근 발전상은 프리드먼이 케인스보다 더 우울한 미래관을 갖는 계기가 되었다.

베체티는 이 문제들에 대해 입장이 좀 다르다. 그는 조용한 혁명이나 '시민 갈등'은 사실상 전 세계가 번영하는 와중에 경제 발전이 가져오는 사회적 불균형을 바로잡기 위해 발생한다고 믿는다. 베체티에 따르면 현재의 경제 환경에서는 과거에 경제 발

서문

전과 사회 정의를 결합했던 "견제와 균형이라는 전통적 시스템의 역할이 위기에 처했다." 전통적 시스템에서 기업은 가치를 창출하는 동시에 여러 부정적인 외부효과를 창출했는데, 이는 강성 노조 활동으로 약화되었다. 하지만 세계화가 이런 전통적인 시스템을 둔화시켰다. 다행히 사회는 점점 더 경쟁적인 환경에서 초래되는 바람직하지 않은 결과를 상쇄하기 위해 내생적 방어기제들을 만들어낼 수 있었다. 베체티는 불안한 소비자와 투자자들의 행동이 약화된 노동조합의 역할을 상쇄했다고 말한다. 기업의 사회적 책임CSR이 점점 주목받는 현상도 이런 상향식 압박의 결과이다. 베체티가 제시한 데이터에 따르면 오늘날 미국 기업들은 9달러 중 1달러를 기업의 사회적 책임 관련 포트폴리오에 투자하고 있다.

결과적으로 이 책에서 다수의 경제학자는 경제 성장이 윤리적 기준을 끌어올린다는 케인스의 생각에 공감한다. 하지만 이 관계는 사회적 불균형과 과잉 경쟁 환경에서 훼손될 수 있다. 좋은 사회나 더 높은 수준의 문명사회로 진화하는 것은 케인스가 예상했던 것보다 더 복잡하고 변증법적인 과정인 것으로 보인다.

케인스가 『경제적 가능성』을 쓸 당시에 그가 경제 이론에 미친 주요 업적들은 계획적 저축과 투자의 차이를 중심으로 가격의 동학을 설명하기 위해 집필한 『화폐론Treatise on Money』이라는 방대한 책에 담겨 있다. 다만 이 책은 케인스의 최고 걸작으로 일컬어지는 『고용, 이자 및 화폐에 관한 일반이론The General Theory of Employment,

Interest and More』의 화두였던 생산과 실업 수준의 변화는 물론, 유효수요에 특별히 주목하지 않는다. 이 때문에 케인스가 『경제적 가능성』의 얼마 안 되는 지면에 기술적 실업에 대한 초기 이론과 유효수요 이론을 간단하게나마 다뤘다는 점은 더 눈에 띈다.

볼드린과 레빈은 기술적 실업에 대한 이런 특정한 주장을 검토하며 1930년대에 영국에서 단행된 고용 감축이 노동력 절감을 이끈 기술적 변화의 필연적 결과일 수 있다는 주장을 이론적, 경험적으로 모두 일축한다. 케인스를 두둔하자면, 그가 이후 집필한 글에서는 그런 주장을 다시 꺼내지 않았기 때문에 케인스 또한 자신의 이론에 완전한 확신은 없었을지도 모른다. 이보다 더 설득력이 강한 것은 유효수요 이론을 설명하는 부분이다.

볼드린과 레빈은 케인스가 인간이 보이는 태도의 두 가지 측면, 다시 말해 두 유형의 인간에 대해 말하고 있다고 주장한다. 첫 번째 유형은 노동자든 기업가든 똑같이 오랜 생물학적 진화의 산물로서 충분한 만족을 경험한 후에도 일과 자본 축적에 대한 억누를 수 없는 욕구와 자본주의적 이데올로기에 쉽게 희생되는 경우이다. 이런 상황에서는 대개 수요가 공급에 미치지 못한다. 두 번째 유형의 사람들은 삶의 예술적 측면을 추구하며 자본주의적 이데올로기는 버린다. 케인스는 미래의 어느 시점이 되면 두 번째 유형의 사람들이 주류가 돼서 모두가 덜 일하고 실업은 사라질 것으로 예견했다. 케인스가 쓴 글들에 익숙한 사람이라면 이 부분이 『일반이론』을 통해 더 이론적 완성도를 높일 유효수요 실패 이론의 초기 형태라는 것을 쉽게 눈치챌 것이다.

볼드린과 레빈을 포함해 이 책의 여러 필자는 인간 행동을 이론화할 때 자본주의에 유독 도덕적 잣대를 높이는 케인스의 모습에 당황스러워한다.

첫째, 케인스는 전반적으로 거만하다고 할 정도로 노동을 폄훼했다. 이는 그의 '블룸즈버리주의Bloomsburyism' 면모가 가장 잘 포착되는 지점이다. 리처드 프리먼이 지적하듯이 "많은 사람이 돈 외에 다른 여러 이유로 일을 한다." 직장은 사람들이 여러 방식으로 자신을 표현하는 사회적 장이다. 고매한 직업이라면 당연한 말이겠지만 명성이 좀 떨어지는 직업도 점점 이런 측면이 강해지고 있다.

둘째, 이 책의 일부 필자들은 케인스가 특정하는 '자본주의적 이상'에 불편함을 느낀다. 케인스의 그런 태도가 자본주의 사회의 병폐인 돈에 대한 애정이나 탐욕을 인간 행동의 중요한 동기로 치부하고, 기업가들의 행동을 결정하는 다른 중요한 동기들은 외면하도록 오도할 수 있기 때문이다. 이런 문제들을 이론화할 때 케인스가 지그문트 프로이트Sigmund Freud에게 주목하고 정작 그의 스승인 알프레드 마셜Alfred Marshall의 통찰력을 무시한 점은 아쉽다.

마셜은 이렇게 주장했다. "화학자나 물리학자가 자신의 발명품으로 돈을 벌 수는 있지만, 그렇다고 돈이 그의 발명 활동의 주된 동기가 되는 경우는 드물다…. 기업인들의 성향도 과학자들과 상당히 비슷하다. 그들도 똑같이 탐구 본능을 갖고 있고,

그들 다수가 비열하거나 비천하지 않은 경쟁의식을 열정적으로 노력하는 자극원으로 삼는다. 하지만 이런 그들의 성향이 돈에 대한 욕망으로 혼란스러워지고 얼룩질 수 있다…. 그래서 최고의 경영자들은 모두 돈을 벌고자 하지만 그중 다수는 돈 자체를 목적으로 삼지 않는다. 최고의 경영자들은 돈을 스스로에게, 또 남들에게 자신들이 성공했다는 가장 설득력 있는 증거로 삼으려 한다 Pigou, 1956, pp. 281-282."

셋째, 이 책의 여러 필자는 케인스가 인간이 새로운 도전에 맞서 정신을 단련할 때 얻는 만족뿐 아니라 자신의 상황을 개선하려는 꾸준한 열망을 깨닫지 못했다고 주장한다. 사람들은 일이 없는 정체된 사회를 원치 않으며, 지식과 새로운 것을 탐구하며 새로운 목표를 설정하려고 한다.

프리드먼은 인간의 이런 성향을 다음과 같은 말로 피력한다. "짐작하건대 진화 과정에서 우리에게 직업윤리가 주입된 것은 에덴동산의 존속이 아닌 인간의 생존을 위해서였을 것이다." 펠프스도 비슷한 주장을 한다. "케인스가 설사 인간에게는 정신을 자극하고 마음을 기울일 문제를 만들어내는 시스템이 필요하다는 것을 알았다 할지라도 그는 여전히 그릇된 판단을 했을 것이다. 그는 기술 발전과 자본 심화 현상은 제대로 예견했지만, 그로 인해 흥미와 자극을 주는 직업을 원하는 사람이 계속 늘어날 것은 전혀 예상하지 못했다. 경제 체제가 작동하는 한 이 세상에는 우리를 자극하고 흥미를 끄는 직업이 점점 늘어날 것이다."

거듭 말하지만, 케인스가 그의 오랜 스승에게 더 관심을 가졌다면 자신의 관점을 조금은 바꿨을 것이다. 마셜은 욕구가 행동을 불러일으키는 것이 아니라, 반대로 새로운 행동이 새로운 욕구를 불러일으킨다는 원칙을 발전시켰다. 사람들은 남들을 능가하고 남들과 구별되고자 하는 욕구 속에서 자신의 상황을 개선하려 하므로 새롭고 더 좋은 것을 끊임없이 원한다. "자기 수양과 발전을 위한 활동들이 사회 전 계층에 퍼지고 있고, 이런 분위기가 조성되면 사람들은 과학과 문학, 예술을 순수하게 추구할 뿐 아니라 개인의 전문성을 높이는 직업에 대한 수요도 빠르게 증가할 것이다. 그냥 쉬기 위한 여가는 점점 줄고 있다. 또 감각적인 욕구를 충족하기보다 활동을 증진하는 스포츠나 여행 같은 여가 활동 욕구가 커지고 있다_{Marshall, 1947, p. 88}."

또 하나 놀라운 사실은 케인스가 인간이 삶의 기술에만 온전히 전념할 수 있는 소비 포화 상태를 이론화하면서 그와 비슷한 이론을 약 한 세기 먼저 발전시킨 존 스튜어트 밀_{John Stuart Mill}에게 전혀 경의를 표하지 않았다는 점이다. 케인스가 『경제적 가능성』에서 내세운 주장은 밀의 정상 상태* 이론과 놀라울 정도로 일치한다. 밀은 경제 발전에는 끝이 있을 것이고, 그 끝에는 "정상 상

---

* stationary state: 경제가 성장하지도, 쇠퇴하지도 않는 상태를 말한다. 존 스튜어트 밀 이전까지 경제학자들은 정상 상태를 쇠퇴 상태와 마찬가지로 부정적으로 여겼지만 밀은 정상 상태가 자본가, 지주, 노동자 모두에게 성장보다 오히려 유리하다고 주장했다.

태가 있다"라고 확신했다. 하지만 밀은 자본과 인구의 정상 상태
가 인간 발전의 정상 상태를 의미하지는 않는다고 했다. 밀은 그
이유를 "어떤 형태로든 정신문화와 윤리적·사회적 발전을 위한
여지는 더없이 많을 것이고, 삶의 기술을 발전시킬 기회도 그만
큼 많을 것이다. 사람들은 성공하는 기술에만 사로잡혀 있지 않
으면 발전 가능성은 훨씬 더 커지기 때문"이라고 설명했다. 존
스튜어트 밀은 정상 상태에서 인간은 '부의 평등'을 지지하고, 과
도한 자산 집중에 반대하는 법 체계를 만들어 부를 더 잘 분배하
고 이를 통해 인간의 도덕적 지위를 향상할 수 있다고 믿었다.
그는 또 누구나 "명상에 꼭 필요한" 아름다운 자연 속에서 '고독'
을 누릴 권리가 있다고 믿었다. 인구가 계속해서 증가하면 자연
의 자생적인 활동에 남겨지는 것은 아무것도 없어서 이 세상에
는 "자연이 주는 즐거움이 상당 부분 사라질 것"이라고 여겼다.

  이런 밀의 묵상 이후 150년 이상이 지나고, 또 케인스의 묵
상 이후 75년 이상이 지난 지금, 세계 경제가 정상 상태로 향하
고 있다는 징후는 아직 없다. 반대로 자본주의 경제는 세계 전역
으로 급속히 확산되고 있다. 그리고 수백만 인류의 생활 수준도
높아지고 있다.

  또 사람들은 이런 대풍요의 흐름에 편승할 수 있는 한 심화되
는 불평등을 기꺼이 받아들일 것으로 보인다. 경제 성장의 부작
용 중 하나는 지구 온난화를 일으키는 온실가스 배출이다. 하지
만 최근 몇 년간 기후변화에 대한 논쟁에 중요한 변화가 생겼다.

오늘날 기후변화는 더 이상 과학자들만의 관심사가 아닌 일반 시민들의 일상적인 화제가 되었다. 기업들은 '기업의 사회적 책임' 정책을 통해 사업 방침을 재편하는 한편, 각국 정부도 대책을 고민하기 시작했다. 점점 더 커지는 기후변화에 대한 우려가 향후 경제 성장에는 부정적 영향을 줄 수 있겠지만, 그렇다고 미래를 우울하게 바라볼 필요는 없다. 인간의 창의성은 또다시 혁신과 기술 변화를 통해 이런 문제에 대한 좋은 해결책을 찾아낼 것이다.

이어지는 장들에서 독자들은 생각할 만한 문제들을 더 많이 접하게 될 것이다. 우리가 케인스와 그가 살았던 시대에 대해 단언할 수 있는 것은 단 한 가지뿐이다. 케인스는 그의 손자 손녀 세대가 20세기에 겪을 만행, 즉 폭력적인 이념들과 자유의지, 국가, 종교에 대한 악명 높은 탄압들을 예견하지 못했다. 아마도 우리가 손자 손녀 세대에게 물려줄 21세기는 지구촌 전체가 즐거운 노동, 끝없는 혁신, 자유로운 기업가들로 채워질 것이다. 이는 케인스가 1930년에 꿈꿨던 최선의 미래는 아니지만, 대사상가로서 그는 우리 의견에 동조할 것이다.

_로렌조 페치, 구스타보 피가

REVISITING
KEYNES

우리 손자 손녀들이 누릴 경제적 가능성

(1930년 버전)

_존 메이너드 케인스

| 존 메이너드 케인스(John Maynard Keynes, 1883~1946) |
영국의 경제학자이자 철학자로 거시경제학과 경제 정책의 이론과 실천을 근본적으로 변화시킨 사상가
이다. 케인스주의 경제학을 제창한 것으로 알려진 대표 저서 『고용·이자 및 화폐에 관한 일반이론(The
General Theory of Employment, Interest and Money)』에서 정부가 주도하는 완전고용 정책에 기초한
경제침체 치유책을 주창했다.

I

우리는 지금 비관론의 공격으로 고통받고 있다. 19세기를 장식했던 거대한 경제 발전의 시대가 끝났다는 말이 여기저기서 심심찮게 들린다. 사람들은 생활 수준의 급속한 상승이 이제 둔화할 것이고, 적어도 영국에서는 그럴 것이라고 말한다. 또 앞으로 10년간은 더 큰 번영보다 쇠퇴가 일어날 가능성이 크다는 우려 섞인 목소리도 들린다.

  나는 이러한 말들이 현재 일어나고 있는 상황을 완전히 잘못 해석하고 있다고 믿는다. 우리가 지금 겪는 고통은 노화로 인한 류머티즘 때문이 아니라 급격한 변화로 인한 성장통이며, 경제적 변화에 따른 고통스러운 재조정 때문이다. 기술 수준은 잉여 노동력 문제의 해결책을 모색할 새도 없이 빠르게 높아지고 있고, 생활 수준은 지나치게 빨리 향상되고 있다. 세계의 금융과 통화 제도는 균형을 유지하기 위해 필요한 수준으로 이자율의 급속한 하락을 막아왔다. 하지만 그런 과정에서 나타난 낭비와 혼란의 비용은 전체 국민소득의 7.5%를 넘지 않는다. 즉 우리가 더 똑똑했다면 아마도 1파운드를 가졌겠지만, 파운드당 1실링 6펜스를 낭비하고 18실링 6펜스를 얻는 정도다. 게다가 5~6년 전에 18실링 6펜스라면 그 가치가 1파운드 정도는 될 것이다.

우리는 1929년 영국의 산업 생산량이 과거 그 어느 때보다 많았다는 사실을 잊고 있다. 작년에 영국은 수입품 대금을 전부 치르고도 신규 해외 투자에 쓸 수 있는 국제수지 순흑자가 다른 어떤 나라보다 많았고, 미국의 순흑자와 비교하면 50%나 더 많았다. 순수하게 비교 목적으로 이런 가정을 해보자. 만약 임금을 절반으로 줄이고, 국가 부채의 5분의 4를 탕감받고, 잉여자금의 6%를 빌려주는 대신 금으로 비축해두는 것이다. 그러면 영국은 지금 우리가 그토록 부러워하는 프랑스와 비슷한 상황이 될 것이다. 하지만 이것을 개선이라고 말할 수 있을까?

전 세계를 덮친 불황, 욕망이 가득한 세상에 더해진 엄청나게 이례적인 실업 사태는 우리가 저지른 참담한 과실이다. 이 때문에 우리는 수면 아래에서 벌어지는 현상을 보지 못하고 세상에서 일어나는 일의 흐름을 잘못 해석한다. 나는 세상에 온갖 잡음을 내는 비관주의가 초래한 두 가지 상반된 실수가 모두 잘못됐고, 이 사실이 우리 시대에 입증될 것이라고 믿는다. 그중 하나는 상황이 너무 나빠서 폭력적 변화 외에는 아무것도 우리를 구할 수

　　　　　　　　1장 • 우리 손자 손녀들이 누릴 경제적 가능성

없다는 혁명가 세력의 비관주의이고, 또 다른 하나는 경제생활과 사회생활의 균형이 너무 취약하기 때문에 어떤 경제 개혁 조치도 감행하면 안 된다고 여기는 수구 세력의 비관주의이다.

내가 이 에세이를 쓰는 목적이 현재나 가까운 미래를 헤아리려는 것은 아니며, 나 자신부터 근시안에서 탈피해 미래를 향해 날개를 펼치기 위해서다. 앞으로 100년 후 우리가 합리적으로 기대할 수 있는 인간의 경제 수준은 어느 정도일까? 우리 손자 손녀들이 누릴 경제적 가능성에는 어떤 것들이 있을까?

기록에 남겨진 인류 역사의 가장 초기, 다시 말해 예수가 탄생하기 2000년 전부터 18세기 초까지 지구 문명의 중심지에 살았던 보통 사람들의 생활 수준에는 획기적인 변화가 없었다. 물론 기복은 있었다. 전염병과 굶주림이 있었고, 전쟁이 일어나기도 했으며, 중간중간 황금기도 있었다. 그러나 급진적이고 격렬한 변화는 없었다. 서기 1700년까지 약 4000년을 살펴보면, 경제적 최고 부흥기라고 할 만한 시기에도 다른 때보다 두 배쯤 더 잘살았을 뿐이다.

이처럼 느리거나 불충분한 발전은 두 가지 이유로 설명할 수 있다. 중대한 기술 발전이 없었고, 자본 축적이 이뤄지지 않았기 때문이다.

선사시대부터 비교적 현대에 이르기까지 그사이에 중요한 기술적 발명이 없었다는 것은 실로 놀랍다. 현대가 시작됐을 때 인류가 갖고 있던 정말 중요한 소유물의 거의 대부분은 역사의 태

동기에 이미 인간에게 알려져 있었다. 언어, 불, 가축, 밀, 보리, 포도나무와 올리브, 쟁기, 바퀴, 노, 돛, 가죽, 리넨과 옷, 벽돌, 냄비, 금과 은, 구리, 주석, 납이 그렇고 철도 기원전 1000년 전에 발명되었다. 금융, 정치, 수학, 천문학, 종교도 마찬가지다. 인류가 이런 것을 언제부터 갖게 되었는지는 기록이 없다.

역사가 태동하기 전 어느 시점에, 어쩌면 마지막 빙하기가 시작되기 전 평화롭던 한때에 오늘날에 버금갈 만한 진보와 발명이 이루어졌음이 틀림없다. 하지만 이후 기록된 역사를 통틀어 이 정도의 발전은 일어나지 않았다.

나는 근대가 16세기에 시작된 자본 축적과 함께 시작됐다고 생각한다. (그 이유에 대해 서술하여 현재의 논의에 부담을 줄 생각은 없지만) 나는 이 자본 축적은 우선 스페인이 신세계로부터 구세계로 가져온 금은보화로 인한 물가 상승과 그로 인한 이윤 때문이었다고 생각한다. 그때부터 지금까지 복리에 의해 점점 견고해진 축적의 힘은, 여러 세대 동안 휴지기를 겪었던 것처럼 보이지만, 재개되고 갱신되었다. 그리고 지난 200년을 생각해보면 복리 성장에는 상상을 초월한 힘이 있다는 것을 알 수 있다.

계산 하나로 이를 설명해보겠다. 현재 영국의 해외 투자 규모는 약 40억 파운드에 달한다. 이는 우리에게 약 6.5% 이율로 수익을 안겨준다. 영국은 이 중 절반을 국내로 가져와 여러 용도로 쓰고 나머지 절반인 3.25%의 수익을 복리로 해외에 축적해둔다. 이런 식의 투자가 약 250년 동안 계속돼왔다.

그것은 내가 영국의 해외 투자는 프랜시스 드레이크Francis Drake가 1580년에 스페인에서 보물을 훔쳤을 때부터 시작된다고 생각하기 때문이다. 그해 드레이크는 골든 하인드Golden Hind호에 막대한 전리품을 싣고 영국으로 돌아왔다. 엘리자베스 여왕은 그의 탐험 비용을 대준 조합의 대주주였다. 그녀는 투자 수익금으로 영국의 해외 부채를 전부 갚았을 뿐만 아니라, 왕실 예산의 부족분을 채울 수 있었다. 그러고도 4만 파운드가 남았다. 여왕은 그 돈을 레반트 컴퍼니Levant Company에 투자했고 이 회사 또한 번창했다. 그 회사에서 나온 수익으로 동인도회사가 설립되었고, 이 거대한 사업체의 수익은 이후 영국이 추진한 해외 투자의 밑천이 되었다. 4만 파운드를 3.25% 복리로 저축하면 시기별 영국의 실제 해외 투자금과 비슷해지는데, 현재의 경우에는 앞서 말한 영국의 해외 투자 금액인 40억 파운드(약 6조 원)가 된다. 즉 드레이크가 1580년에 고국에 가져온 1파운드가 오늘날에는 10만 파운드가 됐다는 뜻이다. 이것이 복리의 힘이다!

16세기에 시작돼 18세기에 박차를 가하며 과학과 기술 발명의 위대한 시대가 시작되었다. 19세기 초 이후로 석탄, 증기, 전기, 석유, 강철, 고무, 면화, 화학, 자동화 기계와 대량 생산 도구, 무선, 인쇄, 뉴턴, 다윈, 아인슈타인 등 이름만 대면 알 만한 수천 가지의 혁신 물품과 위인을 통해 전성기를 맞았다.

그 결과는 어땠을까? 세계 인구가 엄청나게 불어났고, 그와 함께 주택과 기계 수요가 늘어났으며, 유럽과 미국의 평균 생활 수준이 4배 정도 향상되었다. 자본은 과거 그 어느 때와도 비교할 수 없을 정도로 증가해서 100배를 훌쩍 뛰어넘게 되었다. 이런 폭발적 인구 증가는 이제 더 이상 기대하기 어렵다.

만약 자본이 해마다 2%씩 증가한다면 세계의 자본 설비는 20년마다 50%씩 증가할 것이고, 100년 후면 7.5배가량 증가하게 된다. 이런 논리를 주택이나 교통수단처럼 물질적인 것들에 적용해보자.

제조와 운송 산업 기술은 지난 10년간 역사상 그 어느 때보다 훨씬 더 빠르게 발전했다. 1925년 미국 공장 노동자의 1인당 생산량은 1919년 대비 40%나 증가했다. 유럽은 일시적인 문제로 주춤하고 있지만, 기술적 효율성은 매년 1% 이상씩 증가하고 있다. 지금까지 주로 제조업에 영향을 준 혁신적인 기술 변화가 조만간 농업에도 변화를 일으킬 것이라는 증거가 있다. 광업, 제조업, 운송업에서 이미 벌어지고 있는 생산성 향상이 농업에 적용될 날이 코앞에 다가온 것이다. 수십 년이 지나면, 다시 말해 우리가 살아 있는 동안 농업과 광업, 제조업에서 이뤄지는 모든 작업이 현재 인간 노동의 4분의 1 정도로 완수될 것이다.

당분간 우리는 이런 급격한 변화로 상처를 입고, 해결해야 할 난제들에 직면할 것이다. 발전의 선두에 서지 못한 나라들이 상대적으로 더 고통을 받고 있다. 우리는 기술적 실업이라는 새로운 질병을 앓고 있는데, 일부 독자들은 이 질병을 들어본 적이 없겠지만 몇 년이 지나면 귀에 못이 박히도록 듣게 될 것이다.

1장 · 우리 손자 손녀들이 누릴 경제적 가능성

이는 노동력의 절감 방법을 찾는 속도가 노동력의 새로운 활용처를 찾는 속도보다 더 빨라서 발생하는 실업을 말한다.

하지만 이런 상황은 조정 실패에 따른 일시적 국면일 뿐이다. 결국 이 모든 일은 인류가 경제 문제를 해결하고 있다는 것을 의미한다. 나는 앞으로 100년 후 선진국의 생활 수준이 오늘날보다 4배에서 8배는 더 높아질 것으로 예측한다. 이는 지금 우리가 가진 지식에 비추어 보면 놀랄 일이 전혀 아니다. 그보다 훨씬 더 큰 발전 가능성을 예측한다고 해도 어리석은 일이 아니다.

II

논의를 목적으로 지금부터 100년 후 우리 모두가 지금보다 경제적으로 평균 8배는 더 잘산다고 가정해보자. 이는 절대 황당한 가정이 아니다.

인간의 욕구needs는 완전히 충족되지 않는다는 말은 사실이다. 다만 욕구에는 두 가지 종류가 있다. 그중 하나는 동료 인간들이 어떤 처지에 있든 상관없이 느끼는 절대적인 욕구이고, 나머지 하나는 충족됐을 때 우리의 위치를 위로 끌어올리면서 타인에 대한 우월감이 생기는 상대적 욕구이다. 우월감에 대한 욕망을 충족시키는 두 번째 욕구는 사실상 충족될 수 없다. 전반적 수준이 높으면 높을수록 욕구가 더 커지기 때문이다. 하지만 절대적 욕구는 그렇지 않다. 절대적 욕구는 생각보다 훨씬 더 빨리 충족될 수 있는데, 자신의 에너지를 비경제적인 목적에 더 쏟고 싶어질 때가 절대적 욕구가 충족된 시점이다.

이제부터 내 결론을 말할 텐데, 독자들에게는 오래 생각하면 할수록 점점 더 놀라운 내용이 될 것이다.

내 결론은 중차대한 전쟁이 없고 급격한 인구 증가가 일어나지 않는 한, 경제 문제는 앞으로 100년 안에 해결되거나 그 해법이 적어도 가시권 내에 들어온다는 것이다. 즉 미래를 조망해보면 경제 문제는 인류가 처한 영구적인 문제가 아니다.

독자들은 이 결론이 뭐가 그리 놀라운지 반문할지도 모른다. 왜냐하면 우리가 미래를 조망하는 대신 과거를 반추해보면 경제 문제, 다시 말해 생존을 위한 투쟁은 지금까지 늘 인류가, 아니 비단 인류뿐 아니라 가장 원시적인 형태의 생명체가 존재하기 시작했을 때부터 생명 공동체 전체를 지배해온 가장 절박한 문제였기 때문이다.

따라서 우리는 모든 충동과 가장 깊숙한 곳에 있는 본능에 의해 경제 문제를 해결하려는 표면적인 목적을 추구하며 진화해왔다. 만약 경제 문제가 해결된다면, 인류는 오랫동안 품어온 목적을 잃게 될 것이다.

이는 우리에게 이득일까? 만약 우리가 삶의 모든 진정한 가치를 믿는다면 경제 문제의 해결은 적어도 이득을 가져올 가능

　　　　　　　　1장 · 우리 손자 손녀들이 누릴 경제적 가능성

성의 문을 열어준다. 다만 일반인이 수많은 세대에 거쳐 물려받은 습관과 본능을 몇십 년 안에 버리고 재조정한다는 것은 두려운 작업이 될 것이다.

요즘 표현을 빌리자면 '신경쇠약' 같은 증세를 겪지 않겠는가? 우리는 이미 영국과 미국의 부유층 부인들 사이에서 흔히 목격되는 신경쇠약을 조금씩 겪고 있다. 그들 다수는 부유함 때문에 원래 해왔던 많은 직업과 임무를 빼앗긴 불운한 여성들로, 경제적 필요성이라는 동인을 잃자 요리하고 청소하고 수선하는 일에 그다지 재미를 느끼지 못하면서 그보다 더 즐거운 일도 찾지 못한다.

일용할 양식을 얻기 위해 땀 흘려 일하는 사람들은 달콤한 여가를 고대하지만, 원하는 것을 얻으면 간절함은 사라진다.

여기 늙은 여성 청소부가 남긴 것으로 전해지는 비문을 보자.

친구들이여, 나를 위해 절대 슬퍼하거나 울지 마시게.
이제 나는 영원히 아무것도 하지 않아도 된다네.

죽음은 그녀에게 천국이었다. 다음 두 번째 행을 보면 그녀는 여가를 고대하는 여느 사람들처럼 음악을 들으며 시간을 보내는 것을 아주 근사하게 여겼다.

천국에는 찬송가와 달콤한 음악이 흐르겠지만

그 노래는 나와 아무 상관 없다네.

그럼에도 천국은 인생이 견딜 만하다고 노래할 수 있는 사람들을 위해 존재한다. 그렇다면 우리 중 그런 노래를 부를 수 있는 사람이 몇이나 되겠는가?

따라서 사람들은 인류의 역사가 창조된 이래로 처음으로 실질적이고 영구적인 문제에 봉착할 것이다. 경제적 압박에서 벗어나 얻은 자유를 어떻게 누릴 것이고, 과학과 복리가 안겨줄 여가를 어떻게 채울 것이며, 어떻게 하면 인생을 더 현명하고 알차게 잘 살 수 있을까? 지치지 않고 돈을 추구한 사람들 덕분에 모두가 경제적 풍족함을 누리게 될 것이다. 하지만 그런 시대가 도래했을 때 진짜 삶의 풍요로움을 즐길 수 있는 이들은 삶의 활력을 느끼고, 삶 자체의 기예를 더 완벽하게 육성하고, 생계 수단을 위해 자신을 팔지 않는 사람들이다.

하지만 나는 두려움 없이 여가와 풍요의 시대를 고대하는 국가나 사람은 없다고 생각한다. 이는 우리가 너무 오랫동안 즐기지 않고 정진하도록 훈련된 탓이다. 특별한 재능이 없는 평범한 사람이라면, 특히 전통적인 사회의 토양이나 관습, 규제에 더 이상 뿌리를 내리고 있지 않은 사람이라면 무엇인가 몰두할 대상을 찾는 것은 두려운 일이 된다. 오늘날 세계 어디든 부유층의 행동과 성취에 비춰보면 앞으로의 상황은 상당히 암울해 보인다! 그들이야말로 우리를 대신해 약속된 땅을 먼저 탐지하고, 그

1장 · 우리 손자 손녀들이 누릴 경제적 가능성

곳에 진을 친 첨병들이기 때문이다. 개별 소득은 있지만 연합체나 연줄이 없는 그들은 대부분 당면한 문제를 해결하는 데 참담하게 실패한 것으로 보인다.

나는 우리가 경험을 조금만 더 쌓으면 새롭게 발견한 자연의 혜택들을 오늘날 부유층과는 상당히 다른 방식으로 활용할 수 있고 삶의 계획 또한 그들과 전혀 다르게 세울 수 있다고 확신한다.

앞으로 다가올 시대에는 우리 안의 옛 아담*의 세속적 본능이 너무 강해져서, 이를 충분히 만족시키려면 다들 어느 정도는 일을 해야 할 것이다. 하지만 오늘날 부유층과는 달리 우리 자신을 위해 더 일하려 할 것이고, 그렇게 되면 사소한 작업이나 임무, 일과도 신이 나서 할 것이다. 더 나아가 버터 위에 빵을 얇게 펴 바르려고 노력할 것이다. 즉 이미 우리 사회가 가진 것들을 가능한 한 더 폭넓게 누릴 수 있도록 애쓸 것이다. 3교대로 일하거나 일주일에 15시간만 일해도 아주 오랫동안 경제적 문제에서 해방될 수 있을 것이다. 하루 3시간 정도의 일이면 우리 대부분이 내면의 세속적 본능을 충분히 만족시킬 수 있기 때문이다!

다른 영역에서도 우리가 기대하는 변화가 일어날 것이다. 부의 축적이 더 이상 사회적으로 중요하지 않게 되면 도덕 규범에도 큰 변화가 생길 수밖에 없다. 그렇게 되면 지난 200년 동안

---

* old Adam: 원죄를 짊어진 인간, 혹은 인간 본성에 내재된 세속적이고 악한 면을 말한다.

우리를 성가시게 했던 많은 가짜 도덕 원칙에서 벗어날 수 있다. 우리는 그런 가짜 규범들로 인해 인간의 가장 혐오스러운 특징을 가장 고매한 미덕으로 떠받들어 왔다. 우리는 돈벌이의 진짜 가치를 판단할 수 있게 될 것이다. 소유물로서 돈을 좋아하는 것과 삶을 즐기는 현실적 수단으로서 돈을 좋아하는 것은 구별되어야 한다. 전자는 다소 혐오스럽고 심지어 범죄나 질병과 같은 특성까지 있어서 정신과 전문의에게 맡겨야 할지도 모른다. 지금 우리는 무슨 수를 써서라도 부의 분배나 경제적 보상, 불이익의 분배에 영향을 미치는 모든 사회적 관습과 경제적 관행을 유지하려 하지만 그런 관습과 관행은 자본 축적을 부추기는 데만 굉장히 유용하기 때문에 그 자체로 불쾌하고 부당하며, 그런 만큼 우리는 그것들을 폐기하거나 적어도 그런 상태에서 탈피해야 한다.

물론 그럴듯한 대안이 없는 한, 강한 합목적성purposiveness을 가지고 맹목적으로 부를 추구하는 사람들은 앞으로도 많을 것이다. 하지만 나머지 사람들은 그런 이들을 칭송하고 독려할 의무를 더 이상 느끼지 않을 것이다. 우리는 자연이 거의 모든 사람에게 다양한 수준으로 부여한 '합목적성'의 본질을 지금보다 더 진지하게 탐구할 것이다. 왜냐하면 합목적성이란 우리의 행동이 가진 고유한 성질이나 환경에 미치는 즉각적인 영향보다 그것이 먼 미래에 초래할 결과에 더 관심을 기울이는 것을 뜻하기 때문이다. 합목적성을 지향하는 사람은 어떻게든 자신의 관심을 미래로 향하게 해서 자기 행동에 기만적이고 그릇된 불멸성을 부여하려 애쓴다. 이런 사람들은 자신의 고양이는 아끼지 않지만, 그 고양이가 낳은 새끼는 아낀다. 사실은 그 새끼 고양이도 아끼지 않고 그 새끼의 새끼, 그 새끼의 새끼의 새끼만을 사랑하는 식으로 애정이 고양이 왕국의 끝을 향해 영원히 나아간다. 그에게는 내일의 잼이 아니면 잼이 아니고, 오늘의 잼 같은 것은 절대 있을 수 없다. 이렇게 자신의 잼을 계속 미래로 밀어내면서 과일을 졸이는 자신의 행위에 불멸성을 부여하려고 애쓴다.

이 말이 어렵다면, 루이스 캐럴의 소설인 『실비와 브루노Sylvie and Bruno』에 나오는 교수를 생각해보자.

문밖에서 유순한 목소리가 들린다. "교수님, 양복점 재단사인뎁쇼. 청구할 돈이 조금 있어서요."

"아, 이런, 금방 처리할 수 있는 일이란다." 교수가 아이들에게 말했다. "잠깐만 기다리시게. 올해는 얼마나 되지?" 교수가 이렇게 말하는 사이에 재단사가 들어왔다.

"그러니까 교수님도 아시다시피 너무 많은 해가 지나서 비용이 갑절이 돼 버렸네요." 이번에는 재단사가 좀 퉁명스럽게 말했다. "이제는 좀 주셔야 할 것 같아요. 2,000파운드나 된다니까요!"

"아, 고작 그게 다야?" 교수가 그 정도 돈은 늘 갖고 다닌다는 듯이 주머니 속을 더듬으며 무심하게 말했다. "그런데 1년만 더 기다려서 4,000파운드를 받는 게 더 낫지 않겠나? 자네에게 얼마나 큰돈인지 생각해보라고. 아이고, 원한다면 왕도 될 수 있겠군!"

"왕이 되든 말든 상관은 없습니다만," 재단사가 생각에 잠긴 듯 말했다.

"그런데 들어보니 대단한 돈이긴 하네요. 그럽시다! 기다리죠, 뭐."

"당연하지!" 교수가 말했다. "자네 셈이 빠르군. 그럼 잘 가시게!"

"선생님, 저 사람한테 정말 4,000파운드를 주실 거예요?" 채권자가 떠
나고 문이 닫히자 실비아가 물었다.

"그럴 리가!" 교수가 힘줘 말했다. "저 사람은 죽을 때까지 계속 돈을 배
로 늘려가기만 할 거야. 1년 더 기다리면 항상 돈이 갑절이 되는데 안 기
다리고 배기겠어?"

불멸의 약속을 종교의 핵심이자 정수로 만들기 위해 애쓴 인
류가 인간이 만든 것 중 합목적성이 가장 강한 복리의 원칙을 특
히 아끼고 이를 위해 최선을 다하는 것은 우연이 아니다.

우리는 이제 가장 확실한 종교적 원칙과 전통적 미덕으로 홀
가분하게 돌아갈 수 있게 되었다. 즉 탐욕은 악이고 고리대금 행
위는 악행이며, 돈에 대한 애정은 혐오할 만하고, 내일을 걱정하
지 않는 사람이야말로 온전한 지혜와 미덕의 길을 가장 참되게
걷는 사람이라는 것이다. 우리는 다시 수단보다 목적을 더 가치
있게 여기고 유용한 것보다 좋은 것을 더 선호하게 될 것이다.
우리는 매시간, 그리고 하루하루를 어떻게 더 고결하고 값지게
보낼 수 있는지 가르쳐주는 사람을 존경하게 될 것이다. 사물에
서 직접 즐거움을 끌어낼 수 있는, 즉 힘들게 일이나 작업을 하

　　　　　　　　　　　1장 • 우리 손자 손녀들이 누릴 경제적 가능성

지 않는 들판의 백합과 같은 사람들을 기리게 될 것이다.

하지만 명심하라! 이 모든 일이 이뤄질 때가 아직은 도래하지 않았다. 우리는 앞으로 적어도 100년간은 더 우리 자신은 물론이고 다른 이들에게도 아름다운 것은 추한 것이며, 추한 것은 아름다운 것*처럼 처신해야 한다. 추한 것은 쓸모가 있지만 아름다운 것은 그렇지 않기 때문이다. 한동안은 더 탐욕과 고리대금, 내일을 위한 예방책을 우리의 신으로 모셔야 할 것이다. 그런 것들만이 경제적 필요성이라는 어두운 터널에서 우리를 밝은 빛으로 꺼내줄 수 있기 때문이다.

그런 만큼 나는 머지않아 인간의 물질적 삶에 이제껏 없었던 아주 위대한 변화가 일어날 것으로 기대한다. 하지만 그 변화는 재앙처럼 우리를 덮치지 않고 점진적으로 일어날 것이다. 변화는 사실상 이미 시작되었다. 변화의 과정은 단순해서 경제적 궁핍함에서 벗어나는 계층과 집단이 점점 늘어날 것이다. 극단적인 변화는 그런 경제적 자유가 아주 보편화되어 개인이 이웃에 대해 가지는 의무의 본질이 바뀔 때 일어날 것이다. 그때가 되면 자신의 경제적 안위를 위해 사는 것은 더 이상 합당하지 않고, 타인의 경제적 안위를 챙기는 일이 합당하게 여겨질 것이다.

---

* 셰익스피어의 비극인 『맥베스(Macbeth)』 1장의 첫 대사로 좋은 것으로 통용되는 것이 사실은 나쁜 것이고, 나쁜 것으로 인식되는 것이 사실은 좋은 것이라는 의미이다.

우리가 경제적 축복이라는 목적지에 도달하는 속도는 다음 네 가지로 결정될 것이다. '인구 통제 능력, 전쟁 및 내전을 피하려는 결의, 과학이 나아가야 할 방향을 과학에 위임하려는 의지, 그리고 생산과 소비의 차이로 결정되는 축적 비율'이 바로 그것이다. 앞의 세 가지가 주어지면 마지막 항목은 자연스럽게 결정될 것이다.

한편 목적이 있는 활동뿐 아니라 삶의 기예를 촉진하고 실험하면서 우리의 운명을 조금씩 준비해나간다고 해도 손해 볼 것은 전혀 없을 것이다.

그렇다고 경제적 문제의 중요성을 과대평가하거나 경제적 필요성 때문에 그보다 더 위대하고 영구적으로 중요한 다른 문제들을 희생하면 안 된다. 경제는 치과 의술처럼 전문가가 담당할 문제가 되어야 한다. 경제학자들이 치과의사처럼 겸손하면서 유능한 존재로 인식될 수 있다면 매우 근사한 일일 것이다.

"변화에서 가장 힘든 것은 새로운 것을 생각해내는 것이
아니라 이전에 가지고 있던 틀에서 벗어나는 것이다."

- 존 메이너드 케인스

REVISITING
KEYNES

2장

우리 손자 손녀들이 누릴 경제적 가능성: 75년 후 글로벌 관점에서 따져 보기

_파브리지오 질리보티

| 파브리지오 질리보티(Fabrizio Zilibotti) |

예일대학교 경제학과 교수이며, 2016년 유럽경제협회 회장을 역임했다. 질리보티는 2009년 45세 미만 유럽 최고의 경제학자에게 수여되는 이르요 얀손(Yrjö Jahnsson) 상을 받기도 했다. 그의 연구 관심사는 거시경제학, 경제 성장 및 발전, 중국의 경제 발전으로, 「아메리칸 이코노믹 리뷰」를 비롯해 많은 국제 저널에 칼럼을 게재했다.

자본주의의 미래를 둘러싸고 엄청난 불확실성과 우려가 심화되던 대공황의 한 가운데서, 존 메이너드 케인스는 인류가 한 세기 안에 경제 성장과 기술 변화를 통해 경제 문제를 해결할 것이라는 낙관적인 예언을 내놓았다. 그는 사람들이 훨씬 적게 일하고, 물질적 욕구 충족의 압박에서 벗어나는 세상을 전망했다. 케인스는 "앞으로 100년 후에는 선진국의 생활 수준이 지금보다 4배에서 8배는 더 높아질 것"이라고 말하며 구체적인 숫자까지 제시했다. 그는 또 "일주일에 15시간만 일해도 아주 오랫동안 경제적 문제에서 해방될 수 있다"며 노동시간에 대한 견해를 밝혔다. 케인스는 새로운 시대가 열리면서 "도덕규범에 커다란 변화들"이 생기고, 그 결과 새로운 사회에서는 "매시간, 그리고 하루하루를 어떻게 더 고결하고 값지게 보낼 수 있는지 가르쳐주는 사람들과 사물에서 직접 즐거움을 끌어낼 수 있는 사람들을 존경하게 될 것"으로 기대했다.

그의 예측 중 정확히 들어맞은 것은 어느 정도일까? 실제로 경제 성장은 1930년대에 재개됐지만, 곧이어 제2차 세계대전이 발발했다. 다행히 경제 성장의 엔진은 전쟁 막바지에 다시 돌아가기 시작했고, 이후 세계는 전례 없는 변화를 겪었다. 그리고 오늘날 사람들이 삶에서 일과 관련된 활동으로 소비하는 시간은 실제로 예전보다 더 줄었다. 하지만 생활 수준과 일에 대한 태도는 국가마다, 그리고 개인마다 크게 다르다.

성장의 반세기: 경험적 증거

'선진국' 중심이었던 케인스의 시각에서 빠져나와, 일단 전 세계 경제의 장기적인 성장 경험부터 살펴보자. 거시경제 통계자료를 제공하는 펜월드테이블Penn World Tables 6.1판을 보면 1950년부터 2000년까지 총 168개국의 연간 경제 관측치[1], 즉 구매력 평가PPP 환율*을 적용한 1인당 국내총생산GDP 통계를 알 수 있다. 알려진 대로 이 데이터에는 한계가 있지만 시기별, 국가별로 물질적 생활 수준이 어떻게 진화해왔는지 추세를 보는 데는 도움이 된다.

특정 시기의 데이터가 누락된 국가들이 많기 때문에 이 통계

---

* Purchase Power Parity(PPP): 시장에서 결정되는 환율이 아니라 각국의 실제 물가 수준에 기초하여 각국 통화의 구매력을 비교한 환율을 말한다.

는 불균형하다. 과거 소련연방에 속했던 국가들은 최근 몇 년간의 데이터만 존재하므로 샘플에서 제외했다. 또 중국은 1952년부터 관측을 시작했으므로 패널에 포함된 중국의 통계치는 그이후 데이터이다. 결과적으로 이 글에서 설명하는 최종 통계는 전 세계 인구의 74~85%를 대표하는 127개국의 수치이다.[2]

전 세계, 그리고 주요 지역에 대해서는 인구를 가중 평균한 1인당 GDP 성장률을, 각 국가에 대해서는 1인당 소득 증가율을 계산했다.[3] 케인스의 예측에서 성장률의 최대치는 2.1% 정도가 된다. 그런데 반세기 동안(1950~2000년) 인구 가중치를 적용한 연평균 성장률은 2.9%로, 생활 수준이 단 50년 만에 4배가 증가한 셈이 된다(4배는 케인스가 예측한 100년간 성장률의 하한선이라는 점을 기억하라). 2.9%의 연간 성장률을 100년에 대입하면 생활 수준이 17배 증가하게 되는데, 이는 케인스가 예측한 최대 성장률의 2배가 넘는다. 20세기 후반 50년 동안 전례 없던 물질적 발전이 일어났다는 데에는 의심할 여지가 없다.[4]

세계적인 차원에서 성장 동력이 힘을 잃고 있다는 증거는 지금까지 없다. 사실상 그 반대이다. 〈그림 2.1〉을 보면 (글로벌 1인당) 성장이 20세기 후반에 가속화되었다는 것을 알 수 있다. 이런 성장은 어디서 왔을까? 〈그림 2.2〉는 주요 지역별로 세분화한 성장률이다. 첫 번째 그래프(①)는 OECD 가입국과 OECD 비가입국의 성장률을 비교해서 보여준다.[5] 1950년부터 1970년까지 OECD 국가들은 평균 4% 이상의 성장률로 (일본을 제외하면 3.5%)

평균 성장률이 2.2%인 비OECD 국가들보다 훨씬 빨리 성장했
다. 그러나 이후 상황이 역전돼 OECD 국가들은 연평균 2.3%로
성장한 데 반해, 비OECD 국가들은 매년 3.1%씩 성장했다. 세계
적인 관점에서 흥미로운 점은 20세기의 3분기에는 부유한 나라
들과 가난한 나라들 사이의 경제 격차가 심화됐지만 4분기에 벌
어진 간격이 다시 좁아졌다는 것이다.

그림 2.1 - 전 세계 경제의 평균 성장률(1950~2000년)

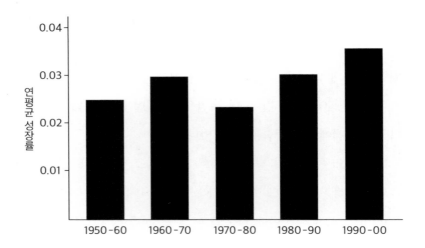

2장 · 우리 손자 손녀들이 누릴 경제적 가능성: 75년 후 글로벌 관점에서 따져보기

그림 2.2 – 전 세계&지역별 성장률(1950~2000년)

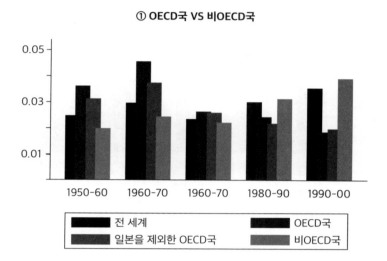

① OECD국 VS 비OECD국

범례:
- 전 세계
- OECD국
- 일본을 제외한 OECD국
- 비OECD국

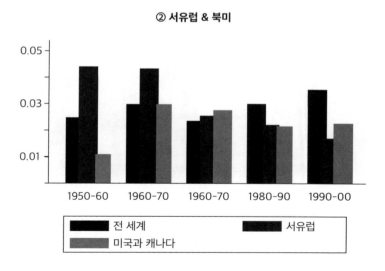

② 서유럽 & 북미

범례:
- 전 세계
- 서유럽
- 미국과 캐나다

③ 아시아

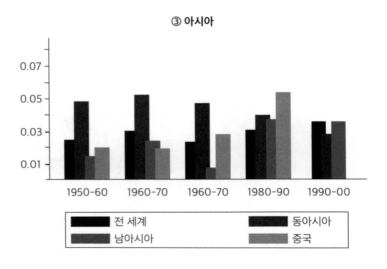

④ 기타 개발도상국

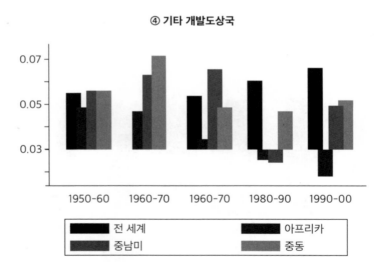

2장 · 우리 손자 손녀들이 누릴 경제적 가능성: 75년 후 글로벌 관점에서 따져보기

경제적 성과를 선진국과 개발도상국으로 나눠 살펴봐도 흥미로운 사실을 알 수 있다. 먼저 선진국의 1인당 소득 증가율은 1950년대를 거쳐 1960년대까지 유럽에서 특히 높았다가 이후 둔화되었다(〈그림 2.2〉의 그래프 ②). 반면 북미(미국과 캐나다) 경제는 성장 추세가 상대적으로 밋밋하다. 1990년대 북미 지역의 1인당 GDP는 유럽보다 훨씬 더 빠르게 성장했다. 뒤에서 다시 논의하겠지만 노동력 공급 행태의 변화가 이런 격차를 만드는 데 큰 영향을 미쳤다.

급격한 경제 발전은 주로 아시아에서 일어났다(〈그림 2.2〉의 그래프 ③). 1960년대 말에 군나르 뮈르달Gunnar Myrdal이 '아시아의 드라마Asian drama'라는 말로 설명한 발전은 상당 부분 '아시아의 기적'으로 변모했다. 1950년부터 1975년까지 25년 동안은 동아시아 지역에서만 강력한 경제 발전이 이뤄졌다. 이후 아시아의 두 대국인 인도와 중국으로 경제 발전이 확산되었다. 20세기 마지막 25년간 이뤄진 두 나라의 이례적 경제 성장은 세계의 평균 성장률을 높이는 데 크게 이바지했다. 반면 동아시아 지역은 1990년대에 경제 둔화를 겪었다.[6]

불행히도 나머지 개발도상국들은 그만한 발전을 보여주지 못했다(〈그림 2.2〉의 그래프 ④). 중남미 경제는 20세기의 3분기에 속하는 25년간 강세였지만(연간 3.2%) 이후 거듭되는 위기로 상당히 위축되었다(1.1%). 북아프리카를 포함한 중동 지역도 비슷했다. 사하라 이남 아프리카 또한 '경제 문제'를 해결하는 데 뚜렷한 진전이 없었다. 20세기 전반기 동안 이 지역의 경제 성장률은 평균적으로 낮았다. 이런 추세는 1980년대와 1990년대에 더욱 악화되어 생활 수준이 향상되기는커녕 오히려 낮아졌다. 2000년까지 사하라 이남 국가들의 1인당 평균 GDP는 1,576달러로 OECD 국가들의 1인당 평균 GDP의 6%를 약간 상회하는 수준이었다. 평균 수준의 사하라 이남 아프리카 국가가 오늘날 부유한 국가들이 누리는 생활 수준에 도달하려면 연간 3%로 100년간 꾸준히 성장해야 한다.

요약하면, 인류는 평균적으로 봤을 때 20세기 후반 50년 동안 케인스의 낙관적인 기대보다 경제적으로 더 많이 발전했다. 하지만 경제 문제의 해결은 세계 대부분의 지역에서 여전히 요원한 일로 보인다. 2000년에도 세계 인구의 다수를 차지하는 비OECD국의 1인당 평균 GDP는 100년 전 미국의 1인당 GDP보다 작다. 사하라 이남 아프리카의 비극은 6억 명 주민 대부분이 에이즈, 내전, 불안한 정국으로 고통받는 가운데 여전히 현재 진행형이다. 이보다 한층 더 불편한 발전이 존재한다. 전 세계적으로 국가 내 불평등 수준이 높아지면서 성장률이 낮은 지역에서 극빈층이 극적으로 증가했던 것이다.[7]

왜 생활 수준의 편차가 아직도 이렇게 큰 걸까? 자본 축적도 그 원인 중 하나다. 하지만 최근 다수의 연구가 입증하듯이 더 큰 원인은 기술의 차이(또는 '총요소 생산성*의 차이) 때문이다. 가난한 나라는 기업의 생산성을 높여주는 기술들을 활용할 수 없거나 부유한 나라보다 훨씬 뒤늦게 채택한다. 아이디어의 확산이나 기술적 향상이 전 세계 수준에서 왜 아직 이렇게 느린지는 오랜 논쟁거리이다. 기술 채택에 장벽이 되는 제도적, 정치적 문제들은 분명 중요한 요인이다.[8]

대런 아제모을루Daron Acemoglu와 질리보티가 2001년에 발표한 글을 보면, 그런 장벽이 없다고 해도 신기술과 인간의 능력은 상호 보완 관계에 있다. 때문에 산업화 국가에는 아무리 혁신적인 기술이라고 할지라도 개발도상국에는 '적절하지 않은' 기술이 될 수 있다고 주장한다. 선진국에서 이뤄지는 혁신은 숙련 노동자가 필요한 신기술을 진화시키는 경향이 있다(1990년대 IT 혁명을 생각해보라). 고학력 노동자가 부족한 가난한 나라들은 이런 기술적 혜택을 제대로 활용할 수 없으므로 선진국에서 개발된 기술을 채택하는 데 제동이 걸린다.[9] 결국 성장을 촉진하는 기관들과 고등교육에 대한 투자야말로 동아시아와 남아시아 국가들의 경제적 성공에 핵심이 될 수 있다.

---

* total factor productivity: 생산량 증가분 중 노동 증가와 자본 증가에 따른 증가분을 뺀 나머지 증가분을 말한다. 즉 노동과 자본 등 눈에 보이는 생산 요소 외 기술개발이나 경영혁신같이 눈에 보이지 않는 부문이 산출 증가에 얼마나 기여하는지를 나타내는 생산 효율성 지표이다.

더 많은 소득을 택할 것인가?
아니면 더 많은 여가를 택할 것인가?

―

케인스는 물질적 발전이 이뤄지면서 사람들이 일에 할애하는 시간이 줄어들 것으로 예측했다. 그는 미래에는 소비 욕구가 어느 정도 충족되면서 모든 사람이 일주일에 15시간 정도만 일해도 될 것이라고 주장했다.

노동시간이 단축되는 확실한 추세는 케인스가 이를 예측하기 훨씬 전부터 잘 기록돼 있다Marimon & Zilibotti, 2000. 후버맨Michael Huberman 과 민스Chris Minns가 2005년에 발표한 자료에 따르면 노동자들의 연평균 노동시간은 1870년부터 1930년까지 유럽과 미국에서 모두 30% 가까이 감소했다. 가장 급격한 하락은 1900년부터 1930년 사이에 발생했으므로 이런 추세가 케인스와 동시대 사람들에게 특히 강렬한 인상을 남겼을 것으로 보인다. 일단 제2차 세계대전 이후 근로자 1인당 노동시간은 더 줄었지만, 하락률 자체는 이전보다 작았으며 미국보다는 유럽에서 더 많이 줄었다. 또한 여성들의 노동 참여가 크게 증가하면서 단축된 남성 노동자들의 근로시간을 상쇄했다. 오늘날 주당 노동시간이 15시간보다 적은 곳은 전 세계 그 어디에도 없고, 2030년에도 이런 일이 벌어질 것이라는 합당한 근거는 없다. 하지만 오늘날 사람들이 여가를 얼마나 보내는지 평가하기 위해서는 여러 요인을 고려해야 한다.

첫째, 개인의 삶에서 노동시간이 차지하는 비율은 실제로 급격히 감소했다. 2000년 영국인의 평균 기대수명은 1930년에 비해 20년 더 연장됐다(미국의 경우 17년 연장됨). 이런 차이는 영아 사망률이 낮아진 이유도 있지만 기대수명 자체가 훨씬 더 길어졌기 때문이다. 20세인 미국 백인 남성의 경우에는 1930년보다 기대수명이 약 10년 정도 늘어났고, 여성과 소수 인종은 그보다 더 늘어났다. 같은 비교 조건에서 60세 미국 남성의 기대수명 또한 15년에서 20년으로 늘어났다. 반면 정년은 낮아졌다. 1930년에 70세였던 미국 남성의 은퇴 나이 평균은 2000년까지 62세로 낮아졌다. 이는 일생에서 노동 활동에 시간을 사용하는 비율이 1930년보다 현재 훨씬 더 작다는 것을 의미한다.

여기서 '케인스의 예측'을 비틀어보자. 케인스가 기대수명이나 여성의 사회 참여율, 은퇴 연령의 변화를 예측하지 않았다고 가정해보자. 이 경우에 15세 나이에 노동 활동에 투입되는 사람은 60%의 확률로 65세까지 주당 15시간 일하고, 30%의 확률로 70세까지 주당 15시간을 일한 후 사망한다. 여기서 70세는 1930년 당시 20세인 사람의 기대수명이고, 60%와 30%는 각 연령대의 취업자 비율이다.[10]

이제 '케인스의 예측'을 2000년의 실제 시나리오와 비교해보자. 현재는 15세에 직업 현장에 투입돼 주당 30시간, 혹은 38시간(대략 유럽과 미국의 현실을 반영한) 일하고, 70%의 확률로 65세까지 일하고 은퇴 후 80세까지 삶을 살다 사망한다.[11] 두 시나리오에서 모두 하루 중 인간의 활동 시간을 16시간(8시간의 수면시간 제외)으로 가정했고 출생 후 15세가 될 때까지의 기간은 무시했다.

그러면 이런 결론이 나온다. 케인스의 예측에서 평균적인 인간은 평생 자신에게 할당된 시간의 7.6%를 일하면서 보낸다. 반면 내가 2000년 기준으로 실상을 분석한 결과, 주당 30시간의 노동 시나리오에서 우리는 평생의 14.4%를, 그리고 주당 38시간의 노동 시나리오에서는 평생의 18.3%를 일하면서 보낸다.

둘째, 케인스는 경제적 풍요로움이 자유로운 여가시간을 내줄 것으로 기대했다. 인간이 얼마나 많은 시간을 삶을 즐기는 데 소비할 수 있는지 확인하려면 인간이 활용 가능한 모든 시간에서 노동시간뿐 아니라 가사 활동에 쓰는 시간도 제외해야 한다. 먼저 짚고 넘어갈 것은 집안일에 대한 장기 추세를 다룬 신뢰할 만한 통계자료가 없다는 것이다. 그린우드Jeremy Greenwood와 동료 학자들이 보고한 2005년 수치에 따르면 1930년에 미국에서는 가구당 주 평균 40시간을 집안일로 소비했다. 아헨Alexandra Achen과 스태퍼드Frank Stafford는 2005년에 소득동학패널Panel of Income Dynamics을 바탕으로 수행한 연구에서 2001년 기준 미국 기혼 부부가 집안일에 쓰는 시간이 주당 25시간 정도인 것으로 결론지었다. 두 데이터가 상응한다고 가정하면 모든 개인이 하루 1시간 이상 가사 활동의 속박에서 벗어난 셈이 된다. 이러한 변화는 기본 인프라 및 가전제품(수돗물, 냉장고, 세탁기, 진공청소기 등)에서 노동력을 아껴주는 기술 발전이 이뤄졌기에 가능했다. 그렇다고 이렇게 해서 남은 시간 전체가 여가에 투입된 것은 아니었다. 그린우드의 2005년 연구는 1900년부터 1980년까지 80년간 여성 노동력이 약 28%p 증가한 것은 가정용 기술의 혁신 덕분이었다고 설명한다.[12]

셋째, 오늘날 사람들은 교육 활동에 긴 시간을 쏟는다. 라미 Valerie A. Ramey와 프란시스Neville Francis가 2006년에 발표한 연구 보고에 따르면 미국인 한 명이 한 해 평균 학교에서 보내는 시간은 1970년 600시간에서 2000년에 900시간으로 증가했다. 배움을 향한 이런 열정을 우리는 어떻게 해석할 수 있을까? 케인스라면 이를 인간이 물질적 필요성에서 해방된 결과로 얻은 혜택 중 하나라고 여길 것이다. 하지만 교육을 광산 노동만큼 고된 활동이라고 비관적으로 보는 경우라면 늘어난 학습시간을 줄어든 노동시간의 상쇄 요인으로 여길 수도 있다.

이처럼 시각은 조금씩 다를지라도 요즘 사람들이 1930년대 사람보다 더 조금 일하게 된 덕분에 더 많은 여가를 즐기게 됐다는 점은 나도 인정한다. 기술의 발전은 노동시간과 여가 활동 모두에 질적으로 중요한 영향을 줬다. 노동 환경은 점점 바람직하게 개선되고 있다. 또한 케인스의 방식으로 표현하자면 "하루 3시간의 노동시간은 우리 내면에 있는 옛 아담을 만족시키기에 충분하고", 노동에 참여하는 것은 이브에게 긍정적인 영향력을 끼친다. 노동 참여와 경력 개발 가능성은 여성 해방의 매개체가 돼 왔다. 마지막으로 기술의 진보는 여가 상품의 폭을 넓혔고 레저 활동에 필요한 시간을 단축했다(예컨대 교통이 발전하면서 우리는 더 넓은 세상을 더 짧은 시간에 여행할 수 있게 되었다).

또 하나 확인하고 넘어갈 것은 기술 발전에 따른 노동력 공급의 양상, 그리고 이런 발전의 혜택을 누리는 방법에 있어 유럽과 미국이 지난 30년간 다른 기호를 발전시켜 왔다는 점이다. 유럽인들은 (아마도 케인스의 성향에 발맞춰) 여가시간을 늘려 왔지만, 미국인들은 오히려 더 오래 일하는 쪽을 택했다. 더 정확히 말하면 영국과 독일, 프랑스 사람들은 1970년대 중반까지도 미국인보다 5~10% 더 많이 일했다. 하지만 21세기로 넘어가는 시점에 유럽인들의 노동시간은 미국인들 노동시간의 70~75%에 그친다Edward Prescott 2004.[13] 흥미롭게도 1인당 GDP는 미국이 유럽보다 더 빨리 성장했지만 시간당 노동생산성은 그 반대였다. 미국의 시간당 GDP는 1970년부터 2000년까지 38% 증가했지만, 프랑스의 시간당 GDP는 동기간에 83% 상승했다.[14] 독일 등 다른 유럽 국가들도 프랑스와 비슷했다. 이는 전적으로 노동공급의 행태 차이 때문이라고 해도 과언이 아니다.

이런 차이를 어떻게 설명할 수 있을까? 프레스콧은 2004년에 기고한 기사에서 결국 국가들 사이에 나타나는 이런 차이가 근로소득세의 왜곡 효과 때문이라고 설명한다. 또 블량샤르Olivier Blanchard 교수는 2004년 글에서 유럽은 향상된 생산성을 소득 향상과 여가 증가 사이에 더 균형 있게 할당한 덕분에 이런 차이가 생겼다고 설명했다. 기호의 문제이든, 정책의 효과이든(둘 중 어떤 경우든 민주적인 과정에 따라 나온 결과이다) 유럽인들은 케인스가 제시한 방향으로 나아가고 있는 것 같다. 그러나 인구 중 은퇴자 비율이 늘어나고 활동 인구 중 근로시간 단축 추세가 이어지면 연금 제도의 지속 가능성이 위태로워질 수 있으므로 이런 추세가 앞으로도 꾸준할지는 미지수다.

왜 미국인들은 케인스가 예상한 것보다 더 많이 일하게 됐을까? 사실 경제 이론은 기술 발전으로 인간의 노동시간이 줄어든다는 것을 설득력 있게 입증하지 못한다. 교과서 속 경제학은 생산성이 증가하면 소득효과와 대체효과는 서로 반대방향으로 작용한다고 가르친다. 인간은 부유해질수록 여가를 더 원하지만(소득효과), 그 기회비용 또한 증가한다는 것을 더 잘 인식하게 된다(대체효과). 일반적인 선호를 가진 경우 최종 효과는 양쪽 형태 모두로 나타날 수 있다.

그렇다고 할지라도 케인스는 노동과 여가 사이의 단순한 상충관계를 뛰어넘는 정교한 논쟁거리를 제시했다. 그의 주장에 따르면 일부 진화 과정이나 학습은 사람들이 여가를 즐기는 능력이나 힘든 노동을 견디는 정도에 영향을 준다. 여가를 높이 평가하는 능력은 후천적 성향과 더불어, 특정 여가 활동에 대한 감상 능력을 높이는 개인적 투자에 따라 달라질 수 있다. 가령 문학이나 클래식 음악을 감상하려면 시간과 노력, 헌신이 필요한 것과 같다. 케인스의 시각에서 인간은 경제적 필요성에 세속적으로 노예화하면서 노동 활동에 대한 인내력은 높아지고, 좋은 삶을 감상할 수 있는 능력은 억제되었다. 케인스는 물질적 욕구가 점차 충족되면 인간의 선호가 자연스럽게 변해서 예술과 아름다움을 더 잘 감상하게 될 것으로 기대했다. 이렇게 되면 도덕적 가치도 변할 것이고, 돈벌이에 대한 강박을 새로운 인본주의로 대체할 수 있다고 전망했다.

재미있는 것은 최근 발표된 '내생적 선호'에 대한 논문에도 이런 시각이 반영돼 있다는 점이다. 도프케Matthias Doepke와 질리보티가 2005년과 2008년에 쓴 논문은 약간 반대될 수도 있지만, 이와 비슷한 주장에 기초하여 영국에서 산업혁명이 시작되면서 귀족 엘리트 계급이 쇠퇴하기 시작했다고 설명한다. 산업화 이전의 엘리트층에는 예술과 쾌락, 다양한 여가 활동(클래식 음악부터 여우 사냥까지)에 대한 헌신이 자녀 양육만큼 자연스러운 일이었다. 때문에 열심히 일하는 것을 경멸하고 저축과 투자에 관심이 없었다는 것이다. 반면 도시의 중산층은 장인과 상인의 삶에서 가장 중요한 절약과 인내의 가치 안에서 자란 사람들이었다. 그렇다 보니 후자는 막스 베버가 그의 명저(《프로테스탄트 윤리와 자본주의 정신》)에서 강조한, 그리고 산업혁명과 함께 새로운 기회들이 생기면서 중요한 이점으로 부상한 '자본주의 정신'을 발전시킬 수 있었다. 이렇게 보면 산업혁명을 기점으로 왜 부르주아 계층이 떠오르고 귀족계급이 사멸했는지 납득이 된다.

시간이 지나면서 케인스의 주장은 한 걸음 더 나아간다. 그는 경제적 욕구가 충족되면 상황이 역전돼 예술과 여가에 대한 감상 능력이 진화적으로 성공 요인이 될 것이라고 주장했다. 그럼 케인스가 예측한 변화의 증거는 확인될 수 있을까? 나는 그럴 가능성은 낮다고 생각한다. 점점 더 심화되는 비만 문제는 우리 식습관의 양적 (그리고 질적) 특징을 상징적으로 보여준다. 또 다른 요인은 의료 서비스, 녹지, 노인 돌봄같이 일상생활의 질에 영향을 주는 공공재 공급의 축소에 대한 압력이 커지고 있다는 것이다. 사적 부가 위협받는 상황, 그리고 공적 빈곤까지 더해진 사회에서 이렇게 공공재 투자를 줄이면 결국 사적 소비만 더 늘어난다. 시장은 시간보다 돈이 더 필요한 엄청난 양과 유형의 여가 상품을 공급할 수 있다는 것을 보여주었다. 이런 여가 상품들은 전통적인 문화 소비재의 강력한 경쟁 상대로서 제대로 감상하려면 오랜 훈련과 교육이 필요하다. 하지만 이 문제는 아직 결론이 나지 않았고, 그래서 우리는 좋은 삶을 감상하는 방법을 이토록 더디게 배우고 있는지도 모른다.

결론

—

지금까지 다룬 내용으로 봤을 때 케인스의 낙관론이 정당하다고 할 수 있을까? 인류의 물질적 환경이 나아질 것이라는 그의 예측은 옳았다. 물질적 발전은 실제로 오늘날 우리가 누리는 기회의 폭을 엄청나게 확대했다. 성장의 문화적 함의에 대한 케인스의 예측은 더 문제가 있고, 물질적 욕구가 충분히 만족되고 있음을 확실히 보여주는 징후도 아직 보이지 않는다.

그러나 물질적 발전이 세계 여러 지역, 특히 극심한 빈곤 상태에서 살아나가는 사람들에게 계속 주된 문제로 남아 있다. 나는 경제 성장이 모든 개발도상국으로 퍼지길 바란다. 미래 세대가 노동시간의 단축처럼 기술 발전이 안겨준 결실을 더 다양한 방식으로 누릴 수 있다고 해도 선진국에서 생산성 증대와 기술 변화의 속도가 둔화하지는 않을 것이다.

하지만 성장이 좋은 소식만 물고 오지는 않는다. 환경의 지속 가능성이 풀리지 않는 숙제로 남아 있듯이 말이다. 이 문제에 있어서 나는 많은 경제학자가 말하는 낙관론에 동의할 수 없다. 세계적인 차원에서 '공유지의 비극'을 막을 수 있는 효과적인 자정 장치나 제도적 장치가 아직 없기 때문이다. 나는 기술 발전이 천연자원을 절약하는 방향으로 나아가기를 바란다. 하지만 이런 기대가 보이지 않는 손에 의해 실현되지는 않을 것이다. 그보다는 오염물질 배출을 규제하고 천연자원의 사용이나 남용에 더 높은 비용을 부가하는 강력한 정치적 의지에 달려 있을 것이다. 일부 선진국에서는 특수 이익집단이 이런 정치적 개입을 가로막고 있고, '경제 문제'를 해결하려 고군분투하는 나라들에는 이런 환경 문제가 그저 배부른 푸념으로 들릴 것이다. 이런 나라들이 앞서 산업화를 겪은 나라들처럼 천연자원을 집중적으로 사용한다면 환경에 극단적인 영향을 미칠 것이다. 유일한 희망은 부자

나라들의 재정적, 기술적 지원과 장려 정책으로 가난한 나라들이 환경친화적 기술을 채택하도록 유도하는 것이다. 현재 국제기구들은 이 문제를 다루는 데 답보 상태이다. 내가 생각하기에는 세계적인 차원에서 실패할 확률이 상당히 높다.

REVISITING KEYNES

소비주의의
일반이론을 향해

_ 조지프 스티글리츠

| 조지프 스티글리츠(Joseph E. Stiglitz) |

미국의 경제학자인 스티글리츠는 MIT에서 폴 새뮤얼슨의 지도 아래 경제학 박사학위를 받았고, 27세에 예일대학 정교수가 됐다. 현재 컬럼비아대학 교수로 재직 중이며, 빌 클린턴 행정부 경제자문 위원장, 세계은행 부총재를 역임했다. 2001년에는 노벨경제학상을 수상했다. 스티글리츠는 새케인스학파(New Keynesian Economics)에 속한다. 주요 저서로 『불평등의 대가』 『거대한 불평등』 『유로』 『경제 규칙 다시 쓰기』 『세계화와 그 불만』 『끝나지 않은 추락』 『인간의 얼굴을 한 세계화』 『1990년대의 경제 호황』 등이 있다.

『우리 손자 손녀들이 누릴 경제적 가능성』은 경제적 발전에 대한 케인스의 예측(분명 잘못된 면이 있지만)으로도 흥미롭지만, 그만큼 매혹적인 것은 글에 내포된 인간 본성에 대한 가정들이다. 그는 거대한 기술 향상과 자본 축적 덕분에 경제 문제(삶의 필수품을 제공하는)가 해결되고, 이로써 인간 개개인이 더 고매한 소명에 에너지를 쏟아붓게 될 것으로 전망했다. 또 사회 관습과 제도는 대부분 경제 문제를 해결하기 위해 탄생한 것이므로 경제적 필요성이 충족되면 완전히 새로운 제도들과 사회 관습들이 생겨날 것이라고 말했다.

케인스는 자본의 축적과 투자 비율뿐 아니라 혁신의 속도도 크게 과소평가했다. 가령 중국은 지난 30년간 40% 이상의 저축률과 평균 9.7%의 성장률을 보였는데, 이는 전 세계적으로도 이례적인 기록이다. 중국에 비하면 평범한 편이지만, 세계 경제는 제2차 세계대전 후부터 1970년대 초까지 3~4%대 성장률을 유지해 전례 없던 부흥기를 맞았고, 적어도 미국에서는 1990년대 초반부터 이 정도의 높은 성장률이 재개되었다. 만약 1인당 생산량 증가가 진짜 무엇을 예고하는지 케인스가 제대로 알고 맞췄다면, 그의 머릿속에 있던 새로운 세계가 이미 우리 앞에 움트고 있었어야 한다.

물론 경제 문제의 해결 가능성(그는 이렇게 표현했다)은 이미 가시권 안에 있다. 요컨대 48조 달러가 넘는 글로벌 GDP[1]를 전 세계 약 65억 명의 인구에게 균등하게 나눠준다고 가정해보자. 그러면 각 개인에게 약 7,000달러씩 할당할 수 있어 지구촌 주민 모두가 가난에서 충분히 벗어나게 된다(이는 미국의 4인 가족 기준 빈곤선보다 더 높은 금액이다).[2] 즉 문제의 본질은 케인스가 그 어디에서도 분배에 대해 충분히 신경 쓰지 않았다는 것이다. 선진국에서는 사람들 대부분이 그들의 경제적 욕구를 충분히 만족할 정도의 소득을 얻지만, 아직도 세계 인구의 약 50%는 하루에 2달러가 안 되는 돈으로 살고 있다. 그리고 그중 약 10억 명은 하루에 1달러 미만의 돈으로 연명한다.[3] 이런 사람들은 매일 먹고사는 경제 문제를 겪고 있고, 우리 사회는 그들이 직면한 문제에 아직 답을 주지 못했다.

그렇다면 세계의 나머지 절반은 '경제 문제'를 해결해야 하는 도전 과제에 어떻게 맞서 왔을까? 케인스가 예측한 그런 근본적 변화가 일어나지 않았다는 것만은 분명하다. 물론 제도와 관습들은 바뀌었다. 예를 들면 케인스 경제학은 그 자체로 거시경제 정책을 이행하는 방식에 큰 변화를 몰고 왔다. 하지만 이런 발전적 변화는 경제 문제 '해결'과는 관련이 없고, 어떻게 하면 더 많은 상품을 더 효율적으로 생산하고 전달할 수 있는지에 초점을 맞춘다. 근본적인 경제 '모델'은 본질적으로 변하지 않았다.[4]

설명해야 할 쟁점
—

만약 개인의 기본적인 경제 욕구를 채우는 데 소득이 '필요' 없다면, 사람들은 그렇게 생긴 여가를 어떻게 쓸까? 케인스는 "부유층의 아내들, 무엇이든 더 즐거운 일을 찾을 수 없는 불행한 여성들"이라고 언급하며 경제적 부담을 던 사람들에 대해 상당히 비관적인 인상을 남긴다. 오늘날 번듯한 직장이 있든 없든 사람들이 깨어 있는 시간의 상당 부분을 쏟게 만드는 텔레비전의 등장을 케인스가 예상하지 못한 것만은 확실하다.[5]

하지만 케인스의 에세이에서 제시된 퍼즐은 사람들이 여가를 어떻게 보내느냐가 아니라, 그들이 왜 그렇게 여가를 조금만 누리려고 하느냐는 것이다. 왜 사람들은 최선을 다해 열심히, 오래 일할까? 왜 임금과 부의 상승은 대부분 여가의 증가 대신 재화의 증가로 이어졌을까? 케인스는 여가에 대한 욕구를 과대평가했던 것 같고, 특히 30년 전이나 지금이나 대략 같은 시간을 일하는 미국의 경우에는 더욱 그렇다. 1970년에 1인당 24시간이었던 미국의 주당 평균 노동시간은 2004년에 25시간으로 변한다.[6] 이 수수께끼에서 특별한 것은 산업화된 선진국(즉 미국과 스웨덴) 사이에서도 여가의 차이가 점점 벌어진다는 점이다. 이 차이를 비교할 수 있는 완벽한 데이터는 찾기 어렵지만, 발전 수준이 비슷한 국가 중에서 미국 국민이 다른 국가 국민보다 훨씬 더 많이 일하는 것은 확실해 보인다. 특히 눈에 띄는 점은 20세기의 마지막 3분의 1 동안 벌어진 변화이다. 1970년에는 미국, 프랑스, 독일, 영국의 여가 수준은 거의 비슷했다. 하지만 2000년이 되자 미국인들이 프랑스, 이탈리아, 벨기에 사람들보다 약 40% 더 일하고 있었다.[7]

오늘날 유럽인들은 미국인들보다 덜 일할 뿐 아니라 더 많이 쉰다. 프랑스인들은 1년에 평균 7주를 휴가로 쓰고(공휴일 포함) 독일인들은 거의 8주를 쓴다. 그에 반해 미국인들은 연평균 4주를 휴가로 쓴다.[8]

한 사회가 '과도한 소비주의'의 길을 스스로 선택했다고 할 수 있을까? 원래는 두 사회가 비슷했는데, 이후 한 사회는 더 많이 소비하는 쪽으로, 그리고 또 다른 사회는 덜 소비하는 쪽으로 변하는 것이 가능한 일일까? 나는 표준적인 소비자 행동 모델이 이런 근본적인 질문에 이렇다 할 통찰력을 제시하지 못한다고 생각한다. 최악의 경우 소비자 행동론이 말하는 자유시장의 효율성에는 오해의 소지가 있다고 할 수 있다. 내가 앞서 근본적이라고 말한 이유는 기술 향상이 제공하는 기회들에 사회가 어떻게 반응하느냐보다 더 중요한 문제는 거의 없기 때문이다.

전반적으로 미국의 변화는 케인스가 제시했던 것보다 국민 대다수의 삶에 큰 차이를 만들어내지 못한 것으로 보인다. 단순히 경제 문제를 해결하는 것만으로는 그렇게 큰 변화를 몰고 올 수 없기 때문이다. 어떤 면에서는 개인과 가족들의 상황이 더 나빠졌을 수도 있다. 비만이 팬데믹 수준으로 만연하고, 가족에게 기본적인 생활 여건을 마련해주기 위해 너무 일만 하다 보니 정작 가족과 함께할 시간이 없어지는 것은 문제 있는 행동이다. 1958년에 『풍요한 사회Affluent Society』를 발표한 존 케네스 갤브레이스John Kenneth Galbraith라면,[9] 오늘날 미국 사회를 어떻게 평가할까? 사람들이 마땅히 누려야 할 여가는 덜 즐기고 소비는 필요 이상으로 많이 하는데도 경제학자들이 명확한 판단을 내리길 꺼린다면, 이는 뭔가 잘못됐으며 설명이 필요한 부분이다.

우리가 이 글에서 탐색하는 몇 가지 더 단순한 모델에서는 정부의 개입(예컨대 의무 휴가처럼)이 파레토 개선*으로 이어지므로 이 문제에 대해서는 확실히 시장이 제대로 기능하지 못하는 것으로 보인다.

하지만 이보다 더 강력한 근거로, 일단 선호가 내생적으로 형성된다는 가능성을 인정하면 민간 시장의 해법이 가장 적절하다

---

* Pareto Improve ments: 하나의 자원 배분에서 그 누구에게도 손해가 없고 최소 한 사람 이상에게 이득을 가져다주는 변화

는 가정 자체가 무의미해진다. 이는 곧 우리의 분석에서 자연스럽게 도출된 정부 개입이라는 처방, 즉 단체 행동에 대한 주장이 적어도 어떤 경우에는 설득력이 있다는 뜻이다. 물론 그것이 선호에 대한 명확한 정의를 토대로 시장 실패의 맥락에서 도출한 분석만큼 이론적으로 탄탄하지는 않겠지만 말이다.

여가를 즐기는 비정상적인 패턴을 설명하는 또 다른 논리를 다루기에 앞서 짚고 넘어갈 부분이 있다. 사실 이런 현상에 대한 설명 자체가 불필요할지도 모른다는 것이다. 이렇게 비정상적으로 보이는 현상이 사실은 표준 경제 이론과 완벽히 부합할 수도 있고, 아니면 데이터를 올바로 보지 못한 결과일 수도 있기 때문이다.

설명이 불필요한 부분
—

케인스는 사람들이 남들보다 운이 덜 따라서 아직 경제 문제를 해결하지 못한 사람들을 돕기 위해 어느 정도 에너지를 쏟을 것으로 기대했다. 그의 표현을 옮기면 "경제적 목적 추구가 그 자체로는 타당성을 잃더라도 다른 사람을 위해서는 타당할 수 있다"라는 것이다. 세계에 엄청난 소득 불평등이 존재한다는 점을 감안하면, 사람들이 그런 '자선적' 동기를 발휘할 여지는 충분하다. 이는 다수의 유럽 국가에서 나타났는데, 소득의 1% 이상을 개발도상국에 기부하는 유럽인들의 모습을 보면 알 수 있다. 하지만

3장 · 소비주의의 일반이론을 향해

빈곤층에 대한 이런 관심만으로 미국 등 많은 선진국에서 사람들이 최선을 다해 열심히 일하는 이유를 설명할 수는 없다. 예를 들어 미국은 2005년에 GDP의 0.22%를 개발도상국 원조 활동으로 썼다. 하지만 이 적은 금액 안에는 부채 탕감(절대 상환되지 못할 부채의 탕감)과 이라크와 아프가니스탄 지원 비용이 포함됐고, 후자는 인도주의적 원조보다 전쟁 비용으로 쓰였을 가능성이 크다.

케인스는 『경제적 가능성』에서 임금과 부가 증가하면 여가도 증가할 것으로 예측했는데, 이는 인간의 소비 대부분이 음식, 의복, 주거지 같은 경제적 욕구를 채우기 위해 이뤄진다는 가정을 근거로 한다. 케인스는 이 기본적인 욕구들에 대한 효용 체감이 여가의 한계 가치보다 더 빠르게 나타날 것으로 믿었던 것 같다. 다시 말해 케인스는 자선적 동기를 과대평가했던 것처럼, 여가의 한계 가치는 과대평가하면서 상품의 한계 가치는 과소평가했던 것으로 보인다.

우리의 지출 상승분의 일부는 이런 동기, 즉 케인스가 완전히 충족될 수 있다고 여겼고, 내가 3장의 지면 대부분을 그것을 설명하기 위해 할애할 경제적 '욕구'를 조금 더 고급스럽게 채우는 데 사용된다. 물론 우리가 쓰는 돈 일부는 여전히 여가(휴가)와 보완 관계에 있는 건강 증진이나 상품 구매에 쓰이겠지만, 그보다 더 많은 돈이 교육과 '문화'에 지출된다.

이 분석을 복잡하게 만드는 요인이 두 개 더 있다. 첫 번째는 가구 형성에 내생적 특징이 있다는 점이다. 생산성 향상 혜택의 일부는 노동 가능 구성원이 한 명밖에 없는 가구가 많아지는 형태로 향유되었다. 그러나 이러한 변화는 '과도한 소비주의'의 욕구에 의해 영향을 받았을 수 있다. 남편과 아내가 모두 일하면서 함께 보내는 시간이 줄면 가족의 유대감이 약해질 수 있기 때문이다.

두 번째로, 더 많은 여가를 누리기 위한 결정은 근로 기간 동안 휴가를 더 많이 쓰거나 또는 근로 기간 자체를 단축하는(근로자가 되는 시점을 늦추거나 퇴직 시점을 앞당겨서) 두 가지 형태로 나타날 것이다. 이렇게 되면 노동 가능 인구 중 실제 노동 인구의 비중이 작아질 것이다(물론 여성의 노동 참여가 증가하면서 이런 감소분이 어느 정도 상쇄되지만).

표준적인 경제 모델은 상품이나 여가의 한계 효용이 감소하는 상대적인 비율을 예단하지 않는다. 표준 경제 이론에서 임금 상승이 과연 노동(여가)을 증가시킬지 감소시킬지에 대해서는 예측하지 않으며, 개인이 시간과 돈을 어떻게 쓰는지에 대해 가족주의적인 판단을 하지 않는 것도 이 때문이다. 생산성이 높은 사람이 생산성이 낮은 사람만큼 일하는 것은 소득효과와 대체효과가 상쇄하기 때문이다.

소비자들의 지출 증가분 일부는 부분적으로 시장 생산을 더 효율적으로 만드는 기술 변화에 의해 영향을 받아 가내 생산이 시장 생산으로 이동한 결과일 뿐이다(〈부록 A〉 참조). 게다가 표준 통계는 실제 여가 수준을 과소평가한다. 사람들이 시간을 보내는 방식을 연구한 일부 자료는 참된 여가와 가내 생산을 구분하고자 한다.[10] 집 안 청소나 설거지에 쓰는 시간은 보통 즐겁지 않은 것으로 간주되는데, 기술의 변화로 이런 집안일의 효율성이 높아졌다. 식기세척기의 등장으로 그릇을 씻는 데 드는 시간이 줄고, 세탁기와 건조기 덕분에 의류 세탁 시간이 단축되었다. 그 결과 집에서 (혹은 직장 밖에서) 쓸 수 있는 재량적인 시간이 직장에서 일하지 않고 보내는 시간보다 월등히 늘어났다.

좀 더 생각해보면, 경제학자들이 노동과 여가 사이의 시간 할당 문제에 접근하는 일반적인 틀은 (심지어 가내 생산과 소비를 별개로 인식하는 확장된 틀 안에서도) 노동의 (시장에서 이뤄지는 일이든 가정에서 이뤄지는 일이든) 즐거움을 인정하지 않는다는 점에서 근본적인 결함이 있다. 표준 경제 모델에서 노동은 '비용'으로 간주되지만, 사실 노동은 많은 사람의 삶에 의미를 부여한다. 노동과 즐거움의 차이는 모호한 편이다. 농부에게 밭을 가는 행위는 노동이겠지만, 미국이나 유럽의 중산층에게 정원을 가꾸는 행위는 즐거움에 속한다. 요리는 힘겨운 노동이 될 수도 있지만 때에 따라서는 많은 사람에게, 사실상 거의 모든 사람에게 즐거움이 되기도 한다. 같은 맥락에서 출퇴근 시간은 대개 근무시간의 연장으로 인식되지만, 출퇴근 중에 여가적 요소가 생길 수 있고(가령 출퇴근 시간에 독서를 하며 즐겁게 보낸다면), 시간이 지나면서 상황이 바뀔 수도 있다(출퇴근 중 업무 전화를 하거나 미어터지는 지하철 때문에 출퇴근 시간이 괴로워진다면). 따라서 나는 가사노동 시간이 줄었기 때문에 실제 여가가 늘어났다고 강조하는 연구에 큰 비중을 두지 않는다(게다가 기술 발달에 따른 가사 생산성은 미국과 유럽에서 똑같이 증가했으므로 이런 연구 결과로는 미국과 유럽의 근로시간에 대한 차이를 설명할 수 없다).

나에게 이 글을 쓰는 행위는 노동일까, 아니면 여가일까? 이 글을 쓴다고 딱히 금전적 이익이 생기지는 않지만, 나는 이런 문제들을 생각할 때 즐거워진다. 수수께끼 같은 문제를 떠올리고 다른 사람도 명쾌히 수긍할 만한 해답을 구하려 애쓰는 작업은 힘겨운 노동이다. 하지만 그 과정은 내게 엄청난 기쁨을 주고, 이를 단순히 '노동'으로 여겼다면 애초에 덤벼들지도 않았을 것이다.

심지어 일 자체는 그다지 만족스럽지 않지만, 일자리에서 발생하는 사회적 상호작용이 큰 낙이 될 때도 있다. 가령 업무 책상에 앉아 컴퓨터로 카드 게임을 할 수도 있고, 신나는 공상에 빠질 수도 있으며, 전화로 친구와 대화를 나눌 수도 있다. 이런 즐거움은 관찰하기 어렵고 정량화하기는 더 어렵다. 하지만 노동의 즐거운 측면이라는 특징의 변화가 (그리고 유럽과 미국에서 이러한 측면의 차이가) 두 지역에서 나타나는 노동시간의 다른 패턴을 어느 정도 설명해준다.[11]

만약 일을 쉽게 분할할 수 있다면 이런 관측은 별로 의미가 없을 것이다. 그러면 사람들은 일이 한계 이익에서 한계 비용으로 바뀌는 지점까지만 일할 것이고, 그러면 일반적인 계산법을 적용할 수 있을 것이다. 사람들이 노동을 즐긴다면 임금이 상승해도, 또 소비의 한계 효용이 급격히 감소해도 일하는 시간은 줄어들지

3장 • 소비주의의 일반이론을 향해

않을 수 있다. 노동공급량은 일의 한계 비효용*이 0이 되는 임계치 아래로는 떨어지지 않을 것이며, 노동이 그런 임계치에 가까워질수록 임금 변화가 여가에 주는 영향력은 점차 줄어들 것이다.

하지만 노동을 분할할 수 없다면(마치 최고경영자의 일을 두 개인이 나눠 맡기 어려운 것처럼) 사람들은 경쟁 시장에서 사실상 일자리를 위한 입찰에 참여하는 것이고, 낙찰에 성공하려면 여가 수준을 줄여야 할 것이다. 하지만 생산성이 높아지면 낙찰에 성공하기 위해서도 근무시간은 크게 달라지지 않을 것이다. 반면 경제의 복잡성이 높아져서 조정 비용이 증가하면 낙찰에 성공하려면 실제로 더 오래 노동하게 될 것이고, 이는 더 많은 보수로 상쇄된다.

이런 분석은 기술이 발전한다고 해도 왜 측정된 여가가 무조건 증가할 것으로 기대할 수 없는지 설명하는 데 도움이 되지만, 그보다 더 중요한 것은 여가는 측정 자체가 어렵다는 점이다. 가정에서든 시장에서든 일에 즐거움이 결부된다면 둘을 명확히 구분하기 어렵다. 그러나 우리 경제에 속한 많은 노동자, 특히 고된 육체노동 종사자들을 매일 일자리로 이끄는 동력이 분명 즐거움은 아니기에 수수께끼는 계속 남는다. 왜 많은 미국인은 아직도 긴 시간 동안 그렇게 열심히 일하는 것일까?

왜 여가에 대한 수요가 케인스가 예측한 방식으로 증가하지

---

* 대상의 수량을 계속 늘리면 만족의 단계를 넘어 고통을 느끼게 되는 상태

않았는지 설명하는 또 다른 논리가 있다. 적어도 미국에서는 대부분 노동자의 임금이 사실상 상승하지 않았다는 점이다. 30대 미국인 남성의 중위 임금*(생애 소득의 좋은 지표가 되는)은 사실상 1974년보다 2004년에 더 낮았다.[12] 실질 임금이 높아지면 대체 효과에 따라 여가가 늘어날 수 있지만, 문제는 노동자 대부분의 실질 임금이 상승하지 않았다는 것이다. 좀 더 일반적으로 보면, 총 (혹은 평균) 여가 수준은 소득이나 부의 분배에 따라 달라진다. 20세기 후반 30년 동안 미국이 겪은 불평등의 상승이 총 (혹은 평균) 여가시간을 증가시킬 것인지, 아니면 감소시킬 것인지 분명히 예측할 수 있는 경제 이론은 없다.[13]

여가에 대한 수요가 케인스의 예측처럼 증가하지 않은 마지막 이유는 노동 참여라는 결정이 사회적 관행에 영향을 받고, 사회적 관행은 국가마다 다른 양상으로 변화하기 때문이다. 30년 전의 미국과 오늘날의 미국이 가진 큰 차이 중 하나는 여성의 노동 참여율 상승이다.[14] 이제 여성의 노동 참여는 일반화되었고 이는 양성평등이 높아졌다는 증거로 볼 수 있다. 여성의 사회 활동을 가로막는 장벽을 낮추면 노동 참여율은 더 높아질 것이다. 게다가 일의 즐거움이 어느 정도 수반된다면 이런 경향은 더욱 확고

---

* 이 경우에는 30대 미국 남성 전체를 소득순으로 나열했을 때 딱 중간에 위치한 사람의 소득을 말한다.

해질 것이다. 이런 관점에서 우리는 여성의 노동시간 증가를 환영해야 한다. 그러나 이런 해석이 너무 긍정적이라는 비판도 있다. 여성의 노동 참여 장벽을 낮추면 가구 생산성이 한층 더 높아질 것으로 생각할 수도 있지만, 이는 이전이라면 가구의 여가 수준을 높였을 기회가 외부로 이동하는 것뿐이다(어찌되었든 여성의 노동 참여율 차이로는 미국과 유럽의 노동시간 격차를 설명할 수 없다[15]).

설명이 필요한 부분

———

지금까지는 표준적인 경제 이론을 사용하여 왜 여가가 케인스의 경제 이론에 따라 분석한 대로 증가하지 않았는지를 설명했다. 많은 경우에 그렇지만 표준 이론으로는 무엇이든 설명 가능할 것 같다. 하지만 이는 곧, 표준 이론에는 예측력이 거의 없다는 말이 된다. 케인스는 선호함수[**]의 형태에 대해 고유한 가설을 제시했다고 볼 수 있다. 그리고 분명한 사실은 관측된 행동이 그 가설과 일치하지 않는다는 점이다. 누가 봐도 인류는 아직 경제 문제를 해결하지 못했다. 물질적 재화에 대한 인간의 욕구는 끝이 없다. 우리는 다량의 음식을 먹을 수 있을 때 더 비싼 음식을

[**] 특정 가치에 대한 선호의 서열이나 정도를 나타내는 함수

먹고 싶어 하고(채소 대신 고기), 더 비싼 음식을 먹을 때 더 큰 행복감을 느낀다.

하지만 아직 설명이 필요한 부분이 있다. 사람들은 임금이 상승해도 조금 더 일할 수는 있다 하더라도(아니면 케인스가 내다본 것처럼 훨씬 적게 일하거나), 삶의 질을 떨어뜨릴 정도로 훨씬 더 많이 일하는 상황은 납득하기 어렵다. 가족들과 함께 여유 있게 더 잘 살려고 부부가 모두 고되게 일하는 '곤궁한 노동자층'이 늘어나면서 정작 가족이 함께하는 여가는 줄었다.[16] '행복'에 대한 연구 결과들을 보면(관련 데이터가 종종 논쟁의 대상이 되지만) 미국 사회의 높아진 생산성이 더 큰 행복을 창출하지는 못한 것으로 보인다.[17]

또 다른 문제는 미국인들이 보이는 절충 trade off 의 방식이다. 미국인들은 종종 가치가 확실치 않은 상품들을 얻기 위해 힘들게 일하는 것으로 보이기 때문이다. 가령 도시 거주자들이 오프로드 주행을 위해 만들어진 사륜구동 자동차인 SUV를 원하는 현상에서 보이듯이, 미국인들의 욕구 중에는 실질적인 경제적 필요성이 사라지면서 이를 벌충하기 위해 만들어진 것들이 있는데 이 또한 '경제적 문제 해결'에 대한 미국식 접근법의 일부다.

매우 높은 실질소득을 보여주는 통계 또한 상황을 오도할 수 있다. 나는 앞서 효율, 다시 말해 엄청나게 향상된 생산의 효율성에 대해 논의했다. 그러나 생산의 효율성이 반드시 체계적 systemic 효율성이나 소비의 효율성으로 이어지지는 않는다. 장거리 출퇴근자들의 편의를 위해 만들어진 고속도로가 역으로 엄청난 오염을 배출하는 현실을 보면, 이는 생산지와 주거지 위치에 대한 '체계적'으로 효율적인 시스템이라고 할 수 없다. 이런 제도적 문제들을 효율적으로 해결하는 것은 매우 어려운 일이다. 하지만 이런 문제를 효율적으로 풀지 못하면(게다가 시장은 보통 이런 문제를 해결하지 못한다) 1인당 GDP의 증가는 실제 생활 수준의 상승을 과대평가하게 된다.

미국인의 생활방식 중 진정한 소비재의 생산 효율성이 떨어지고 있는 것은 공동체 생활이 약화되는 현실과 관련이 있을지도 모른다.[18] 원래 어머니들은 자녀의 학교생활에 적극적인 역할을 행사해왔고, 비단 학교뿐 아니라 다른 공공재나 공동재의 질을 높여왔다. 그러나 여성의 사회 활동 비중이 높아지면서 어머니들의 학교 참여도가 줄어들었고, 그러면서 공립학교의 질이 저하되었다.[19] 그 결과 부모들은 더 많은 돈을 사교육(공교육의 대체재나 보완재)에 쓰게 되었고, 그러면서 높은 소득에 대한 욕구는 더 커졌다. 이로써 다중 균형 관계가 얽힌 악순환의 고리가 만들어졌다. 그중 하나는 높은 공동체 참여와 낮은 노동 참여의 균형이고, 또 다른 하나는 낮은 공동체 참여와 높은 노동 참여의 균형이다. 행복감은 전자가 더 높겠지만, 측정된 GDP는 후자에서 더 높을 것이다.

물론 미국 GDP의 상당 부분은 생활 수준의 향상에 기여하지 않는 방식으로 지출되고 있고, 그런 점에서 GDP는 국민의 행복을 제대로 보여주지 못한다. 예컨대 미국이 군비에 많은 돈을 쓰면 지구촌 안전에는 도움이 되겠지만, 군비 지출의 상당 부분이 낭비되고 있다고 주장할 수 있다. 게다가 국방 예산이 제대로 사용된다고 해도 이는 향후 미국의 생활 수준을 유지하기 위한 투자이지 현재를 위한 지출은 아니다.

자국 내로 국한하면, 미국은 엄청난 예산을 교도소에 지출하고 있다. 1980년부터 현재까지 미국이 교정 관리에 투입한 예산 비중은 교육비 예산보다 더 증가했고, 매사추세츠주의 경우 2004년에 고등교육에 쓴 것보다 더 많은 돈을 교정 비용으로 지출했다.[20] 이런 투자도 GDP에 포함되지만, 사회의 기능장애를 상징적으로 보여준다. 비효율적인 소비(방금 논의한 것처럼 광범위한 의미에서)는 꾸준히 상승하는 생산 효율성의 결과로 생긴 도전에 반응하는 하나의 방식이다. 분명 이보다 더 좋은 방식들이 존재한다.

하지만 나는 이어지는 글에서 미국인들의 실제 소비는 케인스의 예측보다 더 높고, 실제 여가는 케인스의 예측보다 더 낮다고 가정할 것이다. 그렇다면 미국인들의 이런 '소비주의'를 어떻게 합리적인 행동 모델로 설명할 수 있을까?

미국과 유럽의 차이에 대한 전통적 해석과 색다른 해석

—

미국 사람들의 여가 수준이 케인스의 예측만큼 증가하지 않은 이유를 누군가는 표준 경제 모델로 설명하는 것처럼, 미국의 여가 소비 수준이 유럽보다 상대적으로 낮은 이유도 누군가는 표준 모델로 설명하려 들 것이다. 미국과 유럽을 비교했을 때 나타나는 이상 징후는 임금 수준이 훨씬 더 높아 보이는 미국에서 여가를 더 많이 누리기는커녕 사실상 여가에 훨씬 덜 쓴다는 점이다.

유럽의 경제 모델을 비판하는 사람들은 종종 높은 세금이 일에 대한 의욕을 꺾는다고 말한다. 하지만 당황스러운 점은 세후 소득이 비슷한 사람들을 비교했을 때도 유럽인들이 훨씬 더 긴 휴가를 즐기면서 덜 일한다는 점이다.

이 문제도 시간을 좀 들이면 보편적인 이론으로 어느 정도 설명이 가능할지도 모른다. 가령 부의 효과가 작용했을 수도 있다. 많은 자료에 따르면 미국인이 유럽인보다 평균적으로 더 부유하다. 그러나 의료지원 같은 사회 서비스 측면으로 보면 유럽인들의 처지가 미국인들보다 더 낫기 때문에 상황이 역전된다. 이 주장을 반박하는 사람들은 대다수의 미국인이 회사를 통해 의료 혜택을 받고 있고, 그런 혜택이 근무시간에 따라 달라지지 않는다고 주장한다. 하지만 사람들이 의료보험 같은 혜택을 받기 위해 일한다는 논리로는 더 높은 노동 참여율은 설명할 수 있어도 더 많은 노동시간까지는 설명하지 못한다.[21]

예를 들어 스웨덴을 위시한 일부 유럽 국가들은 넉넉한 가족 휴가 정책과 공공 탁아시설로 일하는 여성들을 보조한다. 누군가는 노동에 보완재 역할을 하는 이런 공공재 덕분에 유럽의 노

표 3.1 - 대조 표준 데이터

	1인당 GDP		시간당 GDP		1인당 근무시간	
	1970년	2000년	1970년	2000년	1970년	2000년
미국	100	100	100	100	100	100
EU 15개국	69	70	65	91	101	77
프랑스	73	71	73	105	99	67

출처 : 유럽의 경제적 미래(The economic future of Europe), 올리비에 블랑샤르(Olivier Blanchard, 2004), NBER 워킹 페이퍼 10310

동 참여율이 더 높다고 생각할 것이다. 이런 복지가 가장 잘 확립돼 있는 스웨덴의 경우에는 실제로 다른 유럽 나라들보다 여성의 노동 참여율이 높지만, 전체 유럽 여성들의 노동 참여율은 미국보다 낮다.

그런데 〈표 3.1〉은 이런 표준 이론의 설득력이 약한 이유를 더욱 뚜렷이 보여준다. 미국과 유럽 국가들 전체, 그리고 프랑스의 노동공급 수준과 시간에 따른 변화를 비교한 이 표준 횡단면 분석* 연구[22]는 (다른 국가들에서도) 소득효과와 대체효과가 서로 상쇄하여 노동공급의 탄력성이 낮다는, 즉 소득이 높아져도 노

---

* cross-sectional analysis: 동일 시점 또는 동일 기간에 여러 변수에 대해 관찰한 데이터를 통계적으로 분석하는 연구

동공급의 변화가 작다는 것을 보여준다. 만약 이 데이터가 맞고, 유럽인과 미국인의 여가 선호도에 차이가 없다면 국가별, 시기별 여가 수준에는 변화가 거의 없을 것이다.

1970년만 놓고 보면 생산성은 유럽이 눈에 띄게 낮지만 근무시간은 유럽과 미국이 거의 비슷하다. 만약 유럽의 세율이 미국보다 더 높다면 임금 차이는 이보다 훨씬 더 커질 것이다. 노동공급의 차이가 작은 것은 낮은 노동공급 탄력성에 대한 표준 횡단면 분석 결과와 부합한다.

당황스러운 것은 이후 벌어진 상황이다. 1970년부터 이후 30년간 유럽의 상대적 생산성은 증가했다(1970년대 초반 이후 유럽의 근로소득세는 전체적으로 큰 변화가 없었다).[23] 노동공급 탄력성이 낮다는 가설로 보면 이 결과는 분명 설명하기 어렵다. 임금 상승에 대해 왜 유럽인들은 미국인들보다 더 일을 적게 하는 방향으로 대응했을까? 2000년에 나타난 노동시간의 차이도 세후 임금으로 설명되지 않는다.[24] 알베르토 알레시나Alberto Alesina와 프레스콧 E. C. Prescott 같은 학자들처럼 세금, 노조, 규제로 더 낮은 노동공급률을 설명하는 접근법[25]은 세율이 더 높고, 노조가 더 강하며, 규제도 더 촘촘한 스칸디나비아 국가들의 노동시간이 다른 대다수 OECD 국가보다 더 길다는 스티븐 니켈Stephen Nickell의 관측 데이터와 부딪힌다. 니켈의 결론처럼 아직 설명이 필요하다.

미국의 횡단면 분석 데이터와 시계열 데이터 간의 차이도 이상하기는 마찬가지이다. 1965년에 12년 정도의 교육을 받은 미국 남성들은 거의 같은 시간을 일했다. 그러다 2003년이 되면 교육 수준이 높은 미국인들이 교육 수준이 낮은 미국인보다 15% 정도 더 많이 일하게 된다.[26] 교육 수준이 높은 근로자들의 시간당 임금이 더 높다는 점을 감안하면, 이는 소득 증가에 따른 노동 공급의 탄력성이 플러스라는 것으로 그 탄력성이 낮거나 혹은 마이너스라는 수많은 실증연구 결과와 대치된다.[27] (이 결과는 소득세가 흔히 누진세여서 예산 제약에서 소득이 증가한다는 점을 생각하면 설명하기 더 어려워진다. 그런 조건에서는 여가를 더 많이 누려야 하기 때문이다.[28])

또 다른 가설

이제 나는 왜 임금 증가가 여가 증가로 이어지지 않을 수 있는지 (심지어 행복감 향상에도 일조하지 않을 수 있는지), 소득과 여가시간이 비슷했던 두 사회, 유럽과 미국이 왜 서로 다른 방향으로 움직이게 되었는지에 대해 다양한 가설을 검토할 것이다.

첫 번째 가설은 개인이 느끼는 행복감이 실제 소비 수준에 의해서는 크게 달라지지 않고, 타인과 비교한 상대적인 소비 수준에 따라 달라진다는 데 초점을 맞춘다. 요즘 같은 베블렌적

Veblenesque[*] 세상에서는 임금의 상승이 여가의 증가로 이어지지 않는 것이 당연하다.[29] 상대적인 소비에 초점이 맞춰지면 무한 경쟁이 발생하고, 임금 수준이 바뀌면 무한 경쟁의 조건도 바뀐다. 다들 남들보다 많지도 적지도 않은 여가를 누리면서 똑같이 일하게 된다. 높아진 소득 덕분에 상품을 더 많이 살 수는 있지만, 내 소비가 늘어난 만큼 주위 다른 사람들의 소비도 늘어나므로 소비에 따른 행복감이나 안락함이 커지지는 않는다.

미국인들은 다른 나라라면 (또 그들의 부모 세대라면) 사치품으로 여길 만한 것들을 필수품으로 여기게 되었다. 그들은 자녀가 150달러짜리 나이키 운동화를 못 신는 상황을 원치 않는다. 이는 30달러짜리 운동화가 질이 나빠서가 아니라 자녀의 같은 반 아이들이 150달러짜리 운동화를 신을 때 자기 자녀만 그렇지 못하면 박탈감을 느끼기 때문이다.

두 번째 가설은 소비 대신 여가에 초점을 맞춘다. 즉 여가는 가족이나 공동체의 다른 구성원과 같이 공유할 때만 완전히 즐길 수 있기 때문에 조정 문제[**]가 발생한다는 것이다. 이 조정 문제를 원활히 해결하지 못하면 더 낮은 여가 수준 및 더 낮은 행

---

[*] 미국의 사회학자이자 사회평론가인 소스타인 베블런(Thorstein Veblen)에서 유래한 말로 상류계급의 특징인 '과시적 소비'를 나타낸다.

[**] 조정 문제는 한 경제주체만이 아니라 다른 경제주체가 동시에 함께 비슷한 행동을 해야 다른 균형과 변화가 나타나는 문제를 말한다.

복 수준에서 균형을 이루게 된다.

세 번째 가설이 가장 급진적이다. 선호란 어떤 의미로든 내생적이라는 것이다. 우리의 선호는 경험을 통해 형성된다. 우리는 더 나은 소비를 하는 방법과 여가를 더 잘 즐기는 방법을 학습할 수 있다. 그런데 우리의 선호는 교육과 광고의 영향도 받는다. 시장의 힘에는 편향이 작용한다. 특정 방향으로 선호를 '왜곡'하는 강력한 유인이 존재하고, 이런 시장의 힘은 다른 국가보다 미국에서 상대적으로 더 큰 역할을 해왔다.

이 장에서 소개하는 분석들은 왜 원래는 비슷했던 두 사회가 다른 방향으로 갈라질 수 있는지 보여주면서 그런 분기의 동학을 설명한다(이 분석의 중요한 결론 중 하나는 역사란 단기뿐 아니라 장기적 측면에서도 중요하다는 점이다).[30] 하지만 몇몇의 경우 적절한 설명이 불가능한 차이도 있는데, 가령 왜 어떤 사회는 상대적 소비에 더 민감하게 반응하느냐는 것이다. 여가와 관련된 조정 문제를 다른 곳보다 더 잘 해결하는 사회가 존재하는 이유도 마찬가지이다. 분기의 동학에 대한 분석은 일정한 선호를 가진 개인에 초점을 맞추는 표준 경제학의 경계를 조금 벗어나지만, 이런 문제에 더 완벽한 답을 얻으려면 경계를 넘어 더 멀리 볼 필요가 있다.

상대소비 가설

미국식 모델[31]은 사람들이 소득 격차에 특별히 잘 적응해 살아가는 사회에 잘 들어맞는다. 만약 자신의 이웃보다 더 큰 집을 소유했을 때 만족을 느끼는 사람이 있다면, 그가 원하는 집의 크기는 무한정으로 커질 수 있다.

실제로 〈부록 B〉는 극단적인 상대소비 가설(개인의 행복감이 오로지 상대적 소비에 좌우되는)에서는 임금의 변화가 여가에 전혀 영향을 주지 못한다는 사실을 보여준다. 즉 사람들은 임금이 상승해도 이전처럼 열심히 일하는데, 이런 현상은 소득 및 대체효과의 일반적인 강도와 상관없이 작용한다. 임금 상승은 항상 소비의 증대로 이어지지만, (개념상) 상대적 소비가 변하지 않으므로 행복 수준도 변하지 않는다.

상대적 소비에 초점을 맞추면 오늘날에는 사람들이 소비를 더 많이 할 것으로 생각하기 쉽다. 하지만 사람들이 합리적이면서 자신의 행복감이 미래의 상대적 소비에 영향을 받을 것으로 기대한다면, 상대소비 가설이 꼭 저축률을 낮추지는 않는다. 부록에 수록된 놀라운 결과에서 알 수 있듯이 저축률과 노동공급량은 임금과 무관하다. 따라서 만약 개인의 선호를 '개인의 선호'와 '상대적 소비 선호'의 가중 평균인 효용함수로 나타낼 경우, 상대소비 관점에서 저축을 많이 할 만한 사람들이 덜 하게 될 수도 있지만, 동시에 조금 저축을 할 만한 사람들이 더 많이 하게 될 수도 있다. 마찬가지로 일을 적게 할 만한 사람들이 더 많이 할 수도 있고, 일을 많이 할 만한 사람들이 덜 하게 될 수도 있다. 만약 미국인들이 상대소비에 더 관심이 높으면, 왜 임금이 상승해도 미국인들의 여가 수준이 크게 높아지지 않는지 설명하는 데 도움이 된다.

상대소비에 관한 어떤 논의도 왜 미국인들이 상대적인 소비에 더 주목할 수밖에 없는지, 또 그런 선호의 차이가 최근에 발생한 일인지 아닌지 설명하지 못한다. 상대적 소비에 초점을 맞추는 것이 소비 자체에 초점을 맞추는 것과 상관관계가 있을 수도 있다. 특히 소비가 기본 욕구 충족을 넘어서는 수준이라면, 적어도 그때 느끼는 기쁨 중 일부는 자신의 이웃보다 더 많이 소비할 때 발생한다. 세 번째 가설에서 발전한 내생적 선호 이론으로는 왜 사회가 서로 다른 방향으로 진화하는지 설명할 수 있을지도 모른다.

미국 사회에서 점점 더 심화하는 불평등 또한 '소비주의'와 그에 상응하는 낮은 여가 수준이 원인이 될 수 있다. 낮은 생산성 때문에 어쩔 수 없이 소비를 덜 하는 사람들도 부유한 이웃과 자신의 소비 사이에 관찰되는 격차를 줄이려 고군분투하게 되기 때문이다. 결국 사회 구성원들의 욕망을 규정하는 주체는 부자들이다.[32] 그런데 소득 피라미드의 상위에 있는 사람들은 아래쪽에 있는 사람들과 자신을 분리하려 애쓰기 마련이다. 자신의 우월함을 입증할 수 있는 유일한 방법은 더 열심히 일하고, 그런 노동의 대가를 과시적으로 소비하는 길밖에 없다. 그렇게 되면 점점 더 고되게 일하고 점점 더 많이 소비하는, 진정한 승자가 없는 군비 경쟁 같은 상황만 남는다.[33]

조정 실패의 가설

세 가지 대안적인 가설 중 두 번째는 '조정 실패'에 기인한다. 조정 실패가 자연적으로 발생하는 모델에는 다중 균형이 존재할 수 있고, 그중 하나는 다른 것들에 비해 파레토 지배* 상태에 있을 수 있다.

이는 단순한 개념이다. 남편이 느끼는 휴가의 가치가 아내와 같은 날짜에 휴가를 낼 수 있는지에 달려 있다고 생각해보자. 휴가의 목적이 일에서 잠시 해방돼 쉬는 것이 아닌데, 아내가 휴가를 낼 수 없다면 두 사람은 각자 혼자 집에 있거나 홀로 여행을 떠나기보다는 회사에 나가 수입을 높이는 편을 선호할 것이다. 문제는 휴가를 조정할 수 있는 좋은 메커니즘이 시장에 없다는 점이다.

유럽 국가의 다수는 이런 조정 실패의 문제를 모두 같은 시기에 휴가를 떠나는 방법으로 해결했다. 이런 사회 제도는 자본이 유휴 상태가 되기 때문에 비용이 발생한다. 그러나 이익이 비용보다 크다는 시각이 우세하다.

조정 실패의 크기는 여가에 대한 전반적 수요에 따라 달라진다. 예컨대 사회 구성원 전부가 8월에 휴가를 쓴다고 가정해보

---

* Pareto-dominate: 파레토 지배란 파레토 개선이 일어날 수 있는 상태이고, 파레토 개선이란 다른 누구에게도 손해가 가지 않으면서 한 사람 이상에게 이득을 가져다주는 상태를 말한다.

자. 만약 다들 8월에 하루씩 휴가를 쓰는데 조정이 이뤄지지 않으면 부부가 같은 날에 쉴 확률은 아주 낮아진다(8월에 근무일이 21일이라면 부부가 같은 날 휴가를 낼 확률은 21분의 1이다). 그러나 둘 다 8월 한 달 내내 휴가를 낸다면 조정 문제는 사라진다.

이와 비슷한 논의 대상이 되는 다른 여가 활동도 있다. 텔레비전이 등장하기 전에 사람들은 여가의 상당 부분을 교회 활동 같은 공동체 활동을 하며 보냈다. 이런 공동체 활동에 쓸 수 있는 시간이 줄면 공동체 활동 참여율이 낮아지고, 그렇게 되면 공동체 활동의 선택지 자체가 줄어든다. 그 결과 즐거움이 줄어들고 공동체 활동에 대한 수요도 줄면서 상품에 대한 수요가 증가한다.[34]

내생적 선호

문화가 경제 문제의 '해결책'이 될 수 없는 이유

경제학자들은 전통적으로 '경제적 필요성'에 초점을 맞춰왔지만, 심리학자들은 문제를 해결하거나, 자신의 존재감을 느끼고, 아름다운 그림을 보거나 음악을 들을 때 느끼는 즐거움처럼 인간이 가진 또 다른 기본 욕구와 충족감의 중요성을 강조해왔다. 인간의 신체적 욕구에는 한계가 있겠지만 (오늘날 심각한 사회적 문제로 드러난 비만이 보여주는 것처럼) 정신적, 감정적 욕구에는 끝이 없다. 이런 욕구에 한계 효용의 법칙이 적용되는지조차 불분명하다. 광범위하게 보면 문화에 대한 수요에는 한계가 없는 것 같다. 가령 과거에는 우리 사회의 일부 계층만 예술을 향유할 수 있었고, 그런 이유로 우리 사회의 일부만 예술을 생산하는 활동에 종사했다. '경제적' 문제의 해법은 이런 즐거움이 좀 더 폭넓게 향유될 수 있고 향유되어야 한다는 것을 의미한다. 케인스가 희망한 사회가 바로 이런 사회였지만 아직 이뤄지지 않았고, 설사 이뤄졌다 할지라도 그가 바랐던 정도는 아니다.[35]

그 이유는 몇 가지로 설명할 수 있다. 선호란 체계적으로 연구할 수 있는 다양한 힘으로 형성되는 내생적인 것으로 생각될 수 있다. 또 우리는 개인의 '소비' 방식이 학습을 통해 확립된다고 생각할 수 있다. 두 번째 관점이 표준 소비자 행동 이론에 더 가깝지만, 두 관점 모두 거의 같은 결론에 도달한다.

일반적으로 경제학자들은 개인의 선호가 일정하게 정해져 있다고 가정하지만, 광고와 마케팅이 우리의 선호에 영향을 줄 수 있고 기업들은 신제품을 개발하는 것만큼 새로운 수요를 창출하는 데도 창의성을 발휘해왔다. 소비자 사이에 이국적인 음식이 관심을 받으면서 식품도 나날이 새로운 차원으로 발전하고 있듯이 말이다.[36]

수요를 형성하는 힘은 국가마다 다를 수 있고, 이에 따라 사회는 여러 방향으로 진화할 수 있다. 선호도 어느 정도는 사회에 의해 결정된다. 인간은 주변 환경에 영향을 받기 때문이다. 가령 유럽에서는 슬로푸드 운동이 일고 있는데, 이를 지지하는 사람들은 먹는 것의 핵심을 달러당 최대 열량, 혹은 최단 시간에 최대 열량을 제공하는 효율성에 두면 안 된다고 말한다. 이들에게 먹는 행위의 핵심은 그 자체의 즐거움에 있다. 즉 먹는 행위는 오감이 불러일으키는 쾌락의 본질을 분석하는 감각적 지각이 결부된 지적 활동이다. 슬로푸드 지지자들에게 요리는 음식 준비를 냉동식품 회사에 '아웃소싱'하여 식재료를 식탁에 오를 수 있는 음식으로 바꾸는 데 필요한 시간과 자원을 어떻게 단축할 것인지의 문제가 아니라, 하나의 창의적 행위이다. 미국에는 이런 슬로푸드 지지자가 훨씬 적다.

나는 이어지는 내용에서 어떤 사회는 내생적 선호에 따라 '소비주의' 중심으로 진화하고, 또 다른 사회는 여가를 더 선호하는 방향으로 진화할 수 있다는 가설을 다소 극단적인 형태로 보여줄 것이다.

이 두 가지 선호 집단, 즉 내가 미국식 모델 혹은 소비주의 모델이라고 부르는 상품 선호도가 높은 집단과 유럽식 모델이라 부르는 여가 선호도가 높은 집단은 이후 생산성 향상 수준에서도 차이를 보이게 될 것이다. 미국식 모델에서는 노동시간이 크게 변하지 않거나 오히려 증가하겠지만, 그 와중에 소비 수준도 계속 증가할 것으로 예견된다. 텔레비전 화면은 점점 커질 것이고, 집 안 방들은 물론이고 자동차의 앞좌석, 뒷좌석에도 텔레비전이 설치될 것이며, 집 크기도 계속 커질 것이다.

앞서 언급했지만, 미국식 모델은 사람들이 소득 격차에 상당히 잘 적응하는 사회에 특히 잘 들어맞는데, 첫 번째 가설에서 설명한 모델이 이런 형태이다. 이런 사회에서는 표적 광고가 특히 효과적이다. 어떤 회사가 '소비 리더층'으로 하여금 SUV 자동차를 사도록 유도하면 다른 소비자들도 그들을 따를 것이다.

학습

나는 사회가 아주 다른 방향으로 진화할 수 있다는 생각을 공식화하기 위해 이번 문단과 이어지는 문단에서 내생적 선호를 모형화할 것이다. 앞에서 제시했지만, 이 문제는 여러 가지 접근법으로 다룰 수 있다. 이번 단락에서는 학습 가설을 탐색하겠다.

개인은 소비를 함으로써 소비에 대해 배운다(즉 실행을 통한 학습처럼[37]). 우리는 다른 사람들로부터 소비하는 법을 배우고(학교와 부모, 또래 집단으로부터) 다른 사람들로부터, 특히 회사로부터 소비하도록 '가르침'을 받는다. 우리는 이런 학습의 결과로 소비의 효율을 높이고, 더 나아가 소비의 한계 수익을 증가시킨다.[38]

문화가 주는 기쁨처럼 마음을 충만하게 하는 즐거움은 쉽게 얻을 수 없다. 훈련이 필요하다. 이는 비록 육체적인 훈련은 아닐지라도 음식을 만들고 거주지를 제공하기 위해 필요한 노력과 다를 바 없다. 그런데 우리 사회는 이런 필수적인 교육을 제대로 제공하지 못했고, 그 때문에 너무나 많은 사람이 로마 시대 서커스의 현대 버전인 TV 프로그램과 스포츠 경기를 보며 즐거움을 찾는다.

시장(독점 기업들)은 광고 같은 것들로 시장 지배력을 가진 제품의 수요를 확대할 동기가 있다. 영화를 홍보하는 광고비가 영화 제작비에 버금가거나 오히려 그보다 더 높이 책정되는 이유도 그 때문이다. 여러 이유로 (무엇보다 문화나 음악, 예술 같은 우리 유산의 상당 부분이 공적 영역에 속하기 때문에) '문화'에는 시장의 힘이 작게 작용하는데, 이 때문에 민간 기업들이 문화에 대한 '학습'을 제공할 동기도 작아진다.

소비를 통해 학습하기

광고 등으로 소비 패턴을 바꾸려는 기업이 없을 때도 개인은 소비를 함으로써 소비하는 법을 배우고, 여가를 즐김으로써 여가를 즐기는 법을 배울 수 있다. 이는 곧 과거 이력이 중요하다는 것을 말한다. 〈그림 3.1〉은 기간 1에서의 예산 제약선과 무차별 곡선*을 보여준다. 이 사람은 해당 기간에 소비를 많이 하고 여가는 거의 즐기지 않았기 때문에 다음 기간이 됐을 때 상품 소비는 전보다 더 많이 하고 여가 소비는 더 줄인다. 이 사람의 무차별 곡선은 기울어져 있어서 만약 예산 제약에 변화가 없다면 상품을 더 많이 소비하고 여가는 덜 즐기기 위해 자신의 선택

---

* indifference curve: 개인에게 같은 만족도나 효용을 제공하는 점들로 이어진 곡선

그림 3.1 – 소비를 통해 학습하기

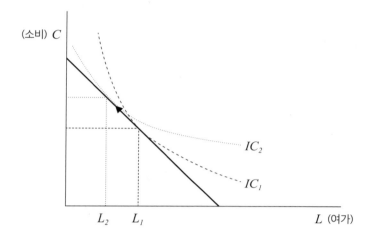

그림 3.2 – 소비를 통해 학습하기

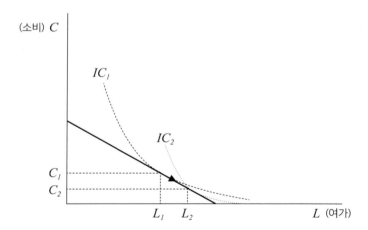

을 바꿀 것이다. 임금에 변화가 없을지라도 시간이 흐를수록 이 사람의 소비는 증가하고 여가는 감소할 것이다.

반대로 〈그림 3.2〉에 묘사된 개인은 원래 〈그림 3.1〉의 사람과 선호 성향이 같지만, 초기 임금이 더 적기 때문에 소비도 더 적게 한다. 이는 곧 그가 여가를 더 많이 즐기고 상품은 덜 소비하는 방법을 배운다는 의미이다. 시간이 흐르면서 학습의 효과로 소비와 여가의 격차는 더 벌어진다.

많은 시간이 흘러 만약 두 번째 사람의 임금이 첫 번째 사람과 같아진다 할지라도 그의 선호도는 이전과 상당히 달라져서 두 사람은 완전히 다른 선택을 하게 된다. 두 번째 사람은 첫 번째 사람보다 여가를 더 잘 즐길 수 있으므로 여가를 더 많이 소

그림 3.3 – 소비를 통해 학습하기

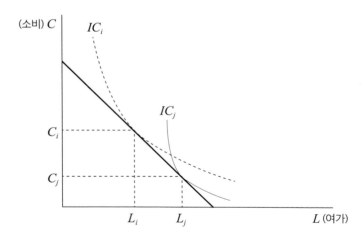

비한다(〈그림 3.3〉).³⁹

균형 상태가 하나 이상 존재할 수도 있다. 〈그림 3.4〉는 소비가 선 OA나 OB, 혹은 OC상에 있을 때 한계적인 변환율*이 경험에 의해 변하지 않는다는 것을 보여준다. 그러나 시간이 흘러 만약 사람들이 선 OA와 OB 사이의 어딘가 만큼 소비한다면 그들은 점점 더 (한계적으로) 소비를 선호하게 되겠지만, 소비가 선 OB와 OC 사이에 위치하면 점점 더 (한계적으로) 여가를 선호하게 된다. 이는 곧 경제가 선 OB보다 더 소비 쪽으로 치우치면 점점 더 소비

그림 3.4 - 다중 균형 상태

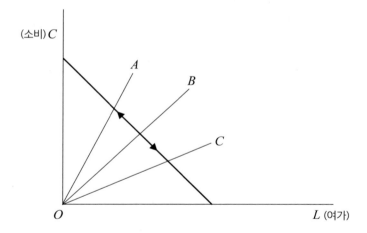

---

* X재 한 단위를 소비하기 위해 감소시켜야 하는 Y재의 수량으로 기회비용과 비슷한 개념

가 늘어나 결국 선 OA의 어딘가에서 수렴한다는 것을 의미한다.

〈부록 D〉는 소비의 증가가 소비의 효율성을 높이고, 여가의 향유가 여가의 한계 수익을 높이는 일련의 동학을 공식으로 보여준다. 소비재의 '생산성' 상승이 소비의 한계 효용 증가로 이어지는지, 아니면 감소로 이어지는지는 한계 효용 탄력성(η)이 1보다 큰지, 작은지에 달려 있다. 만약 상품과 여가의 한계 효용 탄력성이 둘 다 1보다 크고 사람들이 소비를 많이 한다면, 상품 소비에 대한 욕구는 더 커진다. 반면 사람들이 여가를 더 많이 즐기면 여가 수요가 높아진다. 즉 강한 원심력이 작용한다.

〈부록 D〉가 설명하는 동학에는 흥미로운 특징이 있다. 바로 노동의 균형 상태 정도가 임금 상승률에 따라 달라진다는 점이다. 이는 적응된 선호가 모든 것을 변화시키기 때문이다. 거듭 말하지만, 균형 상태가 안정적이지 않을 때도 있다. 경제가 균형 상태를 벗어나면 극단적인 소비나 극단적인 여가로 수렴할 수 있기 때문이다.

중독과 근시안

선호 형성(혹은 선호의 변형)의 극단적인 사례로 중독을 들 수 있다. 어떤 사람이 중독성 약물을 한번 맛보면 그 약물과 다른 상품 사이에 작용했던 상충 관계에 변화가 생긴다. 보통 중독성 약물을 처음 접했을 때는 그것이 향후 자신의 선호에 어떤 영향을 미칠지 모른다.

지금은 담배회사들이 소비자의 중독적 행위(심지어 소비자가 자신이 구입하는 제품의 중독성을 잘 모르는 상태에서)를 이용했다는 증거가 충분하다. 그들은 중독성이 더 강한 담배를 개발했고 사용자들의 수명을 대가로, 그리고 흡연자들은 물론 나머지 사회 구성원들에게 상당한 의료 비용을 초래하면서 이익을 편취했다. 흡연자들이 담배의 중독성과 건강에 미치는 영향을 더 잘 알게 되면서 소비 패턴을 바꾼 것을 보면, 사람들은 자신의 선호가 그런 식으로 변형되는 것을 원치 않는다는 것을 알 수 있다. 자유시장은 소비자들에게 제품을 사용한 후 후회할 법한 행동뿐 아니라 사용 이전에 정보가 더 많았다면 달라졌을 법한 행동을 하도록 만들었다.

담배는 극단적인 예일 수도 있지만 다른 시장들과 공통점이 있다. 사람들은 자극에 반응한다. 설탕 덩어리인 도넛은 사람들에게 행복감을 주고, 그래서 사람들은 더 많은 도넛과 설탕이 듬뿍 들어간 다른 패스트푸드까지 구매한다. 체중 증가와 설탕 소비의 상호관계를 명확히 모르는 소비자도 많겠지만, 설사 그 관계를 안다고 해도 달콤한 패스트푸드에서 손을 떼기란 힘들다. 현재의 즐거움이 향후 비만이 초래할 대가보다 더 크기 때문이다.

기업들도 왜 설탕 함유량이 높은 제품일수록 판매가 잘되는지 그 이유를 모를 수 있다. 어쩌면 그들도 설탕을 많이 넣으면 수익이 증가한다는 단기적인 자극에 단순히 반응하고 있는지도 모른다. 이렇게 시장은 중독성을 중심으로 경쟁한다. 가장 중독성이 강한 제품이 승리한다. 이제는 식품회사들도 담배회사처럼 조사를 통해 어떤 원료가 중독성을 높여 매출을 올리는 데 가장 효과적일지 파악할지도 모른다.

많은 패스트푸드 기업들이 학교 내에서 제품을 홍보할 기회를 제한하는 입법을 중단하려고 애쓴다. 그들의 이런 반응을 보면 설사 그런 중독성 제품이 우연한 계기로 개발되었다 할지라도, 소비자 선호의 '중독적'인 변화가 매출 상승을 일으킨다는 사실을 알게 된 이상, 기업들은 그로 말미암아 사회가 어떤 대가를 치르든 수익 창출 기회를 절대 포기하지 않을 것임을 알 수 있다.

최적성

선호의 진화, 특히 시장의 힘으로 형성된 선호의 진화에 최적성optimality의 특징이 있다고 설명하는 이론은 없다. 사실 이 문제를 적절한 공식으로 만들 수 있는지도 알 수 없다. 표준 모델들은 경제 체제가 개인이 가진 선호를 얼마나 잘 충족하는지만 평가하기 때문이다. 그렇다면 소비주의가 좋은지 나쁜지는 어떻게 판단할 수 있을까? 수익 창출에만 연연해서 소비자의 선호를 바꾸려는 담배회사나 패스트푸드 회사들의 시도를 그저 비난만 하면 될까?

분명한 사실은 시장이 사회적으로 바람직한 결과(애덤 스미스의 '보이지 않는 손'의 원리가 실제로 작동하는 이상적인 환경에서 존재하는)를 향해 진화한다는 가정에는 근거가 없다는 것이다. 더욱이 아무리 큰 수익이 발생한다고 해도 담배회사나 패스트푸드 회사들처럼 소비자의 선호를 바꾸려는 행위는 뭔가 잘못됐다는 데 사람들 대부분이 동의할 것이다. 이는 내가 이 짧은 에세이로 다루기에 한계가 있는 어려운 문제이다.

맺는말
—

나는 이 장에서 지금까지 편의상 미국의 소비주의라고 부르는 현상을 유럽의 소비 및 여가 패턴과 비교했다. 둘 중 어느 곳의 생활 수준이 더 높을까? 각 사회가 정보에 입각한 합리적인 선택을 했다면 둘 다 각자의 선호와 가치를 가장 잘 반영하는 길을 선택했을 것이다. 하지만 경제학자에게는 자연스러울 이 대답은 너무 속 빈 강정 같다. 왜냐하면 경제 문제를 해결하는 대응책으로 인해 선호의 변화가 일어났고, 이를 더 단순화하면 한 대륙에서는 소비재에 대한 끝없는 수요로 발전했고, 또 다른 대륙에서는 여가와 문화에 대한 지속적 수요로 발전했다는 것이 나의 주장이었기 때문이다.[40]

이 에세이를 쓰면서 내가 개인의 선호는 타고난다는 전통적인 경제학의 경계를 침범했다는 것을 알고 있다. 종래의 경제학은 그런 선호 성향과 그 결과에 대해 어떤 판단도 내리지 않는다. 오히려 합리성이라는 하나의 가설을 근거로 현상을 판단하는데, 그 합리성이란 단순히 일관성을 의미한다. 그런데 사람들이 반복적으로 같은 선택을 할까? 비일관성(혹은 이행성)을 실험하는 간단한 방법이 있다. 만약 사람들이 어떤 시점에 A를 선택할 수 있었는데 B를 선택했다면, 그리고 이후 B를 선택할 수도 있었는데 C를 선택했다면, 나중에 A와 C 중 하나를 골라야 할 때 이들은 일관성에 따라 C를 선택해야만 한다.[41]

더 넓은 의미의 합리성도 있다. 사람들은 자신이 표현하는 욕구와 '합리적으로' 부합되는 행동을 할까? 사람들은 자기 가족을 아끼고 자신에게 가장 중요한 것은 가족이라고 말한다. 또 자신은 가족을 위해 열심히 일한다고도 한다. 그러나 앞서 말했듯이 일부 증거를 보면 미국인들은 (가족을 위해) 아주 열심히 일하지만, 그 결과 가족의 삶이 붕괴하였다. 수단이 그들이 추구하는 목적을 파괴한 것이다.

오늘날 훨씬 더 심각한 문제는 비만이다. 비만이 전염병 수준에 이르고 있다. 비만은 인구 전반에 퍼지고 있지만 바이러스 때문이 아니다. 비만은 분명 문화적인 현상이고, 사람들 대부분이 동의하는 방식으로 개인의 선택을 이끄는 힘들의 결과지만 장기적으로는 그들의 이익에 반한다. 나는 이 글에서 이런 소비주의의 극단적 사례들을 통해 그 배후에 있는 힘들을 부각하고자 했다. 그것들은 적어도 부분적으로 경제적인 힘들이며, 그런 만큼 경제학자들의 탐구 영역이 되어야 한다.

케인스는 『우리 손자 손녀들이 누릴 경제적 가능성』에서 "경제 문제의 중요성을 과대평가하거나 경제적 필요성 때문에 그보다 더 위대하고 영구적 중요성이 있는 다른 문제들을 희생하면 안 된다…"라고 결론 짓는다. 한편으로는 그때나 지금이나 케인스가 맞지만, 다른 한편으로 그는 근본적으로 틀렸다. 적어도 일부 국가에서는, 그리고 보편적으로 가장 성공했다고 인식되는 국가들에서는 경제 체제가 만족을 모르는 욕구를 만들어냈다. 이런 욕구로 인해 우리가 인식하는 경제적 '문제'는 절대 해결되지 않을 것이며, 그래서 '더 위대하고 영구적 중요성을 가진 다른 문제들'이 지금까지와 마찬가지로 앞으로도 계속 제단의 희생물이 될 것이다.

[부록 A] 가내 생산 vs. 시장 생산의 이론

시간 배분에 대한 표준 모델을 확장하면 다음과 같다.

$$max \; U(C, C_H, L, L_H) = U(wL, C_H(L_H), L, L_H)$$

여기서 $\{C, L\}$은 각각 시장 소비와 노동을 말한다. $\{C_H, L_H\}$는 가내 생산된 상품과 노동을 말하며, $C = wL$에서 w는 (실질) 임금률*을 말한다. 1계 조건은 다음과 같다.

$$U_1w + U_3 = 0$$
$$U_2C_H + U_4 = 0$$

여가와 상품 사이에는 분리성separability을, 그리고 가내 생산과 시장 생산 사이에는 가산성additivity을 채택하면 다음과 같은 공식이 도출된다.

$$U = u(C + C_H) - v(L+L_H) = u(wL + \gamma b(L_H)) - v(L + L_H)$$

---

* 일반적으로 시간당 임금을 의미한다.

여기서 γ는 가내 노동의 생산성을 측정하는 척도로, 이때 다음 공식이 성립된다.

$$w = \gamma b'(L_H) \qquad\qquad\qquad (\text{A.1})$$
$$u'w = v' \qquad\qquad\qquad\qquad (\text{A.2})$$

(A.1)을 통해 바로 알 수 있는 사실은 시장 생산성보다 가내 생산성이 더 빨리 증가하느냐, 혹은 감소하느냐에 따라 가내 노동이 증가할 수도, 감소할 수도 있다는 것이다. 만약 시간에 따라 w/γ이 증가하면 가내 노동은 시간이 지남에 따라 감소할 것이다.

L^*과 C^*가 각각 총 노동과 총 소비를 나타낸다고 하자. 그러면 (A.2)에 따라 다음 공식이 성립된다.

$$\eta \, \frac{d \ln C^*}{dt} + \mu \, \frac{d \ln L^*}{dt} = \frac{d \ln w}{dt} \qquad\qquad (\text{A.3})$$

이때 $\eta = -d \ln u'/d \ln C^*$와 $\mu = d \ln v'/d \ln L^*$이라는 공식도 성립된다.

[부록 B] 상대적 소비에 따른 선호의 의미

모델 B.1

다음 공식에서 효용은 오직 상대적 소비에 의해서만 결정된다.

$$U = U \left(\frac{C_1}{C_2}, L \right)$$

모든 사람이 동일한 임금(w)을 받는다. 개인 i의 효용(U)은 개인 j의 소비 수준에 따라 극대화된다.

$$\max_{\{L\}} U \left(\frac{wL_1}{C_2}, L_1 \right)$$

그러면 다음 공식이 성립된다.

$$\frac{U_c w}{C_2} = -U_L$$

혹은 $C_1 = C_2$인 대칭 균형 상태에서 명제 B.1이 확립된다.

$$U_C(1, L) = -LU_L$$

명제 B. 1 : 여가의 균형 수준은 임금률의 영향을 받지 않는다.

이 명제에 따라 임금률의 변화로 소비 수준이 변화한다고 해도 균형 후생_{equilibrium welfare}은 변하지 않는다.

모델 B.2(2주기 모델)

다음 공식은 개인이 누군가와 자신을 비교할 때, 같은 세대에 속하는 사람들끼리만 비교한다고 가정한다.

$$U = U\left(\frac{C_{1,t}}{C_{2,t}}, \frac{C_{1,t+1}}{C_{2,t+1}}, L\right)$$

이제 개인은 저축률(s)과 노동공급량을 정해야 한다.

$$\max_{\{L,s\}} U\left(\frac{w(1-s)L}{C_{2,t}}, \frac{wLs(1+r)}{C_{2,t+1}}, L\right)$$

이 경우 다음 공식이 성립된다.

$$\frac{U_2(1+r)w}{C_{2,t+1}} = \frac{U_1 w}{C_{2,t}}$$

$$\frac{U_1 w(1-s)}{C_{2,t}} + \frac{U_2 ws(1+r)}{C_{2,t+1}} + U_3 = 0$$

혹은

$$\frac{U_2(1, 2, L^*)}{(1-s^*)} = \frac{U_1(1, 1, L^*)}{s^*}$$

$$U_1(1, 1, L^*) + U_2(1, 1, L^*) + U_3(1, 1, L^*)L^* = 0$$

노동공급량이나 저축률 모두 임금률의 영향을 받지 않는다.

이 모델을 조금 일반화하면 후생은 전통적인 효용함수(상대적 소비에 영향받지 않는)와 상대적 소비 효용함수의 가중 평균으로 나타낼 수 있다. 그러면 상대적인 소비를 고려하여 여가 수준이 높고 소비 수준이 낮은 개인은 일을 더 하고, 여가 수준이 낮고 소비 수준이 높은 개인은 일을 덜 하게 될 것이다.

[부록 C] 여가에 대한 조정 실패가 의미하는 것

모델 C.1

다음 공식에서 개인 1이 느끼는 여가의 가치는 개인 2(개인 1의 파트너)가 소비하는 여가의 양에 따라 달라진다.

$$U = U(C_i, L_i, L_j)$$

만약 두 사람이 상대방과 무관하게 여가(혹은 일)를 자유롭게 선택한다면, 다음 공식이 성립된다.

$$max \ U(w_i L_i, L_i, L_j)$$

따라서

$$U_1 w = -U_2 \qquad\qquad (C.1)$$

또 대칭 균형 상태에서는 다음 공식이 도출된다.

$$U_1(wL, L, L)w = -U_2(wL, L, L) \qquad (C.2)$$

상황을 단순화하기 위해, 이 세상에 집단 1과 집단 2만 존재한다고 가정해보자. 그러면 (C.1) 모델에서 L_1은 L_2의 함수로 정의되고, 대칭 균형 (C.2)에서는 L_2가 L_1의 함수로 정의된다.

$$\frac{dL_1}{dL_2} = \frac{U_{13}w + U_{23}}{U_{11}w^2 + U_{12}w + U_{21}w + U_{22}}$$

소비와 여가는 원래 대체 관계에 있지만, 두 사람의 여가는 보완 관계에 있다. 개인 1의 노동량은 개인 2 노동량의 증가함 수increasing function(어떤 함수의 정의역 내에서, 변수가 증가함에 따라서 함수의 값이 증가하는 함수)이고, 반대의 경우도 마찬가지이다. 〈그림 3.5〉는 다중 균형의 경우를 보여준다.

이 경우에는 일반적으로 여가의 과소 소비가 나타날 것이다. 사회적 조정에 따른 균형은 다음 식의 해로서 정의된다.

$$U_1w = -(U_2 + U_3)$$

이는 곧 여가가 최대치인 내시 균형*도 여가를 더 증가하면 개선될 수 있다는 것을 의미한다. 이때 개인은 자신의 여가 증가

---

*   Nash equilibrium: 미국의 수학자 존 내시(John Forbes Nash Jr.)가 제시한 게임 이론의 균형으로 상대방의 전략이 정해졌다는 가정에 따라 자신에게 최선이 되는 전략을 선택하면 모든 게임 참여자가 자신의 전략을 더 이상 변경하지 않아도 되는 균형 상태를 의미한다.

그림 3.5 – 여가의 다중 균형

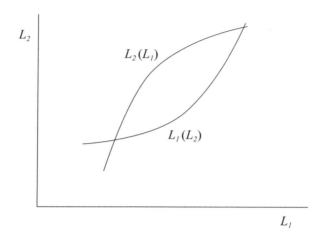

가 타인의 행복감에 미치는 영향을 고려하지 않는다.

모델 C.1a

만약 개인 1과 2의 여가가 완벽한 보완 관계에 있고 소비와 여가 사이에 분리성이 있다고 가정한다면 $U = u(c) - v[max(L_1, L_2)]$라는 공식이 성립된다.

$u'(wL^{**})w = v'(L^{**})$일 때 $L^* \geq L^{**}$ 경우는 언제나 균형이다.

왜냐하면 $L < L^*$라면 $u'w > 0$이고, $L > L^*$라면 $u'w - v' < 0$ 이기 때문이다.

133

최소 노동(또는 최대 여가)의 균형은 파레토-지배 상태[*]로, 파레토-최적 상태[**]가 되려면 $L = L^{**}$이어야 한다는 것을 의미한다.

모델 C.2

개인 1이 갖는 여가의 가치는 조정된 여가에 따라 달라진다.

이전 모델에서는 개인이 언제 여가를 가졌느냐와 상관없이 단순히 얼마나 많이 일했는지가 중요했다. 하지만 타이밍은 중요하다. 예를 들어 휴가 기간이 6월과 7월 두 번이라고 해보자. 이때 개인의 행복감은 휴가를 어떻게 조정하느냐에 따라 달라진다.

$$U = U(c, L_1^1, L_1^2, L_2^1, L_2^2)$$

사회에 두 가지 제도가 있다고 해보자. 하나는 모두가 같은 달에 휴가를 내고 나머지 달에는 정규 근무를 하는 조정된 균형 방식이다. 또 다른 제도에서는 휴가 시기를 임의로 정할 수 있다.

방정식이 대칭이라고 가정했을 때, 이 경우에 사람들이 휴가를 6월로 조정하든 7월로 조정하든 상관없다. 더 구체적으로 확인하

---

[*] Pareto-dominate : 파레토-지배란 현재 상태가 다른 상태에 비해 파레토 개선 상태임을 의미한다.

[**] Pareto-optimal: 누군가가 손해를 보지 않는 한 어떤 식으로도 다른 이들의 효용을 높여줄 수 없는 상황, 즉 파레토 개선의 여지가 없는 상황

기 위해 이때 개인이 갖는 효용함수가 다음과 같다고 해보자.

$$u(c) + Ev^1 [min \, L^* - L_1, \, L^* - L_2]$$
$$+ Ev^2 [min \, L^* - L_1, \, L^* - L_2]$$

이때 각 개인은 배우자가 자신과 같은 달에 휴가를 쓸 확률이 0.5라고 가정한다.

조정된 균형은 $wU_c = v'$의 해로 결정된다.

반면 조정되지 않은 균형에서는 전체 시간의 절반은 휴가시간에 어떤 (한계) 가치도 부여되지 않는다.

따라서 $wU_c = 0.5v'$라는 공식이 성립된다.

이때 여가의 (기대) 한계효용이 더 낮아지는 것을 감안하면, 사람들은 분명 더 짧은 휴가를 쓸 것이다. 결국 조정된 균형에서 후생 수준이 더 높아지는 것을 알 수 있다.

[부록 D] 소비를 통해 학습하기

다음은 사람들이 소비를 직접 해봄으로써 소비하는 방법을 배우고, 여가를 직접 누림으로써 여가$(L - L^*)$를 즐기는 방법을 배운다고 가정하자. 다만 이때 사람들이 근시안적으로 행동한다고 가정하자.

$$U = u(ac) + v[b(L^* - L)]$$

따라서 다음 공식이 성립된다.

$$au'\, w = v'\, b \qquad\qquad\qquad\qquad (D.1)$$

그렇다면

$$\alpha + h - \eta\,[\alpha + h + g]\ = \beta - x\,[\beta - gm] \qquad (D.2)$$

여기서 각 변수는 다음과 같다.

$$\alpha \equiv \frac{dIn\,a}{dt} = \alpha(c),\ \alpha' > 0,\ \alpha = 0,\ for\ c \geq c^{**} \qquad (D.3)$$

$$\beta \equiv \frac{dIn\,b}{dt} = \beta(L^* - L),\ \beta' > 0 \qquad\qquad (D.4)$$

$$\eta \equiv \frac{d \ln u'}{d \ln c} > 0 \tag{D.5}$$

$$x \equiv \frac{d \ln v'}{d \ln [L^*-L]} > 0 \tag{D.6}$$

$$m = \frac{L}{L^*-L} > 0 \tag{D.7}$$

$$g = \frac{d \ln L}{dt} \tag{D.8}$$

$$h = \frac{d \ln w}{dt} \tag{D.9}$$

그 결과 다음 공식이 도출된다.

$$g = \frac{(\alpha + h)(1-\eta) - \beta(1-x)}{xm + \eta} = 0 \tag{D.10}$$

이때 조건은

$$\beta(L^*-L_e)(1-x) + (\alpha(wL_e) + h)(1-\eta) \tag{D.11}$$

혹은

$$h = \left[\frac{\beta(1-x)}{1-\eta}\right] - \alpha \tag{D.12}$$

마찬가지로

$$\frac{dL_e}{dh} = - \left[\frac{1-\eta}{\beta'(1-x) + \alpha'w(1-\eta)} \right]$$ (D.13)

그리고

$$\frac{dg}{dL_{|g=0}} = \frac{\alpha'w(1-\eta) + \beta'(1-x)}{xm + \eta} > or < 0$$ (D.14)

왜냐하면

$$Z = \alpha'w(1-\eta) + \beta'(1-x) > or < 0$$

이때, $\zeta = d \ln \alpha / d \ln c$이고 $\lambda = d \ln \beta' / d \ln(L - L_e)$라고 정의하면, 아래 공식이 성립된다.

$$Z > or < 0 \; as \; \zeta(1-\eta) + \frac{\lambda(1-x)}{m} > or < 0$$

표준 경제 이론에서는 Z의 부호에 아무 제한을 두지 않는다는 점을 분명히 밝혀두겠다. 가령 이 효용함수가 여가와 소비 모두에 있어서 대수logarithm 함수라면, Z는 0이 된다(경계선의 경우). 만약 $\alpha' = 0$이라면, $Z = \beta'(1-x)$가 된다.

지금까지의 결과로 우리는 세 가지 시사점을 얻게 된다.

명제 1. 장기적으로 여가에 균형 수준($g=0$)이 존재한다면, 그 균형은 결국 임금 수준이 아니라 임금률에 따라 달라진다. 장기적으로 선호가 조정되기 때문에 임금 상승률이 같은 국가들의 경우에는 같은 여가 수준이 선택된다.

명제 2. 임금 상승률이 높으면 $(1-\eta)/z$가 0보다 큰지, 작은지에 따라 여가의 수준이 높아지거나 낮아진다.

명제 3. 만약, 그리고 $Z<0$인 경우에만 여가의 균형 상태 수준은 (국지적으로) 안정적이다.

그렇지 않은 경우, 만약 L이 L_e^*보다 큰 경우 g는 양수가 되어(D.14 공식에 따라) 더욱 증가한다. L이 L^*에 가까워질수록 m은 무한대에, 그리고 g는 0에 가까워진다. 따라서 (Z의 부호가 바뀌지 않는다고 가정할 때), 만약 Z가 음수라면 두 개의 균형이 생기는데 그중 하나는 $L=L^*$일 때이고 또 하나는 $L=L_e$일 때이며, $L=L_e$일 경우에만 안정적이다. 만약 Z가 양수라면 $L=L_e$일 때 불안정한 균형이 생긴다. $L>L_e$일 경우에는 경제가 $L=L^*$상태로, 또 $L<L_e$일 경우에는 경제가 $L=0$으로 수렴된다.

[부록 E] 비만 문제를 중심으로 한
중독성 소비주의 이론

사람들은 자극에 반응한다. 그들은 열량 주입이 행복감을 선사한다는 사실을 금방 알게 된다. 열량이 초래할 수 있는 체중 증가나 생명 단축 같은 장기적인 대가를 제대로 이해하는 것은 그보다 훨씬 더 어려운 일이다. 그렇다 보니 사람들의 행동은 근시안적이고 쉽게 통제되지 않는다. 그 결과 '정상'을 벗어난 과체중이 되고, 식습관이 개인의 선호를 변형하면서 자신이 원하는 체중보다 더 과체중이 되는 것이다.

다음 공식에서 열량(c)에 대한 개인의 선호도는 체중과 함께 증가한다.

$$U = u(ct(w))-c$$

여기서 w는 몸무게, 그리고 두 번째 항은 열량 구매로 치른 기회비용을 나타낸다.

사람들은 자신의 몸무게를 당연시하면서 근시안적으로 행동하기 때문에 다음 공식이 성립된다.

$$u'(ct(w))t(w) = 1 \qquad \text{(E.1)}$$

3장 · 소비주의의 일반이론을 향해

혹은

$$c = \frac{u'^{-1}(1/t)}{t} \psi(w) \qquad \text{(E.2)}$$

따라서

$$\frac{d\,In\,c}{d\,In\,w} = \frac{t'wu'[1-\eta]}{u''t^2c} = \frac{\xi[1-\eta]}{\eta} \qquad \text{(E.3)}$$

이때 우리의 가정대로 η이 1보다 작은 한 $\xi = d\,In\,t\,/\,d\,In\,w$ 이고 $d\,In\,c\,/\,d\,In\,w > 0$이며 $\eta = -d\,In\,u'\,/\,d\,In\,c$라는 가정이 확립된다.

체중 증가는 미분 방정식으로 정의된다.

$$\frac{dw}{dt} = -\mu w + c = -\mu w + \psi(w) \qquad \text{(E.4)}$$

(E.3)을 통해 다음 공식이 성립된다.

$$\Psi' = \frac{\psi\xi[1-\eta]}{\eta w} \qquad \text{(E.5)}$$

ξ과 η이 일정하다고 가정하면 다음 식이 도출된다.

$$\psi'' = \psi \frac{\xi[1-\eta]}{\eta w^2} \left[\frac{\xi[1-\eta]}{\eta} - 1 \right] \quad (E.6)$$

이는 곧 ψ가 오목한 모양일 수도 있고 볼록한 모양일 수도 있다는 것이다. 따라서 다음 공식에 따라 균형 몸무게가 한 개 이상 나올 수 있다.

$$\frac{\psi}{w} = \mu \text{ (그림 3.6 참조)}$$

잠시 w로 표시되는 독특한 균형 상태에 초점을 맞춰보자. 개인이 보이는 단기적 행동은 자극 반응 현상에 따라 추동되며, 장기적인 후생은 체중에 큰 영향을 받는다. 개인의 후생이 다음 공식에 따라 결정된다고 가정해보자.

$$\Lambda = u(ct(w)) - V(w) - c;$$

즉 과체중이 되면 비용이 많이 들지만, 사람들은 소비와 체중 간의 관계를 이해하지 못하거나 고려하지 않는다(행동적인 측면으로 보면 음식을 자제하지 못한다). 먹는 행위를 통해 체중과 함께 기쁨이 증가한다고 해도(이는 열량 섭취의 한계 효용이 체중에 따라 달라진다는 사실로 알 수 있다) 개인에게는 덜 먹는 게 확실히 더 좋은 선택이다.

그림 3.6 – 체중의 다중 균형

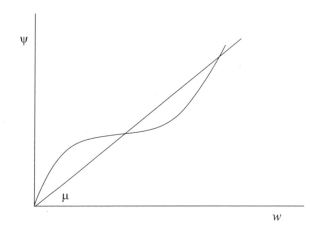

단순화를 위해, 이제 다음과 같은 균형 상태에 주목해보자.

$$\mu w = c \qquad\qquad (E.7)$$

이를 달리 표현하면 다음과 같다.

$$max \ u(t(w)\mu w) - \mu w - V(w)$$

효용을 극대화하는 몸무게 수준은 다음 공식으로 정해진다.

$$u' \, t\mu \, [\xi + \mu] - \mu - V' = 0 \qquad\qquad (E.8)$$

비만의 한계 비용이 충분히 큰 경우에 근시안적 소비는 과잉 소비로 이어진다.

예를 들어 $u' = (ct)^{-0.5}$라고 한다면

$$u't = t^{0.5}\, c^{-0.5} = 1 \qquad\qquad (E.9)$$

이 경우 다음 공식도 성립된다.

$$c = t(w) \qquad\qquad (E.10)$$

다음과 같은 조건이라면

$$t = w^2 \qquad\qquad (E.11)$$

균형 상태 체중은 다음과 같다.

$$w^* = \mu \qquad\qquad (E.\,12)$$

반면에 최적의 균형 상태 체중은 다음 공식의 해가 된다.

$$(\mu + 2)(ct)^{-0.5}\, t\mu = \mu + V'$$

혹은

$$(\mu + 2)\psi^{0.5}w^{0.5} = \mu + V'$$

균형 상태 효용의 도함수 값은 다음과 같다.

$$(\mu + 2)w - [\mu + V']$$

따라서 w^*보다 덜 나가는 최적 몸무게의 충분조건은 다음과 같다.

$$V'(\mu) > \mu^2 + \mu$$

[부록 F] 표준 분석의 한계점

왜 유럽인들이 미국인들보다 평균적으로 더 많은 여가를 즐기는지에 대한 질문은 여러 학자의 관심을 끌었다.[42] 예를 들어 그들은 표준 신고전파 모델을 이용하여 그 차이를 세율, 노조, 규제 같은 것으로 설명할 수 있을지 확인하려고 시도했다. 대부분의 '표준 분석'은 특별한 모수화parameterization 방식을 이용하고 노동시장의 기본 특징들은 무시한다. 이런 분석이 세금 인상이나 노조화와 같은 변수로 노동시장의 반응에 대한 '엄격한' 증명을 보여줄 수는 있지만, 노동시장이 보일 실제 행동을 예측하는 데는 한계가 있다. 〈부록 F〉는 표준 분석이 가진 치명적인 한계점을 일부 드러낼 것이다. 많은 경우에 이런 현실적인 요소들이 투입되면 정성적인 예측 또한 모호해진다.

불확실성

표준 모델은 사회 안전망의 차이처럼 국가별 불확실성이나 위험 수준 같은 차이에 주목하지 않는다. 불확실성에 직면한 가구의 행동을 설명하는 전통적 이론들은 불확실성에 대한 반응은 크기가 크지만 부호가 불확실한지를 설명한다. 불확실성에 처한 사람들은 일면 더 많이 일할 수 있다(소비 위험에 대한 회피 성향이 높으면). 게다가 가족 구성원 중 적어도 한 명이 꼭 고용 상태에 있기를 원하는 가구들이 많다면 노동시장 참여율이 상승할 것이다. 반면에 임금 불확실성은 노동 참여의 매력을 떨어뜨릴 수 있다(예컨대 시장 노동의 위험성이 증가해 비시장 노동에 비해 시장 노동의 매력이 떨어져서 시장 노동과 비시장 노동 중 하나를 선택해야 한다면).

미국의 취약한 사회 안전망은 노동 참여가 더 큰 이유를 일부 설명할 수 있을 것이다(이 경우 예비적 저축에 대한 필요가 커지고 가족 중 적어도 한 사람은 노동시장에 참여해야 한다는 필요성이 높아진다).[43]

노조화

표준 모델 안에서 수행된 일부 분석은 강력한 유럽의 노조들이 임금은 상승시킨 반면, 고용은 감소시켰다고 주장한다. 노조는 그들이 가진 독점적 권한을 통해 실제로 실업 문제와 저조한 노동 참여 문제를 발생시켰다. 하지만 표준 분석에는 중대한 오류가 다수 존재한다.[44]

국소적인 협상력

첫째, 표준 분석에서는 노조가 없으면 완벽하게 경쟁적인 노동시장이 존재할 수 있다고 가정한다. 완벽한 정보와 완전한 위험 시장, 그 밖에도 완벽한 시장 패러다임을 형성하는 다른 속성들이 갖춰져 노동시장이 균형 상태를 이룬다. 지난 몇십 년 동안 노동시장 분석에서 이뤄진 주요 발전 중 하나는 많은 노동자가 고용주와 소규모 협상 문제에 처해 있다는 것을 깨닫게 됐다는 점이다. 따라서 노동시장은 완전 경쟁 모델보다는 양자 간 독점, 그리고/또는 독점/수요 독점의 특징을 가진 시장으로 더 잘 설명할 수 있다. 새로운 일자리를 찾는 데 높은 탐색 비용, 여러 중요한 비금전적 특징들의 불확실성, 직원이 보유한 기술 관련 불확실성이 생길 수 있다. 게다가 직원을 고용하고 훈련하는 데도 상당한 비용이 들 수 있다. 내부자/외부자 이론을 보면 왜 내부자들이 외부자 교육을 달가워하지 않는지 알 수 있다. 이와 관련된 위험 대부분이 보험 대상이 아닌 데다, 이 모든 한계를 고려하면 시장 균형은 일반적으로 파레토 효율적이지 않다는 것이 놀라운 일이 아니다.[45]

게다가 일단 고용이 되면 노동자가 받는 급여 중 일부만 그가 공급하는 실제 노동량(즉 노력)과 관련된다. 일반적으로 노동자의 급여는 다른 직원들의 실적처럼 그 밖의 다양한 요소에 영향을 받는다.[46] 이는 특히 노동공급의 수익이 앞서 언급한 모호함으로 인해 위험하다는 것을 의미한다.

물론 노조가 이런 시장의 부작용을 해결하는 데(적어도 상쇄시키는 데) 중요한 역할을 할 수도 있다. 계약을 통해 고용주와 직원 사이에 더 나은 방식으로 위험을 분담하는 것이 그 예다. 따라서 노조가 노동자들의 노동시간을 꼭 줄일 것인지는 이론적으로 불분명하다.

독점력 이론이 가진 결함

많은 표준 분석이 더 높은 가격을 받기 위해 공급을 제한하는 구시대적 독점 이론에 기반을 둔다. 하지만 이미 30여 년 전부터 이 이론이 가진 심각한 결함이 밝혀졌다.[47] 특히 완전 차별적 독점 기업은 자원 배분에 어떤 왜곡도 하지 않는다. 유일한 왜곡은 차별 능력의 한계, 이를테면 정보의 불완전성에서 오는 한계에서 발생한다. 특히 노조는 기업과 복잡하고 비선형인 계약을 체결할 수 있다(또 실제로 그렇게 한다).[48] 이런 계약으로 노동공급이 감소할 수도 있고 아닐 수도 있다(앞에서 설명한 것처럼 이런 계약은 위험을 줄여 오히려 노동자들의 노동공급을 늘리기도 한다).[49] 어떤 경우든 노조와 기업의 계약으로 노동공급이 줄어든다는 주장에는 독점력에 대한 좀 더 정교한 분석이 뒷받침되어야 한다.[50]

노조가 노동자들이 위험에 덜 직면하도록 애써 왔을 수는 있다(그래서 하마터면 노조가 부담할 수도 있었을 위험을 기업이 더 부담하게 되는). 하지만 그들이 (적절히 작성된 계약을 통해) 그런 역할을 성공적으로 수행했을 때 노동공급이 줄어들 것인지는 뚜렷하지 않다.[51]

같은 맥락에서 전문가 대부분이 노조가 임금 불평등을 축소하여 평등주의에 힘을 실어줬다고 믿는다. 그러나 임금 불평등 축소가 총노동공급량에 미치는 영향은 노동공급 함수가 오목함수인지, 볼록함수인지에 따라 다르다.

간단히 말해, 노조가 근로자들의 임금을 높이는 데 성공했다 할지라도 노동공급에 생기는 왜곡은 미미할 수 있다. 하지만 만약 노조 덕분에 노동자들이 기업 이윤의 더 큰 몫을 정말로 차지하게 됐다면 노조원들의 노동공급은 감소하겠지만 다른 노동자들의 노동공급이 증가하면서 감소분을 상쇄할 것이다. 그리고 부의 일부는 노동공급 대응을 할 수 없는 은퇴자들이 소유하고 있으므로 순효과는 노동공급의 감소일 것이다. 다만 그 영향이 양적으로 어느 정도인지는 분명하지 않다.

경쟁적 노동시장을 포함한 2부문(two-sector) 경제

노조화된 산업에서 고용이 줄어들었다 할지라도 모든 산업 부문이 노조화되는 것은 아니고, 노조가 있는 경우에도 그들의 협상력이 미미한 분야도 있다. 따라서 최소한 단일 부문 모델을 2부문 모델로 대체해야 한다. 이 모델에서는 노조화된 산업 부문에서 줄어든 노동력 투입분이 경쟁적 노동시장에서 증가한 노동력으로 상쇄된다.

이 경우에 노조가 없는 부문은 노동력 공급이 늘어나므로 그쪽에 속한 노동자들은 임금 하락에 직면한다. 대부분의 횡단면 회귀 분석에서는 (보상되지 않는) 노동공급 탄력성이 음(-)의 값을 가질 것으로 추정하기 때문에 이는 노동공급이 증가한다는 것을 의미한다. 노동공급의 총감소량은 노조화된 부문의 고용 감소량보다 작을 것이다. 그 크기는 비노조화된 부문의 노동 수요 및 공급 탄력성에 좌우된다.

효율 임금

이렇게 노조화된 부문과 비노조화된 부문 간에는 임금 격차가 생기지만, 노조의 장기적인 효과는 그런 차이를 줄일 것이다. 예를 들어 임금 수준이 높아지면 노조화된 부문에 속한 기업들은 더 능력 있는 인재들을 찾아 나설 것이다. 또 노조화된 부문에 속한 기업들은 더 높은 임금 수준 덕분에 원하는 직원을 더 쉽게 뽑을 수 있다.

이는 생산성이 임금에 따라 달라질 수 있다는 사실을 보여준다.[52] 심지어 노조와 상관없이 기업은 임금 수준에 따라 생산성이 달라진다는 사실을 인식하고 직원들에게 필요 이상으로 높은 급여를 지급하기도 한다. 경쟁적인 노동시장에서도 실업은 발생할 수 있다. 임금이 상승하면 그만큼 해고됐을 때 받는 타격이 커지므로 일에 대한 직원들의 사기가 높아지고 규율도 잘 잡혀서 일을 더 열심히 하게 된다. 그리고 이런 식으로 직원들의 이직률이 낮아지거나 직원들의 질이 높아지면 회사의 이윤도 커진다.[53] 따라서 노조 때문에 임금이 높아졌다 할지라도 생산성 향상이라는 효과가 뒤따르므로 고용에 미치는 순효과는 생산성 향상 효과가 없었을 경우에 비해 훨씬 작아질 것이다.

유럽의 사회 정책이 실업률을 높이는 데 기여했을 수도 있다. 이를테면 샤피로-스티글리츠Shapiro-Stiglitz의 효율 임금 모델*에 따

---

* efficiency wage model: 효율 임금이란 숙련되고 효율적인 노동력을 유지하기 위해 노동자들에게 지급되는 최저 임금을 초과한 임금 수준으로, 이런 과도한 임금이 장기적으로는 기업의 전체적인 생산성과 수익성을 증가시킨다는 이론이다.

르면 실업 수당이 높아지면 해고에 대한 위협으로 작동했던 근로자들의 규율이 약해지기 때문에 실업률이 높아진다.[54] 물론 실업률이 높을지라도 사람들의 위험 회피 성향이 높은 경우에는 후생 수준은 높을 수 있다(그러나 높은 고용보호는 복지 수준을 향상시킬 가능성이 크므로, 유럽의 보다 강력한 고용보호 정책은 실업률을 낮추든 높이든 어떤 식으로든 영향을 줄 것이다. 실업보험이 실업률을 높이지만 사람들의 후생을 향상시키는 것처럼 어떤 고용보호는 후생을 높일 가능성이 크다).

하지만 실업률의 차이는 자본시장이나 기업 행동의 차이에서 기인할 수도 있다. 미국 기업들이 단기 수익에 더 치중할 경우(종종 단기 실적주의나 근시안적 행동이라는 문제로 지적되는), 그들은 노조 없이 직원들에게 더 낮은 (실질)임금을 지급할 것이다.[56] 임금을 낮추고 비용을 절감하면 즉각적인 이득을 얻을 수는 있지만, 장기적으로는 안정적인 노동력 관리가 더 이득이 된다.

요약하자면 노조로 인해 고용(노동공급) 수준이 낮아질 수는 있다. 하지만 미국과 유럽의 노동시장 내에는 서로 다른 많은 요인이 존재하고, 그것들이 시간에 따라 변화했을 것이며, 노동공급의 차이에 중요한 역할을 했을 수 있다.

공공 지출의 영향

표준 모델에서 세율이 높아지면(급여 변화 없이) 노동공급 탄력성이 양수인지, 음수인지에 따라 노동공급량이 늘어나거나 줄어든다. 그러나 세금으로 벌어들인 수입은 어떻게든 지출되며, 세수를 어떻게 지출하느냐에 따라 노동공급량이 달라질 수 있다. 국가별로 다른 세율이 어떤 효과를 내는지 설명하는 이론적 모델에는 세수가 어떻게 쓰이는지도 명시되어야 한다.

일부 모델[57]은 공공 지출을 민간 지출의 완벽한 대체재로 가정한다(즉 $U(c+g, L)$의 효용성 함수를 갖는 경우인데, 이때 c는 민간 소비이고 g는 공공 소비이다). 하지만 물론 이 경우에는 세금으로 수입을 늘리면 왜곡이 발생하기 때문에 사실상 공공 부문이 존재할 이유가 별로 없다.

여성의 노동력 참여를 촉진하는 탁아소나 가족 휴가 정책 같은 공공 지원을 위한 공공 지출은 노동공급을 높이는 데 일조한다. 스웨덴 같은 국가들이 생활 수준이 비슷한 다른 유럽 국가들보다 노동 참여가 더 높은 데에는 이런 공공 지출도 한몫했을 것이다.

본문에서 말한 것처럼 퇴직수당 같은 일부 공공 지출은 세금과 밀접한 관계에 있다. 단순히 지출이 민간에서 공공 부문으로 전환되는 것으로는 노동공급에 거의 영향을 주지 못한다. 사람들이 사회적 압박으로 '어쩔 수 없이' 저축을 늘리는 경우는 노동공급에 영향을 줄 수도 있지만 그 부호는 모호하다. 공적 프로그램이 민간 프로그램보다 더 효율적인 만큼 그 전환의 효과로 실질임금이 높아질 것인데, 이 경우 노동공급에 미치는 효과는 임금에 대한 노동공급의 탄력성에 달려 있을 것이다.

같은 맥락에서, 공공 투자재에 대한 지출로 노동생산성을 높이는 만큼($w=w(g)$라는 공식으로 나타낼 수 있는데 이때 g는 공공 지출 정도를 의미) 늘어난 공공 지출이 노동공급에 미치는 효과는 또다시 노동공급 탄력성에 의해 결정된다.[58] 공공재에 대한 지출의 효용을 여가와 분리할 수 있는 만큼 공공재 지출이 노동공급에 별다른 영향력을 미치지 못하기 때문에, 이 경우에는 표준 분석(지출 효과를 무시하는)을 바로 적용할 수 있다.

마지막으로 공공 수입이 소득 재분배에 사용되는 만큼[59] 그 효과는 더 복잡하다. 개인의 납세액(혹은 수당)이 세전 소득으로 결정되기 때문에 실효 한계 세율이 복잡해진다. 가령 최저 소득층에는 마이너스 한계 세율이 매겨지고(근로장려세제를 통해), 저소득층에는 높은 한계 세율이 매겨지는 경우처럼 말이다. 동시에 이런 소득효과는 저소득층(소득 재분배의 수혜자인)의 노동공급을 줄이지만(재분배가 없었을 때보다), 고소득층에서 늘어난 노동공급량이 이를 일부 상쇄한다.

누진세

한계 세율이 평균 세율을 초과하는 누진세 체제에서는 일반적으로 대체효과가 커지기 때문에 노동공급에 대한 세금의 역효과가 커질 수 있다. 이에 대해 고려할 만한 한 가지 해법은 부가세와 함께 단순한 선형 소득세를 매기는 것이다. 그러면 부가세 대상인 사람들은 다음과 같은 선형적인 예산 제약에 처할 것이다.

$$C = a + bw(1-t)L$$

여기서 절편 (a)는 저소득 개인보다 고소득 개인에게 더 크며, 따라서 고소득 개인에 대한 소득효과는 부분적으로 노동공급을 줄이게 된다.

집계

정확한 집계(예를 들어 노동공급이 평균 임금에 의해서만 결정되는 대표적 경제주체 모델representative agent model을 사용하는 것에 상응하는)를 위해서는 임금과 소득이 선형 관계에 있는 노동공급 함수가 필요하다. 예컨대 로그의 로그로 표시되는 고용 공식에서 개인은 다음을 극대화한다.

$$In(wL+I) + a\ In(L^* - L)$$

따라서

$$\frac{w}{wL+I} = \frac{a}{L^*-L}$$

또는

$$wL^* - wL = awL + aI$$

또는

155

$$L = \frac{wL^* - aI}{(1+a)w}$$

노동공급은 I에 대해서는 선형이지만 w에 대해서는 선형이 아니다(1/w에 대해서는 선형이다).

$$EL = \frac{L^*}{1+a} - \frac{aI}{1+a} \ E\frac{1}{w}$$

노동공급은 w의 오목함수이므로 임금 분산이 커질수록 노동 공급은 줄어든다. 국가 간 임금 분산의 차이, 혹은 시간에 따른 임금 분산의 변화는 총노동공급량에 영향을 줄 수 있다.

"자본주의란 인간의 가장 악한 특성이 모두가 최대의 이익을 얻도록 하기 위해 가장 악한 일을 할 것이라는 놀라운 믿음이다."

- 존 메이너드 케인스

REVISITING
KEYNES

4장

케인스가
말한 손자 손녀는
누구인가?

_로버트 솔로

| 로버트 솔로(Robert Solow) |

미국의 경제학자로 MIT 명예교수이다. 솔로는 폴 새뮤얼슨과 함께 폰 노이만의 경제 성장 이론, 자본론, 필립스 곡선 등 유명한 이론들을 연구하였다. 1961년 존 베이츠 클라크 메달, 1987년에는 경제 성장 이론에 대한 기여로 노벨경제학상을 수상하였다. 1961~1962년까지 대통령 경제 자문위원회에서 일했다.

『우리 손자 손녀들이 누릴 경제적 가능성』(이하 『경제적 가능성』)은 1928년에 집필된 후 1930년이 돼서야 비로소 출간됐지만, 그전에도 윈체스터 칼리지Winchester College(엘리트들이 다니던 공립학교로, 케인스가 다녔던 이튼 칼리지보다는 조금 더 지적이면서 조금 덜 귀족적이었던)의 학회에서 공유된 적이 있었다. 로버트 스키델스키에 따르면 『경제적 가능성』은 최종 출간되기 전에 몇 번 수정되었고, 다른 곳에서도 발표되었다고 한다.

1928년에 케인스가 편집장으로 있던 「이코노믹 저널Economic Journal」에는 프랭크 램지Frank Ramsey가 쓴 유명한 '저축 이론A Theory of Saving'이 실렸다. 이는 공동체가 얼마나 빨리 자본을 축적하고 소비를 늘려야 하는지에 대해 분석하는 글이었다. 램지는 수학적 계산을 위해 대표적인 가구가 소비재에 대해 욕구 충족 상태에 이를 수 있다고 가정했다. 그는 이런 상태를 블리스Bliss, 즉 축복 상태라고 불렀다. 케인스도 『경제적 가능성』에서 같은 단어를 사용했는데, 그가 램지의 분석에 일부 자극을 받아 에세이를 썼을

지도 모른다는 것은 합리적 추측이다(케인스가 램지에게 그렇게 말했다는 소문도 있다).

이는 쓸데없는 이야기가 아니다. 케인스는 1930년 당시 미국의 대공황에 대해 알고 있었지만, 그가 에세이에서 언급한 '낭비와 혼란'의 대부분은 1920년대 후반 영국인들의 주된 골칫거리였던 영국의 장기 불황과 관련돼 있다. 케인스가『경제적 가능성』을 썼을 때는 후에 그가『일반이론』을 통해 소개할 체계적 개념들이 아직 정립되기 전이었다. 이 책은 주로 단기적인 거시경제학 문제들을 다룬다. 하지만 그 개념적 틀은 국민소득, 소비, 투자, 저축에 대한 체계적 분석을 통해서만 얻을 수 있었기 때문에 케인스가『경제적 가능성』에서 장기적인 문제들을 고민하는 데 분명 도움을 줬을 것이다.

그 기원을 생각해볼 때, 이 에세이는 아마도 총명한 학생, 미래의 은행가, 고위 공무원들이 자유롭고, 명민하고, 때때로 극단적으로 사안을 고민해볼 수 있는 재치 넘치는 경구jeu d'esprit로 생각하는 것이 좋을 것이다. 스키델스키는 케인스가 그런 자유로운 스타일을 청중 앞에 선 경제학자의 연설처럼 형식적이고 억제된 표현 방식보다 선호했다고 한다. 그렇더라도 우리는 케인스의 에세이를 경제학자의 글로 읽어야 한다. 그 글에는 경제학계 권위자들에게 던지는 주장도 (일부) 존재하기 때문이다.

그런 점을 염두에 두고 이제 독자들에게 몇 가지 질문을 제시하고자 한다. 케인스는 미래, 즉 2030년의 어떤 것들을 정확히 예측했던 것일까? 그의 예측이 정확히 맞아떨어졌는가? 아니면 얼추 비슷한가? 어떤 경우든, 케인스가 그런 분석을 한 시대적 상황을 고려한다면 합당한 예측이라고 할 수 있을까? 그게 아니라면, 그가 우리 손자 손녀들이 누릴 경제적 가능성에 대해 다른 어떤 적절한 말을 했었야 할까? 우리는 케인스의 '예측'에 초기와 후기 자본주의의 사회적, 도덕적 성과에 대해 그가 고수했던 견해들도 포함해야 한다. 왜냐하면 기업가의 열정, 탐욕, 체계적 부당함 같은 것들은 분명 미래 세대가 겪을 일이기 때문이다. 케인스는 그런 일반적인 생각들을 중심으로 『경제적 가능성』을 썼지만, 나는 그 이면에 있는 경제학과 관련이 있는 내용을 설명하려 한다.

　수 세기 동안 더디게 진행되거나 나타나지 않았던 경제 성장과 기술 발전 및 자본 축적의 역할에 대한 케인스의 일반적인 언급들은 상당히 현대적으로 들린다(물론 내가 개인적으로 조언을 받는 경제사 고문은 케인스가 '현대적' 성장이 시작된 시점을 너무 이르게 잡았다고 말하지만). 『경제적 가능성』에 나오는 몇 개 문단을 보면, 일단 경제 성장에 대해 생각하기 시작하면 다른 문제들은 생각할 겨를이 없다는 로버트 루카스Robert Lucas의 말이 떠오른다. 그렇지만 케인스의 예측이 있고 이미 4분의 3세기가 흐른 지금, "인류가 경제 문제를 해결하고 있다"라고는 잘 느껴지지 않는다. 어림없는 말이다. 무엇이 잘못됐을까?

　케인스는 자본스톡의 연간 성장률을 2%로 봤는데, 이 수치는 다소 느리다고 할 만하다. 그는 또 '기술적 효율성'이 매년 적어도 1%씩 증가한다고 말했다. (시대적 차이를 고려해 그가 말한 기술적 효율성이 총요소 생산성이라고 가정해보자. 케인스는 똑똑한 사람 아닌가?) 이 경우 표준 계산법을 사용하면 총생산량이 매년 1.7% 정도씩 늘어나게 된다. 케인스가 편의상 적용했던 인구 규모가 안정적이 될 것이라는 가정을 받아들이면 100년 후 1인당 생산량은 5.4배로 증가한다. 연간 성장률을 2%로 높이면 100년 후 그 수치는 7.2배가 된다. 숫자들이 잘 맞아떨어진다.

물론 세계 인구는 1930년 이후로 안정화되지 않았고 사실 안정화 근처에도 도달하지 못했으며, 이는 '경제 문제 해결'이 실패한 주요 원인으로 보인다. 누군가는 이렇게 말할 수도 있다. "아, 인구 수평화는 그저 빠른 계산을 하기 위해서였을 거예요. 인구 증가율이야 쉽게 조정할 수 있으니까요." 맞는 말이지만 이런 간극은 케인스와 동료 학자들에 대해 약간의 실망감을 안겨준다. 앞서 언급한 인용문에서 케인스가 말한 '인류'에는 아프리카, 아시아, 라틴 아메리카 사람들이나 심지어 남부 유럽인들도 배제된 것으로 보인다. 또 제목에서 말하는 '우리 손자 손녀들'도 좋은 환경에서 태어나 좋은 교육을 받은 영국인 후손으로 국한된 것 같다. 만약 케인스가 이 문제를 발견했다면 그는 분명 오류를 인정하고 통상적인 해명을 했을 것이다. 그렇더라도 케인스 예측의 배경에 이렇게 논의 대상의 범위가 암묵적으로 협소하다는 것을 인식해야 한다.

물론 핵심은 인구 증가에 관한 단순한 산술적 계산이 아니다. 1930년 이후로 지금까지 대부분 세계 여러 지역에서 자본 축적과 기술 발전이 제대로 일어나지 않았고, 그 이유에 대해서는 개발 경제학자들도 아직 논쟁 중이다. 세계의 손자 손녀 대부분은 여전히 가난하고, 2030년에도 계속 가난할 것이다.

성장 이론의 관점에서도 보아도 케인스의 계산에는 기술적인 결함이 있다. 그는 실물 자본스톡이 1년에 2%씩 축적된다는 대략적인 실증적 판단을 근거로 먼 미래를 전망하기 시작했다. 하지만 생산 투입물로서 자본의 투자 수익이 감소한다면 산출물 전부를 투자해도 자본스톡이 계속 그렇게 빠르게 증가할 수는 없다. 오늘날 경제학자들이 일반적으로 택하는 기술적 가정에 따르면 그런 일이 일어날 가능성이 영원히, 아니 아마도 앞으로 100년 동안은 영원히 없을 것이다. 케인스의 결론에 도달하려면 그가 생각했던 것보다 기술의 발전 속도가 더 빨라야 한다(실제로 현재는 그 속도가 조금 더 빠르다). 이는 그가 자신의 손자 손녀가 친구들의 손자 손녀 세대에 대해 너무 낙관적이었다고 말할 수 있는 또 다른 근거이다.

하지만 그처럼 암울했던 시기에 선진 자본주의 경제의 장기적인 궤도가 투자와 혁신의 힘에 달려 있다는 것을 알고, 불완전할지라도 이야기가 앞으로 어떻게 전개될지 헤아려본 케인스의 공로는 인정해야 한다.

경제학의 배경과 관련된 몇 가지 쟁점은 뒤에서 다시 거론하겠지만, 나는 먼저 케인스가 윈체스터대학의 에세이학회에서 연설했을 당시 그의 마음을 사로잡았던 문제들부터 다루고자 한다. 그는 조만간, 즉 100년 후가 아니라면 200년 후라도 자본 축적과 기술 발전이 전개되면서 '우리(그 '우리'가 누구든 간에)'가 필요로 하는 모든 상품과 서비스를 아주 작은 노력으로 생산할 수 있게 된다고 주장했다. 그런 세상이 오면 우리는 어떤 식으로 시간을 보낼까? 더 직접적으로 말해 우리는 어떤 동기에 의해 움직일까?

경제 문제가 '해결'되기 전에는 노동, 저축, 투자, 발명 같은 활동들이 경제 발전에 꼭 필요했다. 또 그런 활동들이 케인스가 '축재'라고 말한 행위로 시장 경제에서 지속되었다. 노동이나 발명에는 본질적으로 잘못된 것이 없다. 모차르트가 작곡을 하고 뉴턴이 발명을 한 것처럼 말이다. 케인스가 혐오한 것은 탐욕과 돈에 대한 갈망이었고, 자본주의는 그때나 지금이나 그런 동인에 의해 작동한다.

케인스는 그런 생활방식에 대한 반감을 지나칠 정도로 강하게 드러낸다. 돈에 대한 애정은 "좀 역겨운 병이고 정신과 전문의에게 맡겨야 할 질병이나 범죄에 가까운 성향이다."(케인스의 태도는 이 문제를 대하는 점잖은 반유대주의자보다 낫다고 할 수 없고, 또한 유대 사상에서는 불멸의 가치가 중요하지 않다는 일상적인 오류를 넘어서지 못한다.) 그런 혐오할 만한 동기가 2030년 이후에 사라진다면, 무엇이 그 자리를 대신할까? 또 지난 75년간 우리가 겪은 소득 증가의 경험은 그 자리에 들어설 것들에 대해 무엇을 말해줄까?

케인스의 바람은 '우리'가 삶에서 보통 더 훌륭하다 말하는 것들을 육성해서 그것들로 우리의 여가를 채우는 것이었다. 이 문제를 너무 거창하게 생각할 필요는 없다. 모두가 모차르트, 뉴턴, 라파엘, 프루스트가 될 필요는 없지만 역 속물주의 또한 매력적이지 않다. 어린아이들의 놀이가 시를 쓰는 것만큼 근사한 일은 아닐지라도, 즐거운 놀이도 분명 좋은 삶의 일부이다. 케인스에게 보통 사람들의 여가 활용 방식에 대한 편견이 있었는지는 알 수 없지만, 어쨌든 이제는 모두가 자유롭게 월드컵을 즐길 수 있게 되었다.

케인스가 영화, 텔레비전, DVD, 대중음악, 관광, 골프 같은 엔터테인먼트 산업의 급성장을 예상하지 못한 것도 흥미롭다. 케인스가 그토록 경멸했던 이윤 동기가 그가 우려했던 대중의 여가를 장악하게 됐으니 말이다.

하지만 해롭지 않은 한 케인스가 여가의 구체적 용도를 일일이 논하고자 에세이를 쓴 것은 아니고, 그의 주된 관심은 선택을 좌우하는 동기와 생각의 구조였다. 그가 진짜 우려했던 것은 생산성을 끌어올리는 데는 유용하지만 미래에는 그저 불쾌할 뿐일 물욕, 과시적 소비, 편협한 목적을 그의 손자 손녀 세대가 떨쳐 버리지 못하는 상황이었다. 1930년에도 이미 그런 행태가 만연했기에 그런 현상을 고민할수록 케인스의 마음은 더 심란해졌을 것이다. 그래서 그는 문제가 있다고 생각했다. 케인스는 미래를 낙관적으로 보자고 주장하면서도, 사실 세상이 이전보다 나아졌다고 여기지는 않았던 것 같다.

그러나 수백만 명이 2달러가 안 되는 돈으로 하루를 연명하는 세상에서, 심지어 유럽이나 북미에서도 적절한 음식이나 주거지를 마련할 비용은 물론이고 건강을 챙길 여유가 없어 허덕이는 사람들이 수백만 명에 이르는 상황에서, 케인스의 그런 우려는 상당 부분 공허하게 들린다. 이런 측면에서 케인스가 분배 문제를 전혀 고려하지 않았다는 점은 심각한 결함으로 남는다. 그렇다고 케인스의 마음을 사로잡았던 문제들을 무시하면 안 된다. 100년 후는 말할 것도 없고 오늘날의 생산성 수준에서도 왜 10억 달러나 가진 사람이 20억 달러를 갖고 싶어 하는지 궁금한 것은 당연하다. 그 이유가 재산이 아닌 권력이나 우월함에 대한 욕망 때문이라면 그 욕망은 혐오스럽고 더 위험해질 뿐이다. 10억 달러를 더 벌면 경제적 효율성이 높아진다는 명분도 설득력이 약하다. 그것이 사실이라고 해도, 케인스의 주장은 효율성이 조금 더 높아지는 것이 훼손된 인간의 동기를 상쇄할 만큼의 가치는 없다는 것이다. 덧붙이자면 그것은 형평성의 가치에도 도움이 안 된다.

나는 이런 측면에서 경제학자로서 마지막 논평을 하고자 한다. 케인스는 미래에도 사람들이 적어도 몇 시간은 유용한 일을 하고 싶어 할 것이라고 주장하면서 이런 성향이 '옛 아담', 즉 인간의 내재된 성향에 기인한다고 말한다. 케인스는 아마도 장인 본능_{workmanship}*을 위해 무언가 생각하는 것을 기쁘게 느꼈을 것이다. 그런 식으로 개인의 기량을 높이는 것도 사실상 삶에서 할 수 있는 더 근사한 일들에 속하기 때문이다. 그러나 케인스가 상상했던 손자 손녀 세대가 살아갈 세상에는 그렇게 유용하다고 할 만한 일도 많이 필요하지는 않을 것이다. 그는 인간의 내재된 습관 때문에 어쩔 수 없이 일주일에 15시간 정도는 일하게 될 것이라고 설명한다. 이 말만 봐도 케인스가 얼마나 옛날 사람인지 알 수 있다. 케인스의 시나리오처럼 모두가 1년에 4주간 휴가를 쓴다면 1년에 총 720시간을 일하면 되는데, 이는 현재 서구 유럽인들 평균 노동시간의 절반이 안 되고, 미국인들의 노동시간과 비교하면 그 절반을 한참 밑돈다. 나에게는 일주일 내내 일하는 손자가 있는데 그보다 어린 세대도 상황은 비슷할 것이다. 노동 생산성은 향후 20년간 더 증가하겠지만 연간 노동시간이 케인스가 예상했던 것만큼 떨어질 리는 만무하다.

그의 예측은 어디서 빗나간 걸까? 이는 간단한 문제가 아니다. 오늘날 경제학자들은 미국과 유럽의 평균 노동시간이 현격히 차이 나는 이유를 두고 논쟁을 벌인다. 소비와 여가에 대한

---

* instinct of workmanship: 미국의 경제학자인 소스타인 베블런(Thorstein Bunde Veblen)이 동명의 책에서 언급한 개념. 그는 소수에게 집중된 자본이 막대한 부를 낳는 불평등한 부의 축적 구조를 밝히면서 공동체의 물질적 번영에 직접적으로 도움이 되는 두 가지 본능으로 '부모 성향'과 '장인 감각'을 꼽았다.

두 국민의 태도가 문화적으로 다르기 때문일까? 아니면 좀 더 평범하게 급여와 세금 구조로 인한 노동에 대한 금융적인 유인의 차이 때문일까? 케인스는 대서양을 사이에 둔 두 대륙에 공통되는 무엇인가를 분명 간과했다. 어쩌면 케인스도 다른 경제학자들처럼 '여가'를 소비의 대체물로 여겼지만, 실제로 여가는 소비의 부속물인지도 모른다. 음악은 값비싼 전자기기로 들을 수 있고, 인터넷 글은 고가의 컴퓨터 화면으로 읽을 수 있으며, 골프는 비싼 골프채로 즐길 수 있는다. 그리고 운전을 하려면 고가든 저가든 자동차나 모터보트가 있어야 한다. 그리고 역 속물근성은 아직 과시적 소비를 이기지 못했다.

이제 임금에 대해 생각해보자. 생산량이 엄청나게 증가한, 그런데도 사람들이 일말의 근면함을 느끼고자 일주일에 15시간 정도 일하는 2130년이 됐다고 해보자. (오스카 와일드의 희극 『진지함의 중요성The Importance of Being Earnest』 중 한 장면을 떠올리면 된다. 브랙크넬 부인이 잭 워딩에게 "워딩 군은 담배를 피우나?"라고 묻자 잭은 그렇다고 대답한다. 그러자 부인은 "다행이군. 난 늘 젊은이라면 뭔가 할 일이 필요하다고 말한다네"라고 말한다.) 이런 세상에서 노동의 한계 생산물*은 얼마나 될까? 자본-노동 비율이 아주 높을지라도 한계 생산물은 그렇

---

* marginal product: 생산에 투입되는 다른 요소가 일정한 경우 어떤 특정 투입물을 1단위 추가할 때 늘어나는 산출물의 증분량

게 크지 않을 것이다. 하지만 안타깝게도 이 모든 상황은 실제가 아닌 상상일 뿐이고 실현된 적은 없다. 그러나 기술과 자본이 넘쳐나고 소비에 싫증이 날 정도로 풍족한 세상에서는 옛 아담의 후예가 1시간 더 일한다고 산출물 가치가 크게 높아지지 않을 것이다. 임금으로는 적어도 그 모든 산출물 중 아주 일부만 소비할 가능성이 매우 크다. 나머지는 전부 자본의 몫이 될 것이다.

그 배경에는 기술적인 장치들이 얽혀 있다. 아마도 그 환경은 기술이 계속 진보하고 고용 대비 자본 비율이 급격히 상승하는 자본주의 시장 경제일 것이다. 소득 분배와 임금, 이익의 조정은 자본이 노동을 얼마나 쉽게 대체할 수 있는지에 달려 있다. 그 대체 작업이 생산 중에 바로 일어나든, 아니면 소비가 노동 집약적인 상품에서 자본 집약적인 상품으로 옮겨가는 중에 일어나든 마찬가지다. 노동이 자본으로 비교적 쉽게 대체될 수 있으면 (전문용어로 경제 전반의 대체 탄력성이 1보다 크면) 시간이 지날수록 총소득에서 이윤이 차지하는 몫이 점점 커질 것이다. 임금도 상승하겠지만 이윤이 증가하는 속도에는 미치지 못할 것이다. 이는 케인스가 상상했던 기술 진보와 자본 축적으로 '경제 문제가 해결'된다고 했던 세상에서 벌어질 그럴듯한 결과로 보인다. (이에 대한 극단적인 예로 로봇이 보편화되면서 인간의 노동이 전혀 필요하지 않은 세상에 대한 일반적인 두려움을 들 수 있다. 그런 세상이 오면 우리의 삶은 어떻게 될까?)

답은 꽤 명확해 보인다. 우리의 손자 손녀, 혹은 그들의 손자 손녀들이 진정으로 생존 가능한 세상에서 살려면 자본의 소유가 민주화되어야 한다. 만약 자본이 주된 수입의 유일한 원천이 된다면 중요한 이들 모두가, 즉 모두가 자본 소득에 대한 적절한 청구권을 가져야 한다. 자본의 민주화를 실현할 수 있는 제도적 장치는 많다. 그 장치가 강제적 저축이든, 보편적 배당이든, 연기금의 확대든 그것을 실현하기 위해서는 정치적 독창성과 상상력이 필요하다. 이 문제에 관해서는 별로 생각이 진전되지 않았다. 다행히 케인스와 반대로 우리에게는 아직 그런 제도를 마련할 수 있는 시간이 있고, 윈체스터대학과 케임브리지대학에도 희망을 걸 수 있다.

하지만 이 문제가 해결되더라도 세상이 돈을 긁어모으는 다른 백만장자보다 더 앞서기 위해 고군분투하는 백만장자들로 가득하다면, 케인스는 여전히 불행할 것이다. 나에게도 그런 사회가 끔찍하기는 마찬가지다. 또 케인스는 어떨지 모르겠지만, 내게는 모두가 케임브리지 사도처럼 사는 세상도 달갑지 않다. 경제적으로 행복한 사회에서도 다양성은 삶에 흥취를 더하는 향신료와 같다. 나의 화두인 형평성 구현의 문제가 수정된 경제 체제의 첫 번째 목표가 되어야 하고, 이를 달성하려면 적어도 처음에는 어떤 방식으로든 분명 재분배 작업이 필요할 것이다. 그리고 케인스의 화두인 삶을 어떤 내용물로 채우느냐의 문제가 여전히 남을 것이다. 긴급히 채울 욕구가 사라진다면, 새로운 의미의 '직업' 교육을 통해 베블런의 장인 본능이 발화할 여지가 훨씬 커질 것이다. 그러면 우리는 모차르트와 살리에리, 혹은 레드삭스와 양키스 사이에 존재하는 그런 시샘을 느끼는 경쟁심과 더불어 살아갈 수도 있을 것이다. 혹은 살아야만 할지도 모른다.

이런 사회가 되려면 얼마나 더 기다려야 할까? 기억하라. "경제적 축복이라는 목적지에 도달하는 속도는 인구 통제 능력, 전쟁 및 시민 분쟁을 피하려는 결의, 과학이 나아가야 할 방향을 과학에 위임하려는 의지, 그리고 생산과 소비의 차이로 결정되는 축적 비율의 네 가지로 결정될 것이다." 다시 말해, 오랜 시간이 필요하다.

REVISITING
KEYNES

협동조합주의와 케인스 : 그의 성장 철학

_ 에드먼드 펠프스

| 에드먼드 펠프스(Edmund S. Phelps) |

미국의 저명한 경제학자로 2006년 노벨경제학상을 수상했다. 컬럼비아대학 정치경제학 교수이다. 펠프스는 미시경제 이론을 거시경제에 도입해서 '미시적 거시' 모델을 만들었고, 그의 대표적인 업적은 '합리적 기대' 모형이다. 또한 새로운 기술의 발전에 있어 '인적 자원'의 중요성을 분석하는 데 선구자적 역할을 한 것으로 평가받는다.

21세기 정치 경제 분야의 주요 개념 중 자본주의와 협동조합주의corporatism의 경쟁은 아직 유효하다. 그리고 서유럽 지역의 최근 경제 성적이 확인해주듯이[1] 이는 상당히 중요한 문제이다. 나는 이 글에서 존 메이너드 케인스의 경제사상을 초기 '협동조합주의자'로서 그가 시장에 가졌던 불만에 초점을 맞춰 논할 것이다. 그 불만은 후에 '자유시장' 체제로 알려지는 자유방임주의laissez faire에 대한 아서 피구Arthur Cecil Pigou의 비판보다 더 깊다.

케인스 시대의 지적 조류

케인스를 협동조합주의와 자본주의 관점에서 논하기에 앞서 우리에게는 답해야 할 질문이 하나 있다. 그 둘은 현재 어떤 의미를 지니는가? 또 케인스가 살았던 시대에 지녔던 의미와는 어떻게 다른가?

오늘날 지배적인 자본주의 경제란 그것이 이상적인 형태에서 어떤 사소한 이탈을 했든 새로운 상업 사상과 사적 기업가의 개인 지식에 대한 폭넓은 개방성, 더 나아가 탁월한 아이디어를 선별해서 그것이 더 발전할 수 있도록 자본과 유인을 제공하는 자본가와 금융인들의 개인적 지식, 독특한 견해들이 형성하는 위대한 다원주의가 특징인 사유재산 체제를 말한다.[2]

오늘날의 협동조합주의 경제도 사유재산 체제를 표방하지만 몇 가지 상반된 특징이 있다. 이 제도는 제1차 세계대전과 제2차 세계대전 사이 이탈리아에서 부상한 코포라타비스모corpora tavismo(조합주의)라는 체제에 의해 만들어지고 확립되어 대부분 혹은 모든 경제 제도에 침투해 있다. 거대한 국가 관료제가 감시, 개입, 중재하는 거대 고용주 연합체, 대형 노동조합, 독점 은행들이 모두 이에 해당한다. 하지만 이런 체제가 만들어진 목적을 모른다면 협동조합주의 자체를 제대로 이해할 수 없다.

나는 협동조합주의라는 고유한 제도가 담당하는 핵심 기능은 전후 용어로 '이해당사자', 그리고 '사회적 파트너'라고 불리는 다양하고 폭넓은 사회적 이익 주체들에게 목소리와 권력의 지렛대를 부여해 그들에게 손해를 끼칠 수 있는 시장 결정에 발언권이나 거부권을 주는 것이라고 생각한다. 자유 기업의 개인주의는 이런 주체들과 그들을 대표하는 국가를 위해 매몰된다. 이런 목적이나 기능을 생각하면 협동조합주의를 연대주의나 공산주의, 합의주의, 일체주의라고 부를 수도 있을 것이다. '협동조합주의'

라는 말은 중세 시대에 공예 조합 장인들에게 힘을 실어줬던 길드guild의 이탈리아어인 코포라치오네corporazione에서 유래했다.[3] 겉으로만 보면 협동조합주의 체제는 분명히 일부 이해관계자 또는 사회적 파트너와 협의하고 협상하면서 국가가 추구하는 경제적 방향에 맞게 변화를 촉진한다. 그리고 기업의 이전이나 신규 기업의 진입 등 일부 이해관계자나 파트너들이 반대하는 변화를 방해하거나 (따라서 억제하고) 차단하기 위해 작동하는 것처럼 보인다. 그런 점에서 협동조합주의 체제의 성과는 기존 기업들이 지역 은행이나 국영 은행의 지원 아래 담당하는 역할에 의해 크게 달라진다.[4] ('협동조합주의'라는 말은 제2차 세계대전 이후 사용이 중단되었고 독일에서는 사회적 시장social market, 이탈리아에서는 콘체르타치오네concertazione, 프랑스에서는 사회민주주의social democracy라는 말로 대체되었다. 다만 프랑스의 일부 정치인과 언론인들은 아직도 협동조합주의라는 말로 이 개념을 자유롭게 논한다. 어쨌든 독일, 프랑스, 이탈리아라는 3대 대국을 포함한 서유럽 경제는 구조적으로, 또 의도적으로 아직 협동조합주의적 특징을 갖고 있다.[5])

오늘날 경제학자들은 자본주의를 최첨단 혁신을 자극하는 진화된 체제로, 그리고 협동조합주의를 산업의 평화, 사회적 합의, 공동체 안정을 위해 마련된 체제로 인식한다. 단순히 말하면 이 둘은 화성과 금성 같은 관계에 있다.

사실 1920년대 후반에는 거의 정반대 상황이었다. 1927년에 이탈리아는 영국이 파운드화 가치를 재평가하면서 부딪힌 위기와 비슷하게 환율 안정화 조치로 고초를 겪고 있었다. 무솔리니가 신고전파 경제 정책에 대한 실험을 포기하고 협동조합주의라고 불릴 경제 쇄신 아이디어를 모색하던 시기가 바로 이때였다. 이는 성장을 위한 쇄신이었다. 지노 세베리니Gino Severini의 미래주의 그림들은 새로운 경제 정책의 목적을 상징하게 되었다. 경제사학자 마르첼로 데 체코Marcello de Cecco는 이 시기를 평하면서 새롭게 부여된 목적을 이렇게 말했다.

> "정부가 경제에 개입하는 방식과 한계는 이론이 아닌 필요에 따라 정해졌고 항상 존재해온 제약들을 고려하면 정부의 유일한 책무는 국가를 가능한 부유하고 강하게 만드는 것이다."[6]

하지만 이탈리아인들은 이론을 만들어냈다. 다수의 협동조합주의 이론가들은 1927년에 형태를 갖추기 시작한 협동조합주의 체제가 자본주의보다 더 역동적일 것으로 생각했다. 물론 프티부르주아* 기업가들에게 적절할 만한 작은 아이디어에는 효과적이라고 할 수 없겠지만, 거대한 아이디어에는 분명 자본주의보다 빛을 발할 것으로 기대했다. 기반이 탄탄한 기업이라면 유동

---

* Petite bourgeoisie: 봉건사회에서 근대사회로 이행하는 시기에 일정한 사회층으로 성장한 자유롭고 독립된 수공업자와 독립 자영 농민을 가리키는 말로 '소시민'이라고 표현하기도 한다.

적인 시장 상황을 두려워하지 않고 현재 보유하고 있거나 앞으로 개발 가능한 기술을 발판으로 값비싼 혁신을 충분히 발전시킬 수 있었다. 또 그런 기업들은 산업적 연합과 정부의 조정을 통해 중복 투자로 비용을 낭비하지 않도록 대비할 수 있었다. 국가가 산업체와 손을 잡고 기술 발전을 촉진할 것이었다.[7] 국가는 새로운 경제 방향을 제시하고 대형 은행 같은 기관을 통해 투자 대상을 선별할 수 있었다. 이런 이론가들의 관점에서 협동조합주의의 목적은 국가의 집단 지식을 동원하는 것이었고, 그렇다면 이는 과학주의 체제로도 볼 수 있었다.

케인스와 협동조합주의

—

1920년대 중반에 영국 경제는 무솔리니가 이탈리아에서 새로운 경제 정책으로 해결하려 했던 문제와 정확히 같은 문제로 골치를 앓고 있었다. 당시 40대 초반이었던 케인스는 이탈리아식의 애덤 스미스 경제 모델에 대항하는 새로운 주장들에 호기심을 느낄 만큼 혈기 왕성했다. 케인스의 정치 경제 사상은 사실 협동조합주의 사상과 상통하는 면이 일부 있었다. 특히 산업조직 이론과 산업 정책에서 비슷했다.

하향식 성장을 옹호했던 케인스

케인스의 미시경제학이 마셜의 미시경제학보다 신고전파 경제학에 더 가깝다고 여겼던 미국인들의 생각과 달리, 케인스는 효율적인 시장 형태로서 원자적 경쟁, 즉 완전 경쟁을 거부했다. 그는 카르텔, 지주회사, 무역협회, 공동출자같이 독점 권력의 지속적인 성장을 보조하는 정부 정책을 옹호했다.[8] 그래야만 정부가 관련 산업을 규제할 수 있기 때문이었다. 제임스 크로티James Crotty는 이런 결론을 내린다. "적어도 1920년대의 케인스는 국가가 거시경제뿐 아니라 미시경제를 위해서도 강력한 역할을 수행해야 한다고 주장한 당당한 협동조합주의자였다."[9]

강력한 기업 통합과 노조 조직화의 물결이 1930년대에 영국뿐 아니라 유럽 대륙과 미국에서 다양한 수준으로 발생했다. 미국의 경우 1920년대 초에는 자동차 회사가 수십 개나 됐지만 1930년대 말이 되자 거대 기업 세 곳만 남았다. 1938년에는 미국 산업의 대부분을 지배하던 과점 조직들이 제기한 기업규제 및 해산 문제를 자문하기 위해 의회가 임시국가경제위원회TNEC를 설립했다. TNEC는 프랭클린 루스벨트 시절부터 리처드 닉슨 임기 때까지 미국을 지배했던 협동조합주의적 색채를 가진 조직으로서 닉슨 시기부터 반독점 해체와 규제 완화 정책, 글로벌 경쟁을 배경으로 조금씩 약화되었다가 끝내 해체되었다.

이런 수정주의 시스템이 케인스와 협동조합주의자들의 믿음처럼 좋은 것이었을까? 규모의 경제, 챈들러가 주창한 범위의

5장 · 협동조합주의와 케인스 : 그의 성장 철학

경제[*], 또 1920년부터 1941년까지 통합과 합리화(도움이 되지 않았을 수도 있는 노조화는 제외하고) 시기에 반복적 조립라인을 통해 구현한 '학습' 혹은 실행에 기초한 역동적인 경제는 분명 놀라운 업적을 남겼다. 이 20년 동안 시간당 노동 생산성과 총요소 생산성이 전례 없이 상승했고, 이후로도 (지난 10년은 예외일 수 있지만) 그때에 필적할 만한 기록은 없었다.

1940년대 초 히틀러의 '담화'를 기록한 문서에 따르면 그는 포드자동차 공장의 엄청난 생산성에 놀라움을 금치 못했다고 한다. 그런데 포드의 생산 시스템이 이전의 1920년대 시스템보다 혁신 면에서 더 나았을까? 1944년 조지프 슘페터Joseph Schumpeter는 이 질문에 긍정적으로 대답했다. 이 책에 글을 실은 윌리엄 보몰 또한 그의 2003년 책에서 동일한 판결을 내렸다.[10] 그러나 머지않아 답을 들을 수 있을 것 같지만, 계량경제학 관점에서는 아직 결과가 나오지 않았다. 한편 칼 슈람Carl Schramm은 그 시기를 신랄하게 비판하면서 조립라인식 경제 체제가 1970년대에 시작된 일련의 단계적 변화 속에서 반semi협동조합주의 체제보다 훨씬 더 혁신적인 자본주의 체제에 의해 대체되었다고 판단했다.[11]

1930년대 말과 1940년대 초에 프리드리히 하이에크Friedrich

---

[*]   Economy of scope: 한 기업이 2종 이상의 제품을 함께 생산할 때가 다른 기업이 각 제품을 생산할 때보다 평균 비용이 더 적게 드는 현상

Hayek는 그 불완전함과 이탈이 너무 심각하지 않다면 자본주의가 사회주의나 협동조합주의가 할 수 없었던 가장 위대한 역동성 dynamism을 다음과 같은 방식으로 발휘할 것이라는 현대적 이론을 제시했다.[12]

첫째, 사람에게는, 심지어 아주 보잘것없는 피고용인이라도 누구에게나 신기한 '노하우'가 있다. 마이클 폴라니Michael Polanyi가 '개인적 지식'이라고 말한 이런 노하우는 그저 사사로운 지식일지라도 거기서 독특한 아이디어가 나올 수 있다.[13] 그리고 경제는 참여자 대부분 또는 모두의 아이디어에 개방적일 때 또 다른 여러 아이디어가 창출되는 경향이 있다.

둘째, 금융업자들이 무엇을 결정할 때 고려하는 경험과 지식의 다원성은 폭넓은 기업가적 아이디어에 현명하고 통찰력 있는 평가 기회를 제공한다. 특히 금융가와 기업가에게는 정부나 사회적 파트너의 승인이 필요 없다. 심지어 그들은 프로젝트 결과가 안 좋을 때도 그런 사회적 단체는 물론이고, 금융가에 대한 투자자들조차 책임지지 않는다. 따라서 정부나 사회적 파트너가 승인하기에는 상당히 불투명하고 불확실한 프로젝트가 이행될 수 있다.

셋째, 관리자와 소비자가 어떤 혁신을 시도하고 채택할지 결정할 때 그들이 가진 지식과 경험의 다원성은 가장 성공적인 혁신을 도입할 가능성을 높이는 데 중요한 역할을 한다. 과학주의 정신을 바탕으로 작동하는 유럽 대륙의 경제 체제는 어떤 유형의 제품이 출시되든 사전에 전문가들을 소집해 제품 표준부터 정한다. 자본주의 체제는 이런 식으로 모든 제품 형태에 시장 접근성을 제공하는데, 이는 처음에는 불편하겠지만 나중에 값어치를 한다.

케인스는 1920년대 중반에 책을 쓰면서 이런 주장을 전혀 몰랐다. 케인스가 이탈리아의 협동조합주의와 시어도어 루스벨트가 창당한 진보당 이념을 되짚어본 것은 틀림없지만, 자본주의가 가진 탁월한 혁신성에 대한 하이에크의 주장은 접하지 못했다. 그때까지 케인스가 쓴 글 어디에도 이를 암시하는 내용이 없기 때문이다.

부의 추구를 경멸했던 케인스

케인스는 진정으로 역동적인 경제가 가져다주는 만족감을 사실상 전혀 깨닫지 못했다. 그는 만족감이 일종의 '축복' 수준에 도달할 때까지 이루어지는 자본 형성을 통한 성장의 최적성에 대한 프랭크 램지Frank Ramsey의 분석 결과를 정확히 이해했다. 무엇보다 램지가 이런 연구를 하도록 영감을 주고 최적 저축률에 대한 대수 공식을 직관적으로 설명하는 데 도움을 준 장본인이 케인스였다. 『경제적 가능성』을 보면 케인스가 자본 축적의 이점을, 즉 한계 생산성이 더 이상 자본 심화를 정당화하지 못할 때까지 생산 활동에 계속해서 자본을 투입할 때 얻는 이점을 (주로 여가의 증가라는 형태로 나타나는) 분명히 이해하고 있었다는 사실을 여러 구절에서 알 수 있다. 하지만 그런 성장 과정에서 오는 어떤 만족감도 인식하지 못했던 것 같다.

경제학자로서는 이례적인 케인스의 이런 태도는 당시 유럽에서 불고 있던 반물질주의antimaterilism라는 지적 조류를 대변한다. 사회사상에서 그런 흐름은 19세기 후반 50년간 유럽 대륙에서 부상했던 '기독교 협동조합주의'의 중심 기조로, 기업 생태에 대한 무관심, 부유함과 부의 축적 및 소유에 대한 평가절하로 나타났다. 1893년에 교황 레오 13세는 소비나 소득 같은 물질적 만족보다 삶과 공동체, 예배에 더 높은 가치를 부여해야 한다는 내용을 골자로 「새로운 사태Rerum novarum」라는 회칙을 발표한다. 이런 관점에서 보면 상업 경제는 필요하지만 통탄할 존재일 뿐이다. 이 세계관은 20세기 경제적 협동조합주의의 또 다른 흐름이었는데, 이들은 주주와 고용인, 직원과 직원, 그리고 기업과 기업 간의 갈등은 인정하면서도 개인의 노하우와 기업가 정신, 혁신이 부나 노하우, 명성 추구 등 다양한 물질적 욕망에 의해 추동된다는 것을 인정하지 않았다.

케인스와 협동조합주의자들은 1920년 이후 전 세계가 목격할 엄청난 생산성 증대의 대부분이 자본주의 성격의 경제에서만 개발되고 도입될 수 있는 새로운 상품들과 사업 모델을 통해 구현된다는 것을 예견하지 못했다.[14] 또 성공적 혁신으로 이뤄지는 부의 증대를 폄훼하면 혁신 프로젝트를 이행하면서 얻는 이익과 손해 중 '손해'만 늘어날 뿐이고, 그 결과 경제 성장이 조기에 중단될 수 있다는 것도 깨닫지 못했다.

비즈니스 생태에서 얻는 지적 만족을 깨닫지 못한 케인스

협동조합주의자들은 기업가의 새로운 아이디어에서 촉발된 경제가 직장을 탈바꿈하고, 이런 변화가 혁신을 만들어내는 기업은 물론이고 혁신에 대처하는 기업에서도 일어난다는 것을 깨닫지 못했다. 새로운 아이디어를 발전시키고 시장이 그것을 수용하는 과정에서 나타나는 도전, 그리고 경영진과 소비자가 최신의 혁신을 수용할 것인지, 어떻게 수용할 것인지에 관한 도전에 직면하여 직원들은 고도의 정신적 자극을 받는 동시에 문제 해결 능력을 육성해서 업무 참여도를 높이고 성장하는 기회를 얻는다. (혼자 일하는 개인이 계속해서 새로운 도전 과제를 창출하기는 쉽지 않다. 그렇게 되려면 마을 하나, 더 나아가 사회 전체의 도움이 필요하다.)

그렇다면 거의 모든 사람이 그런 자극, 숙달, 성장, 발견의 가치를 인정한다고 할 만한 선례가 있을까? 물론 있다. '재능 계발'에 대한 글을 쓴 그리스의 철학자 아리스토텔레스부터 성취와 발전의 기쁨을 논한 후기 르네상스 시대의 벤베누토 첼리니 Venvenuto Cellini, 또 활력과 도전 의식을 고취한 바로크 시대의 작가 세르반테스를 보면 그런 가치들이 유럽에서 시작됐다는 것을 알 수 있다. 이미 20세기 초에 경제학자 알프레드 마셜Alfred Marshall 과 군나르 뮈르달은 직원들의 참여도가 선진 경제에 굉장히 중요하다고 주장했다. 활력주의vitalism라고도 불리는 이 이론은 미국의 철학자인 윌리엄 제임스William James가 확립하고 프랑스의 앙리 베르그송Henri Bergson과 미국의 존 듀이John Deway가 속한 실용주의 학파와 관련이 깊다. 새로운 기술의 숙달과 개인이 가진 무한한 잠재력을 표현하기 위해 미국의 심리학자인 에이브러햄 매슬로Abraham Maslow는 '자아실현self-actualization', 그리고 존 롤스John Rawls는 '자기실현self-realization'이라는 개념을 만들어냈다. 이 두 미국 학자는 현대 사회에서 성취할 수 있는 자아실현은 대부분 직업을 통해 이뤄진다고 여겼다. 우리가 창으로 풍차를 찌를 수는 없겠지만, 직장에서 부딪히는 도전은 감당할 수 있다. 도전 의식을 불태우는 직업이 자아실현을 이루는 주된 희망이 아니라면 다른 무엇이 그런 역할을 할 수 있을까? 사회생활은 좋은 엄마가 되는 데도 도움이 된다.

협동조합주의 문화의 하나인 연대주의solidarism는 그런 개인의 발전 과정을 저해한다. 반물질주의가 부의 가치를 평가절하하고 소유한 재산을 증대하려는 개인의 가시적 노력에 눈살을 찌푸린다면, 연대주의는 공동체를 벗어나려는 개인의 시도를 용납하지 않는다. 연대주의 사회에서 눈에 띄려 하거나 공동체를 벗어나려고 애쓰는 사람은 미움을 받는다.

안타깝게도 케인스는 직업 경력에서 개인의 열정과 발전을 북돋는 혁신의 역할에 대해서는 전혀 일깨워주지 못했다. 그의 이런 면모는 『경제적 가능성』에 등장하는 잘 알려진 구절에서 여실히 드러난다.

"우리가 과거를 반추해보면 경제 문제, 다시 말해 생존을 위한 투쟁은 지금까지 늘 인류에게 가장 절박한 문제였다…. 만약 경제 문제가 해결 된다면 인류는 오랫동안 품어온 목적을 잃게 될 것이다. 그래서 사람들 은 인류의 역사가 창조된 이래로 처음으로 다음과 같은 실질적이고 영 구적인 문제에 봉착할 것이다. 경제적 압박에서 벗어나 얻은 자유를 어 떻게 누릴 것이고, 과학과 복리가 안겨줄 여가를 어떻게 채울 것이며, 어떻게 하면 인생을 더 현명하고 알차게 잘 살 수 있을까?"

"앞으로 다가올 시대에는 우리 안의 옛 아담의 세속적 본능이 너무 강 해져서, 이를 충분히 만족시키려면 다들 어느 정도는 일을 해야 할 것이 다…. 부의 축적이 사회에서 차지하는 중요도가 미미해지면…. 200년 동안 우리를 성가시게 했던 많은 가짜 도덕 원칙에서 벗어날 수 있다. 우리는 그런 가짜 규범들로 인해 인간의 가장 혐오스러운 특징을 가장 고매한 미덕으로 떠받들어 왔다."[15]

기본적으로 이 구절들의 어디에도 실용주의 학파의 지혜, 즉 윌리엄 제임스부터 존 듀이, 존 롤스, 또 아마르티아 센Amartya Sen 으로 이어진 혜안이 드러나지 않는다. 이는 곧 사람들은 해결해 야 할 새로운 문제나 개발해야 할 새로운 재능 같은 새로운 도전 을 통해 정신을 수양해야 한다는 것이다. 처음 가진 전제에 이런 결함이 있었기 때문에 케인스의 에세이는 앞으로 사람들이 아무 노력 없이도 단지 사물들을 즐기기 위해 배우게 될 것이라는 잘 못된 결론에 이르렀다.

하지만 설사 케인스가 인간에게는 정신을 자극하고 마음을 기울일 문제를 산출하는 시스템이 필요하다는 사실을 인식했다 할지라도 그는 여전히 그릇된 판단을 했을 것이다. 그는 기술 발전과 자본 심화 현상은 제대로 예견했지만, 그로 인해 흥미와 자극을 주는 직업을 원하는 사람이 계속 늘어날 것은 전혀 예상하지 못했다. 경제 체제가 사람들의 그런 경향을 막지 않는 한 흥미와 자극을 주는 일자리는 점점 더 늘어날 것이다. 따라서 만약 노동 연령층 중 일하지 않거나 일주일에 고작 몇 시간만 일하는 사람이 있다면 그들 다수는 선진 경제가 선사하는 특별한 포상을 맛볼 기회를 박탈당하는 꼴이 된다. 유일하게 설득력 있는 관점은 꾸준한 기술 발전 덕분에 점점 더 많은 직업이 변화와 도전 의식을 고취할 것이고, 오직 자본주의 경제만이 역동성을 통해 그것들을 만들어낼 수 있다는 것이다.

이제 우리는 케인스의 수수께끼라 불리는 문제에 답할 수도 있을 것이다. 그 수수께끼란 만약 우리가 프랭크 램지와 본질적으로 궤를 같이하는 케인스의 심리적, 경제적 틀을 받아들인다면 주당 노동시간은 케인스가 분명히 밝혔듯이 수 세기에 걸쳐 서서히 감소해 결국 0이 되어야 한다. 하지만 실제로는 그런 징후가 전혀 보이지 않는 상황이다. 일부 사회학자들의 비판처럼, 사실 미국의 주당 노동시간은 최근 몇십 년 동안 거의 줄지 않았다. 금융계와 법조계 종사자들이 늘어나면서 주당 평균 노동시간은 오히려 역전되기 시작해 지금보다 더 긴 균형 상태를 향해

5장·협동조합주의와 케인스 : 그의 성장 철학

나아갈지도 모른다. 결국 케인스의 수수께끼에 대한 답은 어디에서든 노동은 열등재가 아니라는 것이다. 업무량이 부담스러울 정도로 많은 경우에는 지엽적으로 열등할 수도 있지만 우리가 직업을 통해 얻을 수 있는 자극, 도전 의식, 개인적 발전 기회를 포기할 정도로 낮지는 않다. 일이 프랭크 램지의 주장처럼 '축복'을 향한 행진 끝에 사라지지 않았다는 사실은 사람들이 무엇을 원하고, 그에 따라 사회가 어디를 향해 나아가고 있는지(아직 그곳에 도달하지 않았다면)에 대한 케인스와 램지 이론이 잘못됐다는 것을 보여주는 강력한 증거이다.

협동조합주의의 유산

그럼에도, 케인스는 어떤 면에서 예언가적 사고를 보여주었다. 가장 큰 국가들을 포함한 대부분의 유럽 대륙 국가는 '선진국' 몇몇이 앞으로 치고 나갈 때마다 어떻게든 기술적으로 그들을 따라잡는 모습을 반복적으로 보여줬다. 하지만 이 국가들은 혁신, 직업 만족도, 직원 참여도에서는 계속해서 평균 이하에 머물고 있다. 결과적으로 출산율과 이민율, 사회 참여율과 실업률에 이르기까지 다양한 사회경제적 지표들은 협동조합주의 문화와 정책이 계속해서 유럽 대륙에 부정적인 영향력을 미치고 있다는 신호를 보낸다.

REVISITING
KEYNES

6장

케인스와 함께
백 투 더 퓨처

_리 오헤니언

| 리 오헤니언(Lee E. Ohanian) |
미국의 경제학자이자 칼럼니스트, 작가로 대공황과 통화 정책에 대한 연구로 유명하다. UCLA 경제학 교수이자 스탠퍼드대학교 후버연구소의 선임 연구원이다. 오헤니언은 여러 연방준비은행, 외국 중앙은행 및 국립과학재단의 고문을 역임했다.

대공황 초기에 케인스는 정책 자문가, 연구 경제학자, 경제 저널리스트로서 바쁜 나날을 보내던 와중에 짬을 내서 21세기에 펼쳐질 세계 경제의 지평을 제시하는 『우리 손자 손녀들이 누릴 경제적 가능성』을 집필했다. 1930년에 출간된 이 글에는 케인스의 아주 매력적이고도 독특한 면모가 드러난다. 그가 자신이 살던 때로부터 적어도 25년 후에나 등장할 현대적 경제 성장 이론을 이해하고 있었기 때문이다.

에세이에 등장하는 장기적 성장에 대한 그의 견해는 오늘날의 선도적 성장 이론과 상당히 비슷한데, 이런 유사성은 심지어 케인스의 이론 중 특히 유명하고 영향력이 강했던 경기 순환에 관한 이론보다 더 뚜렷하다. 선진국들의 지속적 성공에 대한 케인스의 양적, 질적 예측은 놀라울 정도로 정확했다. 케인스는 100년 후 경제를 기막힐 정도로 정확히 예측한 다음, 마치 사회학자나 사회 비평가처럼 경제 분야를 초월해 아주 폭넓은 주제들을 자유롭게 넘나든다. 하지만 이 지점에서 케인스는 인간 본

성에 대한 특유의 견해와 장기적으로 여가에 대한 소득 탄력성
이 소비 탄력성보다 훨씬 더 크다는 사실과 다른 관점을 제시하
며 과녁을 크게 벗어난다.

시대를 훨씬 앞서간 케인스의 성장 이론

경제 성장에 대한 현대 이론들(로버트 솔로(1956), 트레버 스완(1965), 데
이비드 카스(1965), 찰링 쿠프먼스(1965), 로버트 루카스(1988), 폴 로머(1990)
로 대표되는)은 기술 변화와 자본 축적이 주도하는 장기적 (균형 상
태) 성장의 기초를 제공하고 성장하는 경제를 위한 표준 경쟁 분권
화 개념을 제시한다. 기술 진보의 속도가 일정하다면, 그럴듯하게
제한된 단일 부문 성장 모델은 고유한 장기 성장 경로를 만들어내
고, 자본의 가치가 어떤 값이건 그 경로로 단조 수렴*한다. 현대
경제학자들은 현대적 성장 이론의 획기적 발전과 함께 200여 년
동안 축적된 대략적인 1인당 평균 성장률 데이터를 가지고 장기적
인 경제의 변화를 전문적으로 이해할 수 있었다. 그리고 이를 통
해 합리적이고 정확한 예측을 하게 되었다. 예컨대 에드워드 리머

---

* monotonic convergence: 경계가 있는 수열의 경우에 증가하는 수열은 최상위에 수렴
하고, 감소하는 수열은 최하위에서 수렴한다는 이론

Edward Leamer의 2004년 연구는 지난 40년간 실질 GDP가 약 3% 성장을 보이는 장기적인 추세선보다 3% 이상 오차를 보인 적이 없었다는 사실을 보여준다. 하지만 아무리 최신 성장 이론에 해박하다 할지라도, 요즘 경제학자 중에서 지금부터 100년 후의 경제를 진지하게 전망하려 드는 이가 있을까? 아마도 거의 없을 것이다. 하지만 케인스는 그렇게 했다. 케인스가 미래를 예측했을 당시의 경제 상황과 부족한 이론 도구들을 고려한다면 그의 예측은 놀랄 만큼 정확했다(솔직히 말하자면 너무 정확했다).

20세기 초의 다른 주요 경제학자들과 마찬가지로 케인스에게는 현대의 경제학자들처럼 장기적인 경제의 변화를 가늠할 이론이나 경험적 데이터가 부족했다. 오늘날 우리가 아는 성장 이론은 1930년대에 존재하지 않았다. 그 시대 경제학자들에게는 생산량이 장기적 추세에 가까워지는 균형 상태의 성장 경로를 자신 있게 예측할 만한 이론적 수단이 거의 없었다. 예를 들어 1930년대에 개발된 해로드-도마 성장 모델의 경우 시장 경제는 만성적으로 높은 실업률로 불안정할 것이고, 균형 상태는 불확실한 칼날 같다고 예측했다.

경제학자들이 경험적 관점에서 장기적 변화를 자신 있게 예측할 만한 지침도 거의 없었다. 케인스는 영국이 극심한 불황을 겪은 지 두 번째 10년째에 접어들고 있을 무렵『경제적 가능성』을 집필했다. 1930년에 1인당 실질 GDP는 평균 추세인 1.4%과 비교하면 1913년 수준보다 20% 이상 낮았고, 이전 10년의 전반

적인 추세보다 20% 가까이 낮았다. 게다가 노동시간은 1920년
대와 1930년대의 전체 평균보다 27%나 낮았다Cole and Ohanian, 2002.
모국은 10년 이상 참담한 경제 실적에 허덕이고, 나머지 세상에
는 이제 막 대공황이 엄습하고 있었지만 케인스는 어떻게든 낙
관적인 태도를 잃지 않았다.

> "거대한 경제 발전의 시대가 끝났다는 말이 여기저기서 심심찮게 들린
> 다. 생활 수준의 급속한 상승이 이제 둔화할 것이고… 나는 이러한 말들
> 이 현재 일어나고 있는 상황을 완전히 잘못 해석하고 있다고 믿는다….
> 경제 문제는 앞으로 100년 안에 해결될 것이다. 앞으로 100년 후에는
> 선진국의 생활 수준이 오늘날보다 4배에서 8배는 더 높아질 것으로 예
> 측한다."

1인당 소득이 1930년부터 2030년까지 4배에서 8배까지 증
가할 것이라는 케인스의 예측이 실현되었기 때문에(선진국의 1인
당 평균 성장률이 1.4~2.1%라는 점에서 매우 정확하게), 케인스가 말한
'경제 문제'는 지난 75년 동안 '선진국' 가정 대부분에서 분명 해
결되었다고 볼 수 있다. 게다가 지난 50년 동안의 급속한 경제
성장으로 다수의 동아시아 국가들이 부유해졌고, 케인스가 겨냥
한 100년이라는 예측 기간의 끝인 2030년까지는 지구촌의 나머
지 국민도 합당한 수준의 경제적 성공을 달성할 가능성이 상당
히 크다. 세계 인구의 약 40%를 차지하는 중국과 인도는 확실히

현대적 경제 성장 시대에 들어섰고, 그들의 1인당 국민소득은 2030년까지 2배 정도 증가할 것으로 전망된다.

케인스의 '손자 손녀' 세대 중 유일하게 가난을 면치 못할 이들은 아마도 아프리카와 중동 국민일 것이다. 하지만 1930년에는 그 누구도 이 두 지역이 향후 발전 과정에서 어떤 거대한 장애물을 만날지 예견하지 못했다. 이런 모험적 요소를 감안하면 케인스의 장기적인 예측은 합리적으로 기대할 수 있는 성공 가능성을 훌쩍 뛰어넘을 만큼 정확했다.

어떻게 케인스는 그렇게 '놀랍도록' 정확히 미래를 전망할 수 있었을까? 가장 중요한 이유는 그가 탁월한 성장 이론가에게 필요한 모든 자질을 갖추고 있었기 때문일 것이다. 『경제적 가능성』을 보면 케인스는 기술 발전, 자본 축적, 낮은 인구 증가율처럼 30년 후에나 알 수 있었을 법한 현대적 경제 성장 이론을 구성하는 핵심 요소들을 정교하게 이해하고 있었다. 게다가 케인스는 이런 요소들에 균형 상태인 탄탄한 성장 경로에 대한 확고한 전망을 결합했다.

1956년에 로버트 솔로의 논문이 등장하기 전까지는 해로드-도마 모델의 불안정한 성장 경로가 성장 이론을 지배했다는 점에서 케인스의 이런 분석은 무척 이례적이다. 또 선진국 경제가 1인당 소득 증가가 사실상 없었던 토머스 맬서스 시대에서 지속적인 경제 성장의 시대로 탈바꿈하는 과정을 설명하는 케인스의 논리는 현대의 성장 이론 및 경제잡지에나 나올 법하다.

"16세기에 시작돼 18세기에 박차를 가하며 과학과 기술 발명의 위대한 시대가 시작되었다…. 그 결과는 어땠을까? 세계 인구가 엄청나게 불어 났고… 유럽과 미국의 평균 생활 수준이 4배 정도 향상되었다…. 우리 가 살아 있는 동안 농업과 광업, 제조업에서 이뤄지는 모든 작업이 현재 인간 노동력의 4분의 1 정도로 완수될 것이다."

장기 성장에 대한 케인스의 관점은 노동력을 절감하는 기술 변화와 더불어 자본 축적의 역할을 필두로 한다는 점에서 현대 신고전파 경제학의 성장 이론과 정확히 일치한다. 성장 과정에 대한 그의 통찰력은 실로 놀랍기만 하다.

하지만 케인스가 1920년대와 1930년대에 전 세계를 강타한 공황을 세계대전 이후의 불가피한 조정 과정과 결부된 순전히 일시적인 현상으로 간주한 것을 보면, 그의 성공적인 예측에는 운도 조금 (혹은 조금보다 많이) 따랐던 것 같다. 반면에 주요 불황 들(1921년에 시작돼 제2차 세계대전 이후에도 지속됐던 영국의 불황을 포함 해)에 대한 최근 연구 결과는 이런 장기적인 경제 침체가 균형 상 태에 머무는 기간 및 생산성을 현저히 낮추는 정부의 잘못된 정 책 때문임을 보여준다. 이런 관점에서 보면 케인스는 1920년대 와 1930년대에 발생한 불황을 계기로 향후 선진국의 장기적 경 제 성과에 대해 의구심을 품었어야 했다. 하지만 그는 이런 정책 의 영향력을 간과했고, 영국의 불황과 미국 대공황을 노동 정책 과 무관한 일시적 현상으로 돌렸다.

"우리가 지금 겪는 고통은 급격한 변화로 인한 성장통이며, 경제적 시대의 변화에 따른 고통스러운 재조정 때문이다…. 세계의 금융과 통화 제도는 균형을 유지하기 위해 필요한 수준으로 이자율의 급속한 하락을 막아왔다."

물론 케인스에게는 개인적 판단을 내리는 데 지침으로 삼을 만한 현대적 이론이 없었다. 하지만 20세기 초반에 활동했던 다른 주요 경제학자들은 당시 정부가 채택한 정책들이 가져온 경제적 악영향을 분명히 알고 있었다. 1927년에 아서 피구Arthur Pigou는 정부의 정책들이 영국의 장기 불황에 어떤 영향을 미쳤는지 다음과 같이 설명했다.

"영국의 임금 수준은 한편으로는 정부가 정한 직접적인 조치의 결과지만, 또 한편으로는 노동자 조직이 실업보험 체계를 마련해서 임금 협상 능력을 키운 결과로 많은 분야에서 너무 높이 책정되었는데… 지난 6년간 실업률이 높아진 데에도 이러한 새로운 요인이 상당한 영향을 미쳤다."

더 일반적으로 보면 케인스는 노동과 저축에 대한 동기를 크게 바꾼 정부 정책들에 특별한 부작용이 없다는 입장이었다. 그는 1940년대에 영국이 자본 소득에 대한 과세를 크게 인상하고 자본세를 도입해야 한다고 주장했는데, 이는 1970년대 영국의 조세 정책에 지대한 영향을 주었다. 제2차 세계대전 초기에 존

힉스Sir John Hicks는 높은 소득세율을 두고 케인스와 설전을 벌였다. 그는 높은 세율이 자본 축적과 성장을 저해할 것이라고 주장했는데, 이에 케인스는 "친애하는 힉스, 나는 자네가 가정하는 것만큼 사람들이 보험통계적 인식을 갖고 있다고는 생각하지 않는다네." 케인스는 자본 축적이 세금과 무관하다는 견해에 기초하여 전쟁 중에는 자본 소득에 100% 세금을 부과하고, 전쟁 후에는 영구적으로 자본세를 도입해야 한다는 결론에 이르렀다Cooley & Ohanian, 1997.

케인스가 장기적인 경제 성장에 대해 상당히 낙관적이면서 아주 정확한 예측을 할 수 있었던 데에는 그가 정부 정책의 왜곡된 효과를 제대로 이해하지 못하고 경기 침체를 일시적인 충격으로 인식한 것이 큰 몫을 했다. 케인스의 예측은 믿을 수 없을 만큼 정확했지만, 그중 일부는 잘못된 판단을 통해 도출되었다. 선진국들이 궁극적으로 성장할 수 있었던 이유는 1920년대와 1930년대에 추진되었던 최악의 정부 정책들이 개정되거나 폐지되었기 때문이다. 영국의 실업급여 체계는 처음 도입됐을 때 심지어 하루만 일한 사람에게도 매우 넉넉한 실업급여를 무기한 제공했다. 하지만 이후 대대적인 개혁을 거쳤다. 1940년대에 도입된 100%에 가까웠던 자본세율도 1980년대 초에는 미국과 비슷한 수준으로 낮아졌다. 또 미국에서는 국가산업회복법National Industrial Recovery Act, 국가노동관계법National Labor Relations Act 같은 노동 정책이 제2차 세계대전 동안 루스벨트 대통령에 의해 폐지되거나 대법원에 의해 위헌 판결을 받았다. 만약 이런 정책들이 계속됐다면 오늘날 영국과 미국은 케인스가 예상했던 것보다 훨씬 더 가난했을 것이다.

여가의 '위기'는 서구 사회의 쇠퇴를 말하는가?

—

케인스에 따르면, 충분한 산출을 생산하는 것은 선진국이 당면한 핵심적인 문제가 아니었다. 진짜 '난제'는 사회가 충분히 부유해져서 물리적 소비에 싫증이 났을 때 소화해야 할 엄청난 양의 여가였다. 이런 케인스의 견해는 이전 50년간 선진국에서 성인 1인당 노동시간이 감소한 사실에 영향을 받았던 것 같다. 그래서 케인스에게 진짜 쟁점은 늘어나는 경제적 풍요 속에서 사람들의 '한가해진 손'을 놀릴 '해결책'을 찾는 것이었다. 케인스는 100년 후 주당 노동시간을 15시간 정도로 예측했고, 이는 1929년보다 일하는 시간이 3분의 2가량 줄어드는 셈이었다.

이런 전망치에 어떻게 도달했는지 케인스가 구체적으로 밝히지 않았으므로, 15시간이라는 숫자가 도대체 어떤 경제 이론이나 정량적 방법론으로 도출됐는지 의문이 들 수밖에 없다. 이 수치는 주당 노동시간이 줄어든 역사적 이력을 바탕으로 단순히 추정했을 때보다 훨씬 더 작기 때문이다. 1인당 노동시간은

1889년부터 1929년 사이에 미국에서 약 10%가 줄었고, 이 감소율을 1929년부터 2020년까지의 기간에 대입하면 23%가 더 떨어지는데, 이렇게 나온 숫자는 주당 노동시간이 3분의 2나 줄어든다는 케인스의 예측에 한참 못 미친다.

이 예측을 조명하는 동시에 케인스가 현대 성장 이론과 일치하는 예측을 했는지 구체적으로 확인하기 위해 나는 경제 모델 하나를 만들었다. 그리고 이 모델로 케인스가 말한 100년 동안의 기술 변화에 어떻게 반응하는지 시뮬레이션했다. 모델의 세부 내용은 6장 끝에 부록으로 실었지만 여기서 간단히 설명하자면 이렇다. 모델에서 생산 측은 노동과 자본이 투입돼 재화 하나를 생산하면 이것이 다시 소비와 투자로 분리되는 표준적인 규모수익불변CRS: Constant-Returns-to-Scale 함수의 특징을 갖는다. 노동 증진적인labour-augmenting 기술 진보*와 자본 축적이라는 모델의 특징은 케인스의 논점과 완전히 일치한다. 또한 표준함수이므로 시간이 지나면서 자본이 일정한 비율로 감가상각된다. 기술은 일정한 속도로 발전해 시간이 지나면서 부를 증가시킨다. 모델에서 가구household 측은 생산된 재화와 여가의 소비를 가치 있게 여기는 대표적인 가구를 가정한다. 또한 소비와 여가의 소득 탄력성을 결정하는 선호의 매개변수를 정량적으로 선택하기 위해

---

* 기술 진보에 따라 노동의 수요량이 증가하는 생산함수의 특징

1929년 이전에 관측됐던 노동시간 감소 데이터를 사용한다. 이렇게 하면 사회가 부유해질수록 여가가 늘어난다는 케인스의 전망에 맞게 모델을 조정하게 된다. 이렇게 해서 만들어진 모델을 돌리면 케인스가 고민했던 100년 동안 발생하는 노동시간의 변화를 추론할 수 있다.

이 모델의 해는 1930년부터 2030년까지 모델의 날짜별 내생변수(소비, 노동시간, 여가, 생산량, 투자)에 대한 일련의 비선형 방정식들을 풀이하여 결정된다. 이 모델에서는 닫힌 형태**의 해가 나오지 않고 모두 숫자로 풀이된다.

모델을 돌리면 실제 관측됐던 대로 1889년과 1929년 사이에 성인 1인당 노동시간이 감소하는 것으로 나오는데, 케인스가 예측했던 67%의 감소율과 비교하면 1929년부터 2006년 사이에는 노동시간이 40% 감소하고, 1929년부터 2029년 사이에는 54% 감소한다. 따라서 케인스의 예측치가 리얼 비즈니스 사이클real business cycle***이론가인 핀 키들랜드Finn Kydland와 프레스콧이 개발한 방법론을 토대로 만든 현대 성장 모델의 예측치와 상당히 비슷하다는 것을 알 수 있었다!

** closed form: 방정식의 해를 해석적으로 표현할 수 있는 종류의 문제를 일컫는 말로 2차 방정식의 근의 공식이 대표적인 예
*** 경기 변동이 수요 측 요인이 아니라 생산성 충격과 같은 공급 측 요인의 변화에 의해 발생하는 시장 균형의 결과라는 이론

물론 이 모델에서 기술 변화는 여가와 소비를 늘려 복지 수준을 높인다. 그러나 케인스는 부유층 여인들이 어떻게 그들의 시간을 사용하는지에 대한 관찰과 그런 활동의 가치에 대한 주관적 견해를 바탕으로 여가의 가치에 매우 특이한 견해를 제시했다.

"…부유층 부인들… 원래 해왔던 많은 임무를 빼앗긴 불운한 여성들… 은 그보다 더 즐거운 일도 찾지 못한다."

케인스는 이런 주장을 일반적인 방식으로 추론하면서 여가가 사실상 경제 성장의 폐단이라는 사적 견해를 분명히 밝혔다. "하지만 나는 두려움 없이 여가와 풍요의 시대를 고대하는 국가나 사람은 없다고 생각한다." 이 지점에서 케인스는 사회 비평가 역할을 자처한다. 그리고 사회 비평가로서 케인스는 자신의 추론이나 결론의 길잡이가 돼줄 어떤 관측이나 이론도 활용하지 않은 채 조금 휘청댄다. 그는 1920년대 영국의 부유층 여성들이 실제로 '불운했다'는 어떤 증거나 분석 결과를 제시하지 않았으며 그들의 여가가 생산적이지 않았다는 확신도 주지 못했다. 세상이 점점 부유해지면 시간이 지날수록 여가가 현격히 증가할 것이라는 예상 또한 적중하지 않았다. 현재 미국 및 영국인들의 노동시간은 30년 전보다 더 증가했고, 시간 배분을 연구하는 사회과학자 중 사람들이 여가의 가치를 소홀히 여긴다고 우려하는 이는 거의 없다.Schor, 1992.

짧은 에세이에 담긴 케인스의 사회 비평을 요즘 학자들의 구체적인 사회 분석 결과와 비교하는 것이 어쩌면 부당할지도 모른다. 하지만 비슷한 문제를 다룬 다른 학자들은 경제학, 사회학, 인류학 등 다양한 이론들을 결합하고 관측 데이터를 토대로 더 신중하게 연구 결과를 끌어냈다. 이는 연구의 신뢰성을 결정하는 중요한 특징이며, 그런 만큼 그들의 연구는 더 큰 영향력을 발휘했다. 예를 들어 소스타인 베블런은 1899년 글에서 '신분'이 경제 활동을 주도한다고 주장했다. 그리고 다양한 문화에서 수집된 시기별 사회경제적 데이터로 자신의 견해를 뒷받침했다. 베블런의 연구는 사회학 분야는 물론이고 신고전파 경제학에도 오랫동안 영향을 미쳤다_{Cole, Mailath, and Postlewaith, 1992}. 특히 베블런의 관측과 분석은 상품과 서비스의 교환을 순전히 시장 중심으로 논하는 신고전파 경제학의 접근법에 반기를 든다는 점에서 상당히 흥미롭게 인식돼 왔다.

해롤드 콜_{Harold L. Cole}, 조지 마일라스_{George J. Mailath}, 앤드류 포슬웨이트_{Andrew Postlewaite}는 '지위'와 '우위'라는 까다로운 개념을 신고전파 경제학 모델에 공식적으로 결합하고 이를 통해 비시장 상품의 배분에 관한 연구를 수행한 최초의 학자들이었다. 이들은 개인의 지위를 비시장 부문에서 성공을 좌우하는 서열 장치로 해석했고, 비시장 부문의 존재가 사회에서 내생적으로 상대적 지위에 대한 수요를 만들어낼 수 있다는 것을 보여주었다. 케인스는 이론과 관측 결과를 흥미로운 방식으로 녹여내 최고의 업적을 냈지만, 유한계급에 대한 자신의 논리를 뒷받침하는 데 어떤 이론적, 경험적 도구도 활용하지 않았으므로 현상에 대한 그의 분석과 예측은 과녁을 크게 빗나가고 말았다.

결론

『경제적 가능성』은 케인스만의 특이한 관점을 제시한다. 이 에세이에서 케인스는 솔로와 스완이 그들의 경제 성장 모델을 발전시키기 25년 전에 이미 그런 이론들의 근거와 시사점을 현명하고 명확하게 설명하면서 성장 이론가로서 엄청난 잠재력을 가진 천재 경제학자의 면모를 보여준다. 만약 케인스가 성장이라는 주제를 더 진지하게 파고들었다면 성장 이론과 성장 경제학의 역사가 어떻게 달라졌을지 상상하는 것도 흥미롭다. 만약 그랬다면 우리는 신고전파 경제학의 성장 이론뿐 아니라 키들랜드와 프레스콧이 발전시킨 방법론도 훨씬 더 일찍 접할 수 있었을 것이다.

또한 『경제적 가능성』은 비판적인 사회 논평가다운 케인스의 모습을 보여준다. 그는 미래에는 부유함이 비생산적인 여가생활과 불행을 낳을 수 있다는 두려움 속에 경제학자의 권위를 빌려 청교도적 미래상을 제시한다. 오늘날 우리는 그의 전망처럼 경제적 부유함 속에 살고 있지만, 미국 같은 선진국 국민은 그가 예상했던 것보다 훨씬 더 오래 일한다. 게다가 유럽 사람들의 노동시간이 지난 40년에 걸쳐 짧아진 이유는 부의 증대 때문이 아니라 세금 인상과 노동시장에 대한 다양한 제약 및 급여 프로그램 때문이다.Prescott(2002), Ohanian, Raffo and Rogerson(2006), Ljungqvist and Sargent(1988).

역설적이지만 케인스는 노동, 소비 그리고 투자 등에 대한 유인을 변경하는 정책들이 사람들로 하여금 비시장 활동에 참여하도록 하지는 않을 것이라고 주장했다. 게다가 케인스가 21세기에 실현된다고 예견했던 여가로 가득한 세상은 아직 실현될 조짐이 전혀 없다. 그래서 높은 여가 수준이 우리 삶에 어떤 영향을 미칠지는 아직 미지수다. 나도 우리 사회가 충분히 부유해져서 개인이 원하면 여가를 더 쓸 수 있는 사회가 되기를 바란다. 하지만 여가의 선택이 노동과 저축의 유인을 억누르는 정부 정책에 의해 결정되지는 않았으면 한다.

[부록] 경제 모델

성장과 여가에 대한 케인스의 견해를 잘 보여주는 경제 모델은 다음과 같이 제약 조건들이 결부된 극대화 문제maximization problem[*]로 나타낼 수 있다. 이때 표본 가구는 생애 효용의 할인된 합을 극대화한다.

$$max \sum_{t=0}^{\infty} \beta^t \{u(c_t)-v(h_t)\}$$

극대화 문제에는 다음과 같은 일련의 제약 조건이 따른다.

$$F(k_t, x_t h_t) = c_t + i_t$$
$$i_t = k_{t+1} - (1-\delta)k_t$$
$$x_{t+1} = (1 + \gamma)x_t$$

β는 가구의 미래 효용의 할인율, c는 소비, h는 노동시간, x는 장기적 기술 변화, γ는 기술 성장률, i는 투자, k는 자본, F는 규모수익불변 기술(자본금이 θ인 코브–더글라스Cobb-Douglas 효용함수로 가정), 그리고 δ는 감가상각률이다.

---

[*]   maximization problem: 목적 함수의 값을 극대화하는 독립 변수의 값을 찾는 것

이 모델은 일반적으로 안정적인 성장 선호를 매개변수로 하므로 노동시간은 정상 상태 성장 경로를 따라 일정하다. 안정적인 성장을 위해서는 소비와 여가의 대체 탄력성이 1이어야_{unit substitution elasticity} 한다. 소비와 여가가 분리 가능한 효용 관계에 있으려면 소비의 선호는 로그함수이어야 하고 v(h)는 볼록함수여야 한다. 하지만 케인스는 안정적 성장 대신 부의 증가에 따라 노동시간이 감소한다고 여겼다.

케인스의 견해를 반영하려면, 선호가 다음과 같다고 가정해야 한다.

$$u(c) - v(h) = -(c_t - \bar{c})^2 - \eta \frac{h_t^{1+\psi}}{1+\psi}$$

이 조건에서는 시간이 흘러 기술이 진보하고 소비가 블리스 포인트_{bliss point}, 즉 더없이 행복한 상태인 $\bar{c}$에 도달하면 더 많은 여가가 나타난다. 이 모델에서 시간에 따른 노동시간의 변화를 결정하는 핵심 매개변수는 블리스 포인트 값, 곡률 매개변수(ψ), 규모의 매개변수(η), 기술 진보의 성장률(γ)이다.

케인스는 암묵적으로 연간 기술 성장률을 1.4~2.1%로 예측했기 때문에 나는 γ값을 이 범위의 중간값인 1.75%로 정했다. 매개변수 ψ는 노동공급 탄력성을 결정한다.

나는 노동공급 탄력성이 2라고 가정했는데, 이는 이 모델을 적용한 다른 연구에서 가정한 값과 일치한다. 모델이 주어진 기술 변화 속도에 따라 1889년과 1929년에 미국에서 관측된 노동시간을 생성하도록 블리스 포인트($\bar{c}$)와 η의 값들을 선택했다. 1889년을 시작 시점으로 정한 이유는 존 켄드릭John Kendrick, 1961이 생산성 추세 연구를 목적으로 미국에서 총 노동시간을 수집하기 시점이 1889년이었기 때문이다. 나머지 매개변수는 할인율(β)과 감가상각률(δ)이다. 이 숫자들은 각각 0.96과 0.06이라는 표준 값으로 설정했다.

"예상되는 일은 결코 일어나지 않는다.
일은 항상 예기치 못할 때 일어난다."

- 존 메이너드 케인스

REVISITING
KEYNES

버터 위에 빵을
얇게 펴 바르기

_ 악셀 레이욘휘브드

| 악셀 레이욘후부드(Axel Leijonhufvud) |

스웨덴의 경제학자이자 UCLA 명예교수, 이탈리아 트렌토대학의 교수를 역임했다. 레이욘후부드는 거시경제 통화 이론에 대한 연구에 집중했다. 저서 『On Keynesian Economics and the Economics of Keynes(케인스학파의 경제학과 케인스의 경제학)』(1968)에서 그는 케인스 경제학자들의 케인스 경제학 이론 해석에 대해 비판했다.

복리의 힘은 거부할 수 없는 심리 작용을 유도한다. 누구나 가끔 그 힘에 굴복한다. 복리의 힘은 전방으로도 후방으로도 작동할 수 있다. 후방으로 작동한 사례로는 네덜란드가 푼돈으로 인디언에게서 맨해튼을 산 일을 들 수 있다. 케인스는 이와 비슷한 예로 오래전 프랜시스 드레이크가 약탈로 번 돈 중 엘리자베스 여왕이 차지한 몫으로 시작한 영국의 해외 투자를 들었다. 복리의 힘이 전방으로 작용한 예로는 출처는 불분명하지만 인구통계학 콘퍼런스에 참석한 한 수학자의 이야기를 들 수 있다. 회의에서 다른 모든 참석자는 인구가 2%씩 증가할 때 100년 후 일어날 사태에 대해 탄식하고 있었지만 수학자는 이렇게 말했다.

"제 계산으로는, 그리고 아담과 이브가 살았던 성경의 날짜를 감안하면 현재 지구는 지름이 1광년이고 빛의 속도로 팽창해나가는 단단한 살덩어리와 같습니다."

복리가 역방향으로 작용할 때, 인간에게는 대략적이긴 하지만 일종의 역사적 감각이 있어서 자신에게 중대한 문제가 결정되고 있다거나 누군가 자신을 속이고 있다고 판단할 수 있다. 복리를 현재 시점에서 전방으로 작용하도록 하기는 더 까다롭다. 케인스에게는 인간의 미래는 알 수 없고, 먼 미래는 더더욱 알 수 없다는 믿음이 있었다. 그는 인간의 합리적 선택 능력이 아무리 보험 계산 같은 장치들로 강화될 수 있다고 해도 존재론적 무지 앞에서는 아무 소용이 없다고 생각했다. 그는 인간이 알 수 없는 미래를 다룰 때 관습에 의존한다는 입장을 견지했다. 사람들이 생명보험에 가입하거나, 30년 담보로 집을 사는 이유는 그런 행위가 신중하다고 여기기 때문이다.

그런 케인스도 자신보다 2~3세대 후 사람들의 경제 상황을 전망하려는 무분별한 생각에 빠지게 되면서,[1] 자신이 갖고 있던 정신적 관습 일부를 우리에게 보여주었다. 예를 들어 영국의 다른 애국자들처럼 그는 대영제국이 여전히 건재할 때 드레이크가 약탈물을 '공명정대하게' 훔쳤다고 여겼다는 것이 분명하다. (더 현대적 감성을 가진 사람이었다면 그 약탈물을 스페인이 됐건 다른 나라가 됐건 원래 주인에게 상환해야 할 가능성 때문에 불안을 느꼈을 것이다. 그것도 당연히 복리로 말이다.)

케인스는 실질소득이 1930년의 4배가 된다면, 평균 수준의 지각이 있는 소비자가 어떤 행동을 할 것인지 자문했다. 이는 사실상 소득 탄력성의 문제이다. 케인스와 동세대 경제학자들에게는 활용할 수 있는 경험적 데이터가 별로 없었지만, 그들도 엥겔 곡선에 대해서는 조금 알고 있었다. 이 곡선을 통해 소비자의 욕구에는 계층이 있다는 것을 알게 되었다. 케인스는 소비자가 가진 '기본 욕구'는 당연히 쉽게 충족될 것으로 믿었다. 그는 이런 '기본 욕구'가 의식주로 구성된다고 생각했을 것이다. 그가 미래에는 평범한 사람들도 '자동차'를 소유할 것으로 상상했는지는 알 수 없다. 하지만 현대인들이 그들의 현대적 기본 욕구를 동시에 행사할 때 출퇴근 시간에 런던이나 LA가 어떤 모습일지는 전혀 예상하지 못했을 것이다.

기본 욕구에 대한 케인스의 예측은 대략 적중했다. 1930년에 미국 가구들은 전체 지출액의 25.7%를 식비로 썼다. 2000년이 되면 식비 비중은 13.7%로 거의 절반으로 줄어들었다. 1950년에 미국 가구가 지출하는 전체 비용 중 11.4%를 차지했던 의류비는 70년 후 4.4%로 감소한다. 주거지 지출 비용은 16%에서 15%로 변해 큰 차이가 없지만 자동차와 휘발유, 교통비 비중은 15.8%에서 12.7%로 줄었다. 물론 미국인들은 전반적으로 그들의 조부모 세대보다 더 잘 먹고(적어도 더 충분히 먹고), 더 잘 입으며, 더 좋은 집에서 살고, 이동성도 훨씬 좋아졌다.[2]

일단 기본 욕구가 충족되면 그 범주에 속하는 상품은 열등해진다. 소득이 증가하면 그런 열등재에 지출되는 비율이 감소하는데, 필수재 성격이 약한 상품의 소비는 일정 수준으로 계속 건재하지만 그런 상품들도 결국은 열등해진다. 그런 점에서 소득 증가에 따른 일반적인 조정 원리는 '버터 위에 빵을 얇게 펴 바르는' 것과 같다. 케인스 시대에는 실질소득이 증가하면 같은 욕구 계층에 속한 상품군들은 차례로 열등재가 된다는 것이 보편적인 인식이었다. 케인스는 『일반이론』에서 소득이 증가하면서 소득 중 소비로 나가는 돈의 비율이 감소할 것으로 추정하면서[3] 그런 표준 추론을 총소비 함수로 확대 적용했다. 하지만 이는 살얼음판처럼 위태로운 논리였다.

케인스는 살얼음판으로 한 걸음 더 나아가, 앞으로 2~3세대 후에는 소득(생필품에 대한 구매력)의 한계 효용이 아주 낮아질 것이고, 노동의 유인 또한 마찬가지일 것이라고 주장했다. 따라서 케인스에게는 사람들이 일주일에 15시간만 일하면서 그렇게 번 돈의 상당분을 저축할 것이라는 가정이 타당했다. 물론 케인스와 그의 친구들, 또 동료 학자들은 '현명하고 기쁘게 잘사는' 방법을 알고 있었지만, 소득과 한가함이 '평범한 사람'에게 미칠 영향력을 생각하자 '노심초사'했다. 부유층에 속한 '불운한 여성'들이 한가한 시간을 어떻게 보낼지 몰라 '신경쇠약'에 걸린 것처럼, 그런 질병이 평범한 사람들까지 덮칠 수도 있었다.

케인스 자신이 속한 계층, 성별, 시대, 지역을 중심으로 현상을 해석한 그의 태도에는 인류와 역사에 대한 이해가 조금은 반영됐을 것이다.[4] 하지만 경제학자들이 정말 흥미롭게 여겨야 할 점은 케인스가 얼마나 많은 것을 놓쳤고, 또 얼마나 많이 틀렸나 하는 것이다. 이는 케인스가 어느 모로 보나 경제학에 크게 공헌한 역사상 가장 지적인 인물 중 한 명이고, 그의 추론이 단순하지만 탄탄한 모델을 바탕으로 했기 때문에 더욱 흥미롭다. 이는 존재론적 불확실성이 무엇을 의미하는지 우리에게 교훈을 준다. 결국 그 누구든 현재를 기준으로 미래를 전망하는 일에 있어서 케인스보다 더 잘할 수 있다고 생각하기는 어려울지도 모른다.

오늘날 미국 사회는 주당 노동시간, 여가, 저축 비용과 관련해 케인스가 내다본 미래와 기이한 대조를 보인다. 부모가 모두 맞벌이를 하는데도 수입을 모조리 써버리는 가정이 흔하다. 사람들은 사회보장제도의 미래와 기업연금의 지급 능력에 대해서는 의구심을 품으면서도 직접 저축할 정도로 미래를 걱정하지는 않는다. 그래도 유럽은 케인스가 그렸던 모습에 더 가까워 보인다. 1960년대 이후로 성인 1인당 노동시간이 상당히 줄었기 때문이다.[5] 가령 이탈리아는 미국보다 여성의 노동 참여율이 낮고, 더 적은 시간을 일하며, 휴가일수는 더 많고, 은퇴 연령은 더 낮다. 그들은 또한 음식과 그에 수반되는 대화를 더 많이 즐긴다. 미국인들은 이 모든 현상이 높은 세율이나 효율성과 역동적 성장을 가로막는 정부 정책 및 집단 행위로 인한 '유럽 경화증*'의 또 다른 사례라고 말하며 편견 어린 시선으로 바라보는 경향이 있다.[6]

과연 "무엇이 새미를 달리게 하는 걸까?"** 케인스는 인구통

---

* Eurosclerosis: 1970년대 유럽 경제가 침체한 상황을 빗댄 말

** 1941년에 출간된 버드 슐버그(Budd Schuberg)의 소설 『What makes Sammy run?』을 빗댄 표현이다. 뉴욕 슬럼가에서 태어나 오직 성공하기 위해 기만과 배신도 불사하며 삶을 달려 마침내 할리우드의 거물이 되는 새미 글릭의 이야기

계학적 측면을 그다지 고려하지 않았다. 1930년에 미래에는 퇴행성 증상들이 발병하는 평균 연령이 높아질 뿐 아니라, 여러 질병의 발생률이 급격히 감소한다는 것을 예측하기란 완전히 불가능했을 것이다. 마찬가지로 자신의 증손자 세대의 수명이 늘어날 것은 예상할 수 있다 하더라도 구체적으로 얼마나 오래 살지는 몰랐을 것이다. 모든 소비가 결국에는 열등해질 것이라는 예측에서 그가 놓친 가장 우월한 상품은 의료 관리이다. 미국의 의료비 지출 비율은 1930년에 전체의 3.4%였지만 2000년이 되면 15.2%로 급증한다.[7] 대부분의 선진국에서 국민소득 중 의료비가 차지하는 비율이 빠르게 증가하고 있고, 적어도 미국에서 의료비와 의료 보험비 상승은 사람들이 계속해서 일하는 강한 동기가 된다.

게으름은 케인스가 두려워했던 재앙이 되지 않았다. 케인스는 사람들이 훨씬 더 많은 여가를 소비하게 될 것으로 예측하면서도 그에 따라 여가 비용이 상승함으로써 노동시간의 대체효과가 4배 높아질 수 있다는 사실은 간과했다.

이 내용은 나의 동료 학자인 스테판 부렌스탐 린더Staffan Burenstam-Linder가 쓴 『곤경에 처한 유한계급The Harried Leisure Class』에 더 잘 설명돼 있다.[8] 오늘날 미국의 '불운한 여성(혹은 그녀만큼 불운한 그녀의 남편)'이 비자발적인 게으름으로 인해 신경쇠약을 겪을 가능성은 낮다. 하지만 정규직 일을 하면서 예전 같으면 동네 공원에서 혼자서 자유롭게 뛰어놀았을 아이들을 체계적으로 짜인 여러 방과 활동을 위해 실어 나르는 '기본 욕구'까지 채우느라 스트레스를 얻고 신경쇠약에 걸릴 가능성은 크다.

1인당 국민총생산GNP을 가지고 국가 간 후생을 비교한 데이터는 국민 총비용을 감안하지 않는다. 소비자물가지수CPI로 1인당 (혹은 가구당) 소득을 보정하면 실질소비 가능 소득을 산출할 수 있다. 그러나 가계 수입의 상당분이 재량적인 소비*와는 성격이 다르면서 애초에 그 소득을 벌기 위한 '투입물'에 해당하는 활동이나 서비스에 지출된다. 미국의 많은 가정에서 세컨드 카는 차량 유지비나 출퇴근 시간과 마찬가지로 분명 그런 범주에 속한다. 또한 최근 몇 년간 기업들이 달성한 다양한 비용 절감 효율성은 고객을 위해 투입됐던 금전적 비용을 줄이면서 시간과 번거로움까지 동일한 대표적 주체[9](즉 고객)에게 전가하여 일반적인 실질소득이 후생 수준을 과대평가하는 결과를 낳는다.

케인스는 일반적인 소비를 경제적 노력을 추구하는 동기로 여겼을 뿐만 아니라, 또 다른 종류의 '욕구'를 특정했다. 바로 "충족됐을 때 타인에 대한 우월감이 생기는 상대적 욕구"이다. 이런 과시적 소비가 얼마나 중요한지는 단정하기 어렵고, 케인스 또한 이 욕구를 자세히 다루지는 않았다. 상대적 욕구와 꽤 비슷하지만 비도덕적인 측면은 다소 약한 동기로 동료들의 존경을 얻고자

---

* 생활 필수품과 달리 가구, 전자제품, 양복, 과자같이 개인의 선택에 의한 소비

하는 욕구가 있는데, 실질소득의 상승은 이 욕구가 달성되는 조건을 변화시킨다. 그리 오래전도 아니지만 과거에는 안정적인 직장을 갖고, 가정을 꾸리고, 가족을 잘 부양하는 것만으로 지역사회의 존경을 받기에 충분했다. 하지만 요즘에는 이 정도는 아주 쉽게 달성할 수 있기에 젊은이들은 또래 집단 안에서 자신의 존재를 각인시키기 위해 다른 삶의 목표와 방법들을 찾는다.

우리 시대에 일어나는 모든 급속한 문화적 변화를 경제 문제로만 설명하는 것은 어리석은 일이다. 하지만 실질소득이 증가하면 기본 욕구 충족이 우선시됐을 때는 좀처럼 가능하지 않았던 새로운 행동 패턴이 나타날 수 있다. 예컨대 높은 사생아 출산율은 핵가족을 기본 경제 조직으로 삼는 사회와 양립할 수 없다. 그런데 철저하게 경제적 측면으로만 보면 고소득 사회에서 안정적인 가정이 없어도 사는 데 전혀 지장이 없다.

오랜 문화적 전통과 다소 동떨어진 독특한 '청년 문화'의 등장도 케인스의 손자 손녀 세대의 경제적 가능성이 실현됐다는 단편적인 증거이다. 게다가 청년 문화가 대중문화의 진화 방향을 일반적으로 설정하는 상황을 고려할 때 케인스가 생각한 "일생을 현명하고 기쁘게 잘사는" 방법과는 좀 다른 방향이 나타났다.

케인스와 같은 계층 및 세대에 속한 사람들은 경제 발전을 통해 하위 계층이 부르주아 계층의 문화적 가치에 동화되어야 한다고 생각하는 경향이 있었고, 그 과정을 보조하기 위해 다양한 교육 기관이 일시에 설립되었다. 물론 케인스는 당시 부르주아

층의 문화가 탈바꿈해 블룸즈버리가 꿈꾸던 방향으로 진화해나 가길 바랐다. 그렇다고 중산층이 빈민가 취향을 따를 것이라고 상상하지는 않았을 것이다.

케인스는 "점점 더 많은 계층과 집단"이 "경제적 필요성의 문제"에서 벗어날 때를 고대하고 있었다. 케인스는 "상대적 욕구"는 "만족시킬 수 없다"고 말했지만, 그때가 되면 사람들이 "개인이 이웃에 대해 갖는 의무의 본질"이 변할 것임을 인식할 것이라고 생각했다. 과연 불경한 자의 경건한 희망이라고 할 만하다!

사람들이 단순히 실질소득이 아니라 '상대적 욕구'에 의해 동기부여를 받는 정도는 실질소득 스펙트럼의 양 끝단에서 명확히 나타나는데, 이는 청년들의 또래 집단뿐 아니라 기업계에서도 더 높은 자리에 오르려 서로 경쟁하는 모습을 보면 알 수 있다. 요즘 신흥 경영인 계층이 벌어들이는, 입이 떡 벌어지는 수준의 소득은 명시적 한계 생산물이나 사회적 기여도와 별로 관련이 없다. 게다가 이런 고소득 수혜자들에게는 여유시간이 한정돼 있어서 상대적 지위를 누리는 것 외에는 다른 방식으로 수입을 지출하기 어렵다. 하지만 이 계층은 특권의식이 강하고, 최근에는 사실상 더 강해진 것 같다. 소득 분포의 위꼬리가 길어지면서 특권의식이 상금 분배를 결정하는 경쟁의 논리가 되었고, 경쟁의 승자는 패배자들을 동정해야 할 의무감을 별로 느끼지 않는다.

스타 시스템이 학계뿐 아니라 다른 직종으로 확산되면서 비슷한 경향이 나타나고 있다. 불평등에 대한 수용도가 높아지는 것도 1인당 소득 증가의 또 다른 결과일 것이다. 저소득층의 '기본 욕구'가 충족되고 비만이 배고픔보다 더 큰 문제로 인식되면서 상류층은 그들이 가진 거대한 재력을 부끄러워하지 않고 더 쉽게 즐기게 되었다.

케인스의 에세이가 출간됐을 즈음에는 대공황이 심화되고 있었다. 영국은 금본위제로 복귀한 1925년 이후로 심각한 경기 침체에 빠졌다. 에세이가 집필된 시기를 고려한다면 미래에 대한 케인스의 낙관론은 주목할 만하다. 케인스는 불황을 "우리가 저지른 참담한 과실"의 결과로 여겼다. 영국이 겪는 역경은 "처칠 경제가 낳은 결과"였다. 몇 년 후 발생한 사건들을 통해 그는 자본주의 경제 체제에는 충격이나 잘못된 정책에는 자정 능력이나 회복 능력이 없고, 뭔가 뿌리 깊은 문제가 있다는 한층 더 절망적인 시각을 품게 되었다.

『일반이론』의 비관적인 시각에서 저축은 더 이상 경제 발전을 촉진하는 자본주의의 미덕이 아니고 어느새 지나치게 불어나 영구적인 불황으로 이어지는 악덕이 된다. 불황은 10년이나 더 지속됐고, 뒤이어 케인스가 그토록 피하고 싶었던 두 번째 '유럽 전쟁'마저 터졌다. 다만 신기한 일은 그가 오랫동안 고수했던 경제 성장에 대한 낙관론이 정당한 것으로 증명됐다는 점이다. 오늘날 우리는 복리의 힘으로 케인스가 기대했던 것보다 더 부유해졌다. 게다가 경제 발전은 케인스가 '인류'의 경제 문제가 해결될 것으로 예언했을 당시에는 관심도 없었던 세계 곳곳으로 퍼

　　　　　　　　　　　　　　7장 • 버터 위에 빵을 얇게 펴 바르기

져나갔다. 그로서는 수십억 명의 사람들이 전 세계적 차원의 분업에 휩쓸리게 될 것이라고는 상상하지 못했을 것이다.

그러나 케인스는 자기 세대의 번영이 그 이전에 이행된 자본 축적 덕분이라고 믿었던 것처럼 이런 복리적 성장이 자본 축적으로 추동될 것이라고 믿었다. 오늘날의 우리는 그 비밀이 전부 솔로 잔차*에 있다는 것을 알고 있다. 문제는 무엇이 솔로 잔차에 해당하는지 모른다는 것이다. 하지만 "광업, 제조업, 운송업에서 이미 벌어지고 있는" 급격한 생산성 증대가 조만간 농업에서도 일어날 것이라는 케인스의 예상은 적중했다. 케인스의 예측이 있은 지 75년 후인 지금, 노동 가능 인구의 비율에 있어서 농업의 전철을 밟고 있는 분야는 바로 제조업이다. 우리의 손자 손녀 세대 중 조립라인에서 일하는 근로자 수는 오늘날의 농부 수를 넘지 못할 것으로 보이기 때문이다.

100년 후에 대한 케인스의 예측 중 지난 75년을 기준으로 보면 적중한 것이 많지 않다. 케인스의 태도가 생각보다 진지했다는 증거가 없었다면,[10] 이 에세이는 그저 케인스가 도발적인 의도로 장난삼아 쓴 글이라고 변명할 사람도 있을 것이다. 하지만 논문이 흥미로운 이유는 반증 가능한 명제들 때문이며, 케인스

---

* Solow residual: 산출량의 변화 중 노동이나 자본의 변화로 설명되지 않는 부분으로 총 요소 생산성(total factor productivity)이라고 불리기도 한다.

227

의 에세이도 거기에 실린 많은 예측이 잘못된 것으로 판명됐기에 그만큼 흥미로운 것이다.

누군가는 케인스의 글을 로버트 루카스Robert Lucas가 미국경제협회American Economic Association에서 했던 주재 연설[11]과 비교할지도 모른다. 그도 복리의 힘을 꽤나 강조했었다. 루카스는 "이제는 경제 침체 문제가 해결됐기 때문에"[12] 거시경제학자들의 시각이 경제 안정화에서 성장으로 전환되어야 한다고 주장했다. 성장률이 조금만 높아져도 "40년이나 50년이 지나면" 후생에 괄목할 만한 변화가 일어나 완전 고용 경제에서 산출의 주기적 변동으로 발생하는 비용을 완전히 흡수할 수 있다는 것이다. 하지만 그는 이런 경제적 후생이 미래에 구체적으로 어떤 형태로 구현될지는 설명하지 않았다. 그저 증가하는 소비량을 시간으로 적분했을 뿐이다. 그에 비해 케인스는 독자들에게 생각할 거리를 더 많이 제시했다.

내 위대한 친구인 로버트 클로어Robert Clower는 경제학자들이 "치과의사처럼 겸손하고 유능한 존재"로 인식되길 바라는 케인스의 마지막 문장을 즐겨 인용한다. 케인스가 이 말을 두 번이나 한 것으로 미루어 보면 그는 이 말이 날카로우면서도 꽤 재치 있다고 여겼던 것 같다(물론 케인스와 클로어 모두 이런 희망 사항의 절반도 이행하지 못했다). 케인스 시대 이후로 경제학자들은 의심할 여지 없이 여러 방면에서 (모든 영역은 아닐지라도) 역량을 키워왔다. 다만 겸손은 아직 부족해 보인다.

7장 · 버터 위에 빵을 얇게 펴 바르기

"시장은 합리적인 이유가 아니라 동물의 영혼으로 움직인다."

- 존 메이너드 케인스

REVISITING
KEYNES

역사적 맥락으로
본 경제적 행복

_ 벤저민 프리드먼

| 벤저민 프리드먼(Benjamin M. Friedman) |
하버드대학의 정치경제학 교수이며, 경제학과의 학과장을 지냈다. 그는 『Day of Reckoning: The Consequences of American Economic Policy Under Reagan and After』로 경제학계의 뛰어난 저작에 수여하는 조지 S. 에클스 상(George S. Eccless Prize), 경제학계에서 거둔 성과와 경제학 교수로서의 역량을 인정받아 John R. Commons 상을 수상했다. 또한 오랫동안 『브리태니커 백과사전』의 편집 위원이자 이사였다.

지금 우리는 증조부 세대보다 더 잘 살고 있을까? 우리는 그들의 삶보다 더 행복하고 만족스러운 삶을 영위하고 있을까? 또한 우리의 증손주 세대는 지금보다 더 행복하고 만족스러운 삶을 살 것 같은가? 요컨대 인류는 정말 진보하고 있을까? 또 그렇다면 그런 진보는 한 세대에서 다음 세대로 이어지고 있을까?

오늘날 경제 선진국에서 사는 시민이라면 대부분 이 문제에 대해 현대 의학의 발전을 먼저 거론할 것이다. 유아 사망률이 현저히 낮아졌다는 점에서 우리 삶은 나아졌고, 분명 더 행복해졌다. 천연두나 소아마비처럼 수백만 명의 목숨을 앗아가거나 불구로 만들었던 질병 대부분을 이제는 예방하고 퇴치할 수 있게 됐다는 사실도 중요하다. 페니실린 같은 현대 약물을 발견한 이후 한때는 생명을 위협했던 수많은 감염병이 이제는 좀 불편한 증상 정도로 인식되고 있다.[1] 이제는 암도 수술이나 화학 요법, 방사선 치료로 효과적으로 치료되는 경우가 많다. 설사 다른 증거가 없어도 이것만으로 인류가 진보하고 있다고 분명히 말할 수 있다.

그러나 의학 발전을 빼면 우리가 근본적으로 더 잘살게 됐다는 주장을 확실히 입증하기는 어렵다. 물론 우리가 사는 세계에 대한 광범위한 지식뿐 아니라 신기술이 적용된 수많은 분야에서 달성한 발전을 생각하면 우리가 과학적으로 진보한 것은 사실이다. 하지만 아원자 입자나 세포의 핵, 또는 우주의 나이와 크기를 알게 됐기에 일반 시민들이 더 행복해졌다고 주장하는 사람은 아마 거의 없을 것이다. 마찬가지로 다른 나라로 빠르게 이동하고, 지구촌 반대편에서 일어나고 있는 (또는 일어난) 사건을 텔레비전으로 보고, 겨울에 너무 춥지도 않고 여름에 너무 덥지도 않은 집에서 사는 기회를 포기할 사람이 거의 없을지라도, 이런 혜택들로 인해 우리 삶이 정말로 더 만족스러워졌다고 말하기는 어려울 것이다.

우리 증조부 세대가 이런 발전을 전혀 접하지 못했다고 해서 그들이 우리보다 덜 행복했을까? 또 우리가 머릿속에 그리는 이런 발전이 우리 증손자들의 삶을 지금보다 더 행복하게 해줄까?

비록 케인스의 주된 관심사가 물질적인 생활 수준의 향상은 아니었지만, 그는 분명 그렇게 생각했다. 그는 선진국의 평균 소득이 매 세대 또는 두 세대마다 2배씩 상승할 것이라는 올바른 예측에서 더 나아가 시간이 지나면 '경제적 문제'가 '해결'된 것으로 여길 만큼 대다수 사람의 물질적 환경이 충분한 충족 상태에 이를 것이고, 그에 따라 사람들이 계속 증대되는 생산 능력의 상당분을 개인적 소비 이외의 것을 달성하는 데 기꺼이 바칠 것으

8장 • 역사적 맥락으로 본 경제적 행복

로 예상했다.

케인스는 기본적인 경제 전망에 있어서는 기초 지식이나 선견지명이 그에 비해 훨씬 모자랐던 19세기 유토피아 사상가들의 전통을 따랐지만 거기서 한 걸음 더 나아갔다. 그는 그렇게 풍족한 환경이 되면 사회 전체적으로 생산 과정에서 개인이 담당하는 역할과 생산된 재화에 대한 개인의 지분 간의 관계를 덜 강조하게 될 것으로 기대했다. 따라서 일반인들의 노동시간이 그의 시대보다 훨씬 줄어들게 되는 반면, 상품과 서비스에 대한 접근성은 전혀 줄지 않을 것으로 전망했다. 그 결과 급격히 늘어난 여가를 어떻게 보내느냐가 케인스가 우려한 핵심 쟁점이자 "평범한 사람이 실제로 직면할 두려운 문제"로 부각되었다.[2]

이는 케인스의 잘못된 판단이었다. 물론 1930년부터 100년에 걸쳐 생활 수준이 4배에서 8배까지 높아질 것이라는 그의 예상은 기가 막히게 적중한 것으로 보인다(미국의 경우만 보면 케인스의 예측은 오히려 너무 보수적이었다. 케인스가 에세이를 쓴 이후로 100년 후가 되면 미국의 1인당 평균 소득이 8배 이상 증가할 것으로 보인다). 그러나 개인 소비나 노동, 경제적 조치 및 제도적 장치에 대한 사람들의 태도에 있어서는 그의 예상이 적중했다는 징후가 거의 없다. 이런 케인스의 실수는 실로 당황스럽다. 왜냐하면 그는 평소 경제적 행동의 이면에 있는 인간의 내부적인 심리와 그 행동이 야기하는 결과가 근본적으로 사회적인 상황에 영향을 받는다는 것에 대해 아주 날카로운 감각을 보여준 인물이었기 때문이다. 결국 케인스가 예측에 실패한 원인은 사람들이 상품과 서비스 소비를 통해 근본적으로 무엇을 추구하는지 올바른 통찰력을 얻지 못했기 때문이다.

150년 전 애덤 스미스는 인간 본성의 고유 요소이자 핵심은 끊임없이 나아지려는 의지라고 밝혔다. 스미스는 이렇게 썼다. "자신의 처지를 개선하려는 욕구는 엄마 자궁에서부터 형성돼 무덤에 들어갈 때까지 우리 곁을 떠나지 않는다. 이 두 순간이 이어지는 동안 누군가 자신의 상황에 아주 완벽하고 완전히 만족해서 어떤 변화나 개선도 바라지 않는 때는 아마 단 한 순간도 없을 것이다." 더욱이 경제 상태는 사람들 대부분이 그들 삶에서 개선하고 싶어 하는 핵심이다. "재산 증식은 사람들 대부분이 상황을 개선하는 주요 수단이다."[3]

케인스는 생활 수준이 향상되면 이런 개선 욕구가 적어도 경제적 측면에서는 약해질 것으로 기대했다. 그 이유를 간단히 말하면 사람들이 가진 물질적 욕구(케인스가 인지는 했지만 강조하지 않기로 한 타인과의 경쟁심에 의한 물질적 욕구는 제외하고)가 충족되기 때문이다. 그는 평균적인 영국인이나 미국인이 1930년에 누렸던 것보다 생활 수준이 8배 증가하면 인간의 물질적 욕구가 충분히 충족될 것으로 기대했다.

하지만 애덤 스미스는 물론이고 마르크스나 마셜 등 케인스를 제외한 다른 학자들이 관측했던 것처럼, 무엇이 정상적이고 일상적인 생활 수준을 구성하는지, 또 무엇이 물질적으로 불충

8장 · 역사적 맥락으로 본 경제적 행복

분한 상태에서 나아지고 있다는 것을 말해주는지에 대한 사람들의 인식은 시간에 따라 바뀌고 개인이 처한 상황에 따라 달라진다. 스미스는 이렇게 썼다. "(모든) 사람은 자신이 처한 영구적인 상황이 어떻든 언젠가는 그것에 순응한다."[4] 마셜도 비슷한 주장을 했다. "시간이 가면 신흥 부자들이 내뿜었던 매력이 일부 사라진다. 이는 어느 정도 익숙함의 결과이다."[5] 설문조사와 심리학 연구 결과들을 보면 사람들이 느끼는 만족감은 일단 아주 기초적인 생활 수준을 넘어서면 절대적인 생활 수준에 좌우되기보다는 생활 수준이 변화하는 양상에 더 많이 좌우된다. 더 나아가 스미스의 관측 내용이 보여주는 것처럼 "아주 기초적인 생활 수준"에 대한 인식은 그 사람이 겪은 이전 경험에 아주 민감하게 반응하는 것으로 보인다(가령 최소한의 기본 영양분을 섭취한다는 것은 수용된 습관의 문제이기 때문에 그 의미의 폭이 놀라울 정도로 넓다. 신체 건강은 상당히 다양한 종류의 영양분 섭취로 개선되지만, 인간은 사실 아주 적은 영양분만 섭취해도 살 수 있다[6]).

생활 수준의 향상은 케인스가 염두에 둔 것처럼 우선 기술의 진보가 생활 수준을 개선하는 데 핵심적인 역할을 할 때 특히 중요해진다. 케인스는 18세기 초 이후, 그리고 다가올 100년 동안 서구 세계 대부분에서 경제 성장이 지속적으로 이뤄질 것이라고 예견하면서, 이를 견인하는 두 가지 근본적인 기초로서 자본 축적과 기술 변화를 지적했다. 하지만 변화하는 기술이 근본적인 성장 과정의 일부가 되면 사람들은 경제 성장으로 높아진 소득으로 뭐가 됐든 이전에 샀던 것들을 더 많이 살 수 있을 뿐 아니라 새롭거나 개선된 상품도 살 수 있게 될 것이다. 현대의 가정이 1930년대 가정과 다른 점은 그때에는 아직 발명되지 않았거나 발명된 상품이라도 일반 대중은 사용할 수 없었던 수많은 기기가 보편화됐다는 점이다. 예컨대 에어컨, 텔레비전, 가정용 컴퓨터, 세탁기, 식기세척기 같은 제품들을 떠올리면 된다.

오늘날 선진국에서는 이런 편의성 상품의 상당수가 너무 보편화되어 있어서 이런 제품을 살 여유가 없는 것이 부분적으로 빈곤의 기준으로 인식되기까지 한다. 케인스가 예측한 대로 언젠가는 사람들이 어떤 상품이나 서비스의 소비가 싫증 날지도 모른다. 다만 그때가 되면 새로운 기술이 우리가 소비할 또 다른 새로운 제품과 서비스를 계속 만들어낼 것이다.

케인스도 인정했듯이 사람들이 더 나은 생활 수준을 추구하는 동인은 분명 그들이 이전에 살았던 것보다 더 잘사는 것뿐만 아니라 그들의 비교 대상인 남들보다 더 잘살고 싶은 욕망이다. 존 스튜어트 밀은 이렇게 말했다. "사람들은 단순히 부자가 되고 싶은 게 아니라 다른 사람보다 더 부자가 되고 싶은 것이다."[7] 물론 이런 관점에서 볼 때 성공한 사람도 있겠지만, 삶을 이런 식으로 추구하면 일반적으로는 결국 자기 패배감에 빠진다.

이런 인식을 통해 소스타인 베블런을 필두로 많은 경제학자가 특정 형태의 시장 실패로 인해 수많은 개인이 개별적으로 결정한 경제적 행동의 결과가 최적으로 조정된 결과보다 더 많이 일하고 더 많이 소비하는 쪽으로 치우치게 되었다. 그리고 거시적으로 볼 때 공공재 대신 사적 소비가 늘어나고, 특히 사적 소비 내에서는 '과시적 소비'가 지나칠 정도로 중요해진다고 주장했다.[8]

하지만 경쟁적 소비가 계속해서 더 높은 생활 수준을 추구하는 유일한 동인은 아니며 주변 사람들도 잘살게 됐을 때 자신의 생활 수준이 향상되면 느끼는 만족감의 유일한 동인도 아니다. 자신의 생활 여건을 개선하려는 바람과 습관 형성(오늘날의 경제용어를 사용하자면)도 중요한 역할을 한다. 게다가 모두가 남들보다 더 잘살 수 없다는 것은 분명한 사실이지만, 모두가 이전보다, 또 그들의 부모나 조부모 때보다 더 잘사는 것은 가능할 뿐만 아니라 그럴듯한 일이다. 바로 이러한 이유로 애덤 스미스는 이렇게 역설했다. "사회가 부를 완전히 획득했을 때보다 더 많이 획득하기 위해 나아가고 있을 때가 진보적인 상태이며, 사람들 다수가 가장 행복하고 편안한 상태이다."[9]

따라서 케인스의 관점과 반대로 사람들 대부분은 결코 그들의 '경제 문제'가 해결됐다고 여기지 않는다. 생활 수준이 어느 정도든 거기에 맞춰진 습관은 관습화되고 더 잘살고 싶은 열망은 언제나 거기서 시작된다. 예를 들어 미국에서 이런 상황은 1인당 소득이 4만 4,300달러인 요즘(2006년)이라고 1인당 소득이 2006년 달러 가치로 8,300달러였던 1929년에 못지않다 (1930년에 에세이를 썼던 케인스에게는 1929년 데이터가 그가 알고 있는 가장 최신 데이터였을 것이다. 게다가 단지 대공황으로부터 회복하는 것이 그가 말하려던 핵심은 아니었다). 그리고 케인스가 예측한 범위의 상단 끝이 차지할 1인당 소득이 1929년 이후 소득 데이터 추세에 따라 6만 6,000달러나, 그보다 더한 7만 4,700달러로 증가했다 할지라도 2030년에도 상황은 변함없을 것이다.

하지만 이런 '행복을 향한 쳇바퀴' 현상을 관측한 이들이 내린 결론과 반대인 것도 있다. 즉 이런 식의 습관 형성이 이뤄진 결과로 2030년 (혹은 오늘날) 사람들의 형편이 케인스의 예측대로 이루어진 엄청난 경제 성장 때문에 더 나빠지는 것도 아니다. 생활 수준 향상이 갖는 중요성은 개인과 가족이 사는 방식을 물질적으로 개선할 뿐만 아니라 그것이 한 사람의 사회적, 정치적, 또 궁극적으로 윤리적 특징을 어떤 식으로 형성하느냐에 달려 있다. 시민 다수의 생활 수준이 높아지면 그들이 속한 사회 전체가 더 많은 기회, 더 큰 관용, 공정성에 대한 더 강한 약속, 민주주의를 향한 더 견고한 의지 같은 특징을 함양한다. 경험상 서구의 민주주의 국가들처럼 이런 방면으로 이미 두드러진 성과를 낸 사회라도 생활 수준이 향상되면 한층 더 진보한다. 반대로 국민 대다수의 생활 수준이 정체돼 있거나 후퇴하는 사회는 대부분 이런 영역 어디에서도 진전하지 못하고 오히려 뒷걸음치는 경우도 많다.

이런 경향을 설명하는 경제적 행동 모델은 습관 형성과 상대적 소득의 중요성을 결합한다. 두 변수에 대한 경험적 증거는 충분하고, 다음과 같은 추가적인 가정도 할 수 있다. 사람들은 자신의 생활 수준을 상대적 기준으로 평가하는데 이때 하나가 아

8장 · 역사적 맥락으로 본 경제적 행복

니라 뚜렷이 구별되는 두 개의 기준을 사용한다. 즉 스스로 잘살고 있는지 여부는 자신이 과거에 살던 형편에 비해 현재 어떻게 살고 있는지와 또 주위 다른 사람들에 비해 어떻게 살고 있는지로 결정된다는 것이다. 이 경우에 삶에 대한 개인의 만족도를 결정하는 이 두 잠재적 원천은 소비 욕구를 대변하는 표준적인 의미에서 보완재나 대체재가 될 수 있다. 만약 대체재로 작용한다면, 그래서 어떤 기준에 의해서든 하나가 앞서 나갈 때 또 다른 기준에 따라 앞서 나가려는 절박함이 줄어든다면 다른 사람보다 더 잘사는 것의 중요성 자체가 줄어들 것이다. 따라서 다른 사람들이 나보다 앞서 나가는 움직임에 대한 저항감이 완화되면 사회의 공적 특징을 추구하려는 야심에 대한 저항감도 줄어든다.

따라서 케인스가 염두에 뒀던 영국, 미국 같은 경제 선진국 시민들은 그가 예상했던 생활 수준의 향상 덕분에 더 잘살게 됐지만, 그렇다고 그가 예상했던 방식대로 잘살게 되지는 않았다. 사람들은 여전히 물질적 생활 수준 향상을 위해 애쓰고, 그런 바람이 이루어지도록 열심히 일한다. 여가를 어떻게 채우느냐의 문제는 대부분의 사람에게 골칫거리가 아니다. 또 대부분 선진국 사람들의 소비가 공공재 쪽으로 현격히 치우친 것도 아니다. 하지만 지난 70여 년 동안 물질적인 성장이 없었다면 우리는 오늘날처럼 더 개방되고, 더 관대하며, 더 공정하고, 더 민주적인 사회에서 살 수 없었을 것이다. 그리고 경제가 케인스가 제시한 예측 범위의 최대치에 맞춰 계속 성장한다면 선진국 사회는 미래에도 그 추세를 따라 한층 더 발전할 것으로 예측할 수 있다.

이러한 주장은 케인스가 염두에 두지 않았던 지역에 오히려 더 강력하게 적용될 수 있다. 오늘날 많은 나라는 독재 대 민주주의, 혐오 대 관용, 폭넓은 기회 대 경제적 과두제같이 사회가 갖춰야 할 가장 기본적인 특징에서 유동적인 상황에 있다. 민주주의 체제를 택했지만 아직 도입 초기여서 불안정한 나라들도 있다. 이런 정치·사회적 발전의 기본 영역과 경제 성장 간의 연관성을 생각하면 많은 개발도상국가가 일군 최근 경제적 성과는 상당히 고무적이다. 반면에 실제로는 성장하고 있지 않지만 소위 '개발도상국'이라고 불리는 일부 국가에서 목격되는 성장의 부재는 표준적인 소득과 소비의 지표가 잘 보여주지 못하는 여러 방식으로 그들의 미래를 위협한다.

개발도상국의 생활 수준 향상이 의미하는 것들을 고려하면 그 사회의 경제 성장과 정치·사회적 구조 간의 인과관계가 한쪽 방향으로만 나타나지는 않을 가능성이 있으며, 이에 대한 증거 또한 상당히 많다. 어떤 국가의 인구 절반이 특정 성별이라는 이유로 아예 교육을 받지 못하거나 적절한 교육을 받았어도 특정 직업에 종사할 자격을 박탈당한다면 그 나라의 인적 자원은 최적 활용 상태라고 할 수 없다. 그리고 이는 특별한 경제 지식이 없어도 알 만한 일이다. 이런 기본 원칙은 인종, 종교, 민족에 대한 차별 문제에도 적용된다. 연구 결과를 보면 언론의 자유, 법치, 독립적 사법 재판처럼 일반적으로 정치 민주주의와 관련된 주요 제도들도 경제 성과를 높이는 데 도움이 된다. 게다가 소득 분배의 형평성을 높이는 것도 오랫동안 경제 발전에 악영향을 미친다고 인식돼 왔지만, 이제는 성장에 긍정적인 영향을 미친다고 여겨지고 있다.[10] 정치·사회적 요인이 그 나라의 경제 성장을 전망하는 데 도움이 된다는 생각은 생활 수준의 향상 및 정체가 그 나라의 정치·사회적 경로에 강력한 영향을 준다는 생각과 결코 배치되는 것이 아니다. 경제 성장과 정치·사회적 발전 양방향의 상호작용이 선순환보다 악순환에 가까운 결과를 내는 개발도상국에 더 심각한 문제는 경제 성장의 부재이다.

그러나 민주주의가 안정적으로 확립된 경제 선진국에서도 이런 우려가 어느 정도 존재한다. 영국과 미국처럼 경제적으로 상당히 발전하고 민주주의가 잘 확립된 국가 중에도 민주주의적 가치와 제도가 약해지고, 기회가 개방된 공정한 사회로 나아가려는 노력이 손상되고, 관용 대신 편협함이 수용되는 경기 침체기를 겪은 곳이 많다. 알렉산더 거센크론Alexander Gerschenkron이 평가했듯이, 민주주의 역사가 오래된 국가라고 해서 꼭 "민주주의자 없는 민주주의democracy without democrats"가 되는 것에 면역이 생기지는 않는다.[11]

오늘날 이미 높은 국민소득(오늘날의 기준으로)을 자랑하는 국가들도 경제 성장이 둔화되고 불평등이 확대되면 이런 우려가 현실화될 수 있다. 예를 들어 미국에서는 2000년 이후로 물가 상승률을 감안한 국민총생산이 연평균 2.5%씩 증가했다. 연평균 인구 증가율은 1%이고, 그렇게 되면 1인당 평균 실질소득 증가율은 1.5%이다. 이 성장률은 케인스가 예측했던 범위에 겨우 들어간다. 연간 성장률이 1.5%라면 생활 수준은 1세기 동안 4배가 조금 넘게 향상된 셈이므로 완만한 증가라고 할 수 있다. 미국이 1929년 이래로 보인 평균 성장률보다는 확실히 느리다.

성장의 둔화 문제를 더 복잡하게 만드는 것은 지속적으로 나타나는 분배의 추세이다. 미국은 다른 대부분의 선진 산업 국가 및 후기 산업 국가와 마찬가지로 최근 몇십 년 동안 소득 불평등이 심각하게 확대되는 양상을 보여왔다. 1930년대부터 1960년대까지, 또 일부 데이터상으로는 1970년대까지도 미국인들의 소득은 대체로 더 평등해지고 있었다. 그러다 상황이 반전되었다. 1974년에 미국의 총소득 중 상위 20분위 가정의 소득이 차지하는 비율은 14.8%였고 상위 5분위 가정의 비율은 40.6%였으며 하위 5분위 가정의 비율은 5.7%였다. 2005년이 되면 상위 20분위 가정이 차지하는 비율은 21.1%로, 또 상위 5분위 가정의 비율은 48.1%로 증가하지만, 하위 5분위 가정이 차지하는 총소득 비율은 4%로 떨어진다. 같은 기간에 불평등에 대한 지니계수*는 0.355에서 (1968년에는 0.348이었음) 0.440으로 상승했다.[12]

---

* Gini coefficient: 빈부 격차와 계층 간 소득 불균형 정도를 나타내는 대표적 수치로 값이 0(완전 평등)에 가까울수록 평등하고 1(완전 불평등)에 가까울수록 불평등하다는 것을 나타낸다.

이런 식의 소득 불평등이 미국뿐만 아니라 다수의 산업 사회 및 후기 산업 사회에서 확대되고 있는 이유는 앞으로도 계속 연구할 대상이다. 대부분의 경제학자가 그 원인으로 급격한 기술 변화를 지적해왔다. 특히 생산 과정에서 일부 숙련에 대한 의존도가 점점 증가하는 반면, 다른 숙련의 사용은 그만큼 낮아지는 편향 문제를 강조해왔다. 대다수 국가에서 소득 불평등은 임의로 일어나지 않고 기술, 교육, 경험에 따라 체계적으로 높아져 왔다. 또 소득 수준이 높은 국가들은 일부 일자리를 개발도상국에 '오프쇼어링**'한(교육이나 기술이 전혀 필요 없는 일자리만 그런 것도 아니다) 결과로 더 거센 일자리 경쟁 및 대체 상황에 직면했다. 연구 결과, 미국의 불평등 확대에 이바지한 또 다른 요인으로 저숙련, 저학력 노동자로 지나치게 편중된 신규 이민자들, 노동조합의 쇠퇴, 고위 임원들의 보상에 대한 기업 지배구조 차원의 제재 부족, 법적 최저 임금의 실질 가치 하락 등이 지적되었다. 이런 현상 일부는 분명 공공정책과 관련된 문제겠지만 더 근본적인 경제 추세가 반영된 문제들도 있다. 또 어떤 문제는 다른 것보다 더 쉽게 역전된다.

이런저런 잠재적인 원인들의 상대적 중요성을 명확히 구분하

** offshoring: 기업 업무의 일부를 해외 기업에 위탁해 처리하는 것을 말한다. 업무 일부를 국내기업에 맡기는 아웃소싱의 범주를 외국으로 확대했다는 것이 차이점이다.

지 않아도 총성장률이 둔화되고 불평등한 분배가 확대되면 상위 5분위 가정까지 포함하여 대다수 가정의 실질소득이 정체될 수 있다. 2005년 달러로 표시된 하위 1분위 가정의 실질 평균 소득은 2000년에 1만 6,000달러에서 2005년에 1만 4,800달러로 감소했다. 3분위에 속하는 중위 가정의 소득은 5만 7,500달러에서 5만 6,200달러로 떨어졌다. 그리고 5분위에 속하는 가정의 평균 소득도 17만 7,900달러에서 17만 6,300달러로 감소했다.[13]

6년간의 성장 침체가 영속적인 추세로 이어지지는 않을 것이다. 하지만 그것은 경기 순환에서 일반적으로 나타나는 기복을 넘어서는 문제일 수 있다. 실제로 2000년대 후반부터 이어진 경제 쇠퇴 기간보다 짧았던 1990년대 중후반의 급속한 경제 발전 기간을 제외하면, 소득 분배 중하위층에 속한 미국인들의 수입은 지난 30년 동안 다소 정체돼 있었다. 평균 수준의 시민들에게 제2차 세계대전 이후 전반기는 물질적 생활 수준이 급격히 높아지던 시기였다. 하지만 전후 후반기는 그렇지 않았다.

게다가 이는 미국에만 국한된 문제가 아니다. 시기와 범위만 다를 뿐 많은 서유럽 국가들도 총성장이 둔화하는 시기를 겪어왔고, 최근 몇십 년 동안 경제 내에서 가구 소득 분배가 악화되었다. 일본도 그 시기만 다를 뿐, 상황은 마찬가지였다. 케인스가 다가올 100년 동안 생활 수준이 4배에서 8배까지 높아진다는 예측을 하면서 염두에 두었던 세계의 일부는 더 이상 평균 시민들의 생활 수준을 많이 높여주지 못한다.

만약 이런 침체가 계속된다면 케인스가 예상했던 사회적 변화가 일어나지 않을 가능성이 크다. 다시 말해 물질적 풍요의 중요성이 감소하거나, 노동량이 감소하거나, 공공재 소비가 증가하는 상황은 없을지도 모른다. 지금까지 경험으로 미루어보면 사실 그런 일은 절대 일어나지 않을 것 같다. 이보다 더 중대한 문제는 더 개방적이고, 공정하고, 관용적인 사회와 민주주의 제도의 힘을 지켜내려는 선진국들의 의지가 과연 온전하게 유지될지 여부이다. 물론 공적 연금, 의료 제도, 시민의 표준적 자유를 보호해주는 법 같은 기존의 사회 제도들이 완전히 해체될 것으로 기대하는 사람은 아무도 없을 것이다. 또 이런 나라의 시민 중 누구도 선거 민주주의가 다른 정치 체제로 탈바꿈할 것으로 예상하지 않을 것이다. 경험에 따르면 변화는 주변부에서 일어나기 마련이다.

그런데 주변부의 변화는 시간이 흐르면서 누적될 때 특히 중요해진다. 지금처럼 시민 계층의 소득과 생활 수준의 정체 현상이 광범위하게 지속된다면 과거에 경제적으로 정체된 사회를 종종 괴롭혔던 사회적, 정치적, 도덕적 병폐들이 재등장할 수 있다. 이런 병폐들은 대다수 시민에게 형편이 나아지고 있고, 생활 수준이 앞으로도 계속 향상될 것이라는 믿음이 있을 때 위축된다.

그러한 결과가 경제, 사회, 또는 정치적 영역 중 어디에서든 나타날 것인지는 상당 부분 공공정책의 문제다. 확실히 미국에는, 그리고 비슷하게 다른 선진국들에서도 경제 성장을 촉진하고, 동시에 공정하고 민주적인 사회를 보존하고 발전시킬 수 있는 공공정책이 부족하지는 않다. 경제 성장을 추구하는 것은 정치·사회적으로 중요하고 긍정적인 외부 효과를 일으키는 원천이다. 게다가 이런 긍정적 외부 효과에 핵심적이라고 우리가 생각하는 사회적 특징들에 부합하는 (또 많은 경우에 그런 외부 효과를 강화하는) 정책들을 통해 성장을 추진하는 것은 개념적일 뿐 아니라 실질적인 힘이 있는 원칙이다. 경제 성장을 촉진하거나 저해하는 공공정책을 논의할 때, 그리고 아니면 공공정책을 추진하느냐 폐지하느냐와 상관없이 발생하는 성장에 대한 대응 전략을 논의할 때도 우리는 이런 잠재적 결과들을 계속 고려해야 한다.

———————————•←———→•———————————

"정부 기능의 확대는 자유방임에 대한 침해가 아니다. 나는 그것이
자본주의의 붕괴를 막는 유일한 수단이라는 점에서 지지한다."

- 존 메이너드 케인스

———————————•←———→•———————————

REVISITING
KEYNES

9장

우리는 왜 케인스가 예견한 것보다 더 많이 일할까?

_리처드 프리먼

| 리처드 프리먼(Richard B. Freeman) |

하버드대학에서 허버트 애셔먼 경제학과 의장을 역임했다. NBER(미국경제연구소)의 연구원이며 현재 하버드 로스쿨에서 노동 및 정의 경제센터의 교수진 공동 책임자로 재직 중이다. 2006년 노동경제학회 로부터 평생 공로상, 2007년에는 IZA 노동경제상을 수상했다.

"부자가 일하기 싫어하면 본 비반트bon vivant가 되죠. 맞아요, 인생을 즐기는 미식가 말이에요. 하지만 가난뱅이가 일하기 싫어하면 웃음거리가 돼요. 게으름뱅이에 아무짝에도 쓸모없는 바보 말이에요!"

– '게으른 가난뱅이가 게으른 부자가 될 때When the idle poor become the idle rich',
뮤지컬 「피니안의 무지개Finian's Rainbow」(E. Y. Harburg, F. Saidy, 1947) 중에서

케인스는 영국 및 다른 선진국의 1인당 소득이 100년 동안 매년 2%씩 늘어나고, 그것이 또 복리의 힘으로 8배의 소득 증가로 이어져 미래에는 경제적 고민에서 벗어날 수 있다고 예견했다. 그는 향후 100년간 소득이 급격히 증가하고 생활 수준이 높아지면서 인간은 "3교대로 일하거나 주당 15시간"만 일해도 된다고 예측했다. 또한 사람들은 "스스로를 위해 더 일하려고 할 것이며… 사소한 작업이나 임무, 일과도 신이 나서 하는" 전례 없이 풍족한 여가의 시대가 도래할 것으로 전망했다. 그는 손자 손녀들이 부유하면서도 그가 "참담하게 실패했다… 어떤 소속이나 직무,

연줄이 없기 때문에"라고 여긴 당대의 부유한 게으름뱅이들처럼 아무짝에도 쓸모없는 바보가 아니라 인생을 즐기는 미식가가 될 것이다. 또한 2030년이 되면 사람들은 도덕적으로 바람직한 활동들을 즐기고 일은 최소 한도로 하면서 한층 더 의미 있는 삶을 영위하게 될 것이라고 생각했다.[1]

소득 증가에 대한 케인스의 예측은 적중했다. 연간 2.1%의 복리는 8배의 소득 증가를 가져온다. 결과적으로 케인스의 손자 손녀 세대는 케인스 세대보다 생활 수준이 훨씬 높아졌다. 집집마다 컴퓨터와 인터넷, 자동차, 컬러 TV가 있고, 엄청난 의학 발전과 더불어 중앙난방 시스템(심지어 영국에서도)을 누리고, 저렴한 항공료로 세계 어디든 갈 수 있다. 하지만 이런 생활 수준의 향상으로 우리의 노동시간이 크게 줄어들고, 소소한 집안일이나 여가 활동으로 더 많은 시간을 보낸다는 케인스의 예측은 틀렸다. 물론 20세기 상당 기간 동안 고용된 사람들의 근무시간이 줄었지만, 20세기 말에는 케인스가 예상했던 주당 15시간을 훨씬 뛰어넘는 수준에서 안정화되었다.[2] 한편 국가와 무관하게 노동시장에 참여하는 여성 비율이 크게 증가했다. 미국의 경우 1970년부터 2005년까지 성인 노동자 1인당 근무시간이 10% 증가한 반면, 가정 내 성인 1인당 노동시간은 감소했다.[3] 영국에서도 1980년대와 1990년대에 비슷한 양상이 벌어졌다. 미국과 영국 두 나라에서는 공통적으로 노동시간 선택에서 개인의 재량권이 크고, 소득 불평등이 더 오래 일하는 강한 동기가 된다.[4] 두 나라의 노동시간은 노조 정책과 법적 규제로 노동시간을 제한하고 소득 불평등이 훨씬 낮은 프랑스나 독일 같은 서유럽 대륙 국가들의 노동시간보다 훨씬 길다.

미국은 부의 증가로 여가가 엄청나게 늘어날 것이라는 케인스의 예측을 반박하는 가장 극명한 예다. 미국은 프랑스나 독일보다 1인당 GDP가 30~40% 더 높지만, 미국 노동자들은 프랑스나 독일 노동자들보다 1년에 30% 더 많이 일한다. 미국은 프랑스나 독일뿐 아니라 다른 대부분의 EU 국가보다 성인 인구 중 고용 비율이 더 높고, 이를 감안하면 미국의 평균적인 성인은 유럽의 평균 성인보다 1년에 40% 더 많이 일하는 꼴이 된다. 미국인들은 일에 대한 헌신도가 높아서 일반적으로 할당되는 4일에서 2주에 이르는 휴가를 잘 쓰지 않지만, 유럽인들은 4주에서 5주에 이르는 휴가를 전부 쓰는 편이다. 또 정해진 임금률에서 노동시간을 줄이기보다는 늘리고 싶다고 말하는 미국인이 유럽인보다 더 많다.[5]

케인스의 손자 손녀 세대가 이렇게 많이 일하기로 결심한 것은 노동시간과 급여 사이에 역으로 나타났던 역사적인 관계가 역전된 것과 관계가 깊다. 과거 수십 년 동안 가난한 사람들이 부자보다 더 많이 일했다. 가난한 사람들은 자신과 가족을 부양하기 위해 더 열심히 오래 일해야만 했다. 일하지 않으면 살아남을 수 없었다. 반면 부유한 사람들은 토지를 소유하고 세습된 사회적 지위를 가진 덕분에 원하는 만큼 여유를 부릴 수 있었다. 유한계급이라는 말의 의미만 봐도 알 수 있다.

20세기 후반 50년 동안 시간당 급여와 노동시간 간의 이런 역의 관계가 적어도 미국에서는 반전을 맞았다.[6] 일중독 부자들이 유한계급 부자들 자리를 꿰찼기 때문이다. 높은 보수를 받는 이들이 낮은 보수를 받는 이들보다 더 오래 일하게 되었다. 물론 국민생산에 아무 기여도 하지 않는 큰 부자들과 범죄로 부를 얻는 이들도 있다. 그러나 전형적인 고소득자들은 사회가 가치 있다고 여기는 일에 에너지를 쏟으며 소득 분배의 최상위에 오른다. 오늘날 고액 연봉자들이 가진 문제는 케인스가 '옛 아담'이라 부른, 무언가 쓸모 있는 일을 하고 싶어 하는 인간 본성을 채우기 위해 적당한 양의 노동을 찾는 것이 아니라, 더 일해야 한다는 압박감을 완화할 수 있는 방법을 찾는 것이다. 그리고 생활 수준이 높아졌든 아니든, 저임금 노동자들의 문제는 인간다운 삶에 필요한 소득을 보장하는 일을 찾는 것이다. 저소득자에게는 텔레비전, 세탁기, 자동차, 휴대폰, 컴퓨터같이 현대 사회의 보편화된 소비재를 사는 데 필요한 돈을 버는 것뿐만 아니라, 불경기에도 집 임대료와 난방비, 게다가 미국에서는 의료비까지 지불하고 은퇴 후 생활 자금을 위해 저축할 수 있을 정도로 충분한 여유 소득을 얻는 것도 문제다.[7]

그렇다면 케인스는 왜 잘못 짚었을까? 그가 잘못된 예측을 한 이유는 일반인은 물론 생활 수준이 높은 사람들까지 더 오래, 또 더 열심히 일하게 하는 경제적 유인이 가진 힘을 인식하지 못했기 때문이다. 그는 임금 상승으로 높아진 여가 비용이 더 많은 여가를 누리게 하는 소득효과를 압도할 것이라는 사실은 예측하지 못했다. 이는 케인스만의 문제가 아니었다. 20세기 후반이 되고 사람들이 소득이 증가한 만큼 일하는 시간을 크게 줄이지 않는다는 사실이 분명해지기 전까지, 대부분의 경제학자는 소득효과가 대체효과보다 더 강력하다고 믿었다. 경제 교과서는 종종 후방굴절형 노동공급곡선으로 이 논리를 설명했다. 그러나 대체효과와 소득효과 간의 경쟁은 경마 투기꾼의 호언장담처럼 확실한 승자가 있기보다는 막상막하의 경쟁에 가깝다.

여성들의 경우에는 여성의 임금 상승에 따른 대체효과가 배우자의 소득 증가에 따른 소득효과를 지배하게 되면서 많은 여성이 사회에 나와 일하게 되었다. 남성들 사이에서는 대체효과가 은퇴 시기에 큰 영향을 미치고 노동시간을 결정하는 데도 지배적 영향을 미친 것으로 보이는데, 적어도 불평등과 토너먼트 방식*의 경제 체제가 심화되는 상황에서는 그렇다. 이렇게 되면 사람들은 잠재적으로 더 높은 소득을 얻기 위해 더 많이 일하게 되는데, 이 모든 현상은 노동공급을 후방굴절 곡선으로 설명하는 전통적인 교과서가 시대에 뒤떨어진다는 사실을 말해준다.

노동에 대한 대체효과를 강력하게 만든 또 다른 두 가지 요인

---

*　Tournament theory: 임금 차이가 한계 생산성이 아닌 개인 간의 상대적 차이를 바탕으로 생기는 특정 상황을 설명하는 인사 경제학 이론으로 경제학자인 에드워드 라지어(Edward Lazear)와 셔윈 로젠(Sherwin Rosen)이 처음으로 제시했다.

이 있다. 첫 번째 요인은 미국에서 가장 보편적으로 나타나지만 다른 선진국에서도 볼 수 있는 불평등의 심화이다. 불평등이 커지면 시장에서는 더 성공한 사람들과 덜 성공한 사람들 사이의 소득 격차가 더 벌어지기 때문에 노동자들은 성공하기 위해 장시간의 노동도 불사하게 된다. 결국 불평등은 대부분의 시민이 바람직하지 않다고 여기는 더 불균등한 소득 분배를 수반할 뿐 아니라, 열심히 일해서 소득 분배의 상위에 오르려는 큰 자극제가 된다.

만약 사람들 모두 비슷한 수준의 급여를 받는다면 승진하거나 일에서 앞서가기 위해 더 오래 일할 특별한 이유가 없어진다. 반면에 급여 격차가 크면 장시간 일하는 것을 포함해 소득 분배의 상위에 오르는 데 상당한 유인이 존재한다. 실증적으로도 불평등 수준이 높은 선진국에서는 평균 노동시간이 더 길고 더 오래 일하려는 국민의 욕구도 커진다. 미국에서도 불평등 수준이 높은 직종에 종사하는 노동자들이 불평등 수준이 낮은 직종 노동자보다 더 많은 시간을 일한다.[8]

대체효과를 높이는 두 번째 요인은 성과에 따른 보상의 증가다. 제조업에서는 조립라인이나 팀 기반 생산 방식이 등장해 개별 노동자의 생산성을 파악하기 어려워지면서 단위 비율 임금이 줄었다. 하지만 다른 업종의 경우에는 노동자들에게 개별 보너스를 지급하는 기업이 많다. 영업직의 경우에는 커미션이 흔하다. 많은 기업에서 개인의 성과에 대한 감독자의 평가를 근거로 임금 인상을 결정한다. 같은 직급에서 가장 성과가 좋은 사람을 승진시키는 토너먼트 보상 제도도 이제는 보편적으로 활용된다. 토너먼트 급여 방식을 실험한 사례들을 보면 불평등이 높아지면 직원들의 업무 노력이 상승한다는 것을 알 수 있다. 이를 통해 유추해보면 불평등 상승은 노동시간 증가에 기여한다.

케인스가 예상하지 못한 또 다른 두 가지 요인도 노동시간을 증가시키는 데 일조했다. 컴퓨터와 인터넷이 등장하면서 사무실 밖에서도 손쉽게 일할 수 있는 사람들이 늘어났다. 2004년에 미국 근로자 1,020만 명은 직장에서 하는 유급 노동과 별개로 집에서 무급 노동을 했다고 보고했다. 이런 사람들은 평균 6.8시간 추가 근무를 해서 기본적으로 하루를 더 일했지만, 이 부분에 대해서는 별도의 수당을 받지 못했다.[9] 사무직 업무가 이메일 등으로 디지털화되면서 업무 관련 일을 집이나 퇴근 후에도 간편하게 할 수 있게 되었다. 시간 외 근무를 하는 동기는 프로젝트를 완료하거나 개선할 수 있고, 승진 확률이 높아지거나 회사가 직원들을 해고할 때 자리를 보전할 가능성이 커진다는 것이다. 소득 불평등이 높고 사회 안전망이 취약한 사회에서 이런 것들은 상당한 소득의 유인이 된다.

세계화가 노동자들에게 가하는 경쟁의 압력도 노동시간을 증가시키는 역할을 한다. 현대적 기술과 교육의 확산은 개발도상국, 특히 중국과 인도의 저임금 노동자들이 케인스가 에세이를 썼을 때는 상상할 수 없었던 방식으로 선진국 노동자들과 경쟁하는 세상을 만들었다. 특히 다국적 기업은 개발도상국에서 많은 일을 해치울 수 있는 저임금 노동자를 충분히 공급받을 수 있으므로 이를 통해 선진국 노동자들이 더 적은 급여를 받거나 더 오래, 혹은 더 열심히 일하도록 압력을 행사할 수 있다. 이민자들은 새로운 환경에서 성공하기 위해 열심히 일하는데, 전통적으로는 자국민이 해외로 이민했던 유럽 국가들조차 이민자 수가 증가하고 있다. 현대적 기술과 커뮤니케이션 도구 기반의 업무 오프쇼어링은 기업들이 임금이 더 저렴한 곳으로 쉽게 일자리를 옮기는 또 다른 요인이 된다.

선진국 노동자들이 글로벌 압력으로 인해 혹사당하는 상황을 보여주는 증거로는 2006년 독일의 금속노조IG Metall Union 사례를 들 수 있다. 독일 자동차 산업에서 근로시간 단축을 위해 앞장섰던 이들은 폭스바겐에서 급여 인상 없이 주 29시간이었던 노동시간을 주 33~34시간으로 연장하는 데 합의했다. 그 대가로 폭스바겐은 독일 제조시설에 대한 지속적인 투자로 현지 생산 체제를 유지하기로 약속했다. 만약 노조가 합의하지 않았다면 회사는 자국 노동자들을 해고하고 제조시설을 저임금 국가로 이전했을 것이다.[10]

케인스가 에세이에서 보여준 일에 대한 인식 중 가장 놀라운 점은 소득 증가가 노동시간을 현격히 줄여줄 것이라는 잘못된 예측이 아니라, 노동을 전반적으로 비하하는 태도이다. 그는 루이스 캐럴의 소설 중 거의 알려지지 않은 『실비와 브루노』 속 등

장인물인 교수를 통해 "오늘은 절대 못 먹지만, 내일은 먹을 수 있는 잼*"을 고대하며 미래에 투자하는 목적 지향적인 인간을 조롱했다. 그는 이러한 행동이 "수많은 세대에 걸쳐 형성된 보통 사람의 습관이자 본능"에서 기인했다고 말하며, 이 때문에 일에 대한 욕구가 생기고 미래 가치로 현재 가치를 매기는 데 지나치게 낮은 할인율을 적용하게 된다고 묘사한다. 기후변화와 인간에 의한 환경 파괴에 직면한 세상에서 사람들이 무엇인가를 결정할 때 미래에 너무 큰 비중을 두고 현재의 가치를 충분히 고려하지 않는다는 생각은 상당히 잘못됐다.

케인스는 『실비와 브루노』에 나오는 장면을 바탕으로 목적이 분명한 사내를 조롱하는 대신에 『이상한 나라의 앨리스』에 나오는 랍스터 카드리유** 춤 노래의 보이지 않는 손 버전에 주목하는 것이 나았을 것이다. 마치 케인스의 손자 손녀들이 살아갈 세상을 보여주는 것 같은 그 내용은 다음과 같다.[11]

"조금 더 일하지 않겠나?" 감독관이 직원에게 말했다.

---

* 루이스 캐롤의 『거울 나라의 앨리스』에 나오는 장면으로 여왕이 앨리스에게 잼을 이틀에 한 번씩 주는데 "어제와 내일은 잼을 먹을 수 있지만 오늘은 절대 먹지 못한다"는 이상한 규칙을 제시하는 장면을 비유하고 있다.

** Lobster Quadrille: 『이상한 나라의 앨리스』에서 가짜 거북과 그리폰이 앨리스에게 가르쳐주는 시이자 춤의 가사로 달팽이에게 마치 경쟁을 부추기듯이 춤을 권하는 내용이다.

"회사 뒤편 근처에 회사 하나가 생겼는데 거기선 50% 초과 근무를 한다더군.

저임금 외국인 노동자들이 시장을 장악하려 위협하고 있단 말이야!

더 일하지 않으면 우리 자리를 잃고 말 거야!

그래, 그래, 초과 근무를 하지 않겠나? 해야겠지?

그래, 그래, 한 푼이라도 더 벌려면 더 일해야 하지 않겠나? 해야겠지?"

"자네도 알겠지만, 저 반대편에 해변 하나가 있다네.

사회에서 소외되고 직장을 잃은 자들이 사는 곳이지.

영국에서 멀리 떨어져 있을수록, 프랑스에는 더 가깝지-

자네 미래가 될 수도 있다고. 이리 와서 함께 춤추지 않는다면 말일세.

그래, 그래, 초과 근무를 하지 않겠나? 해야겠지?

그래, 그래, 한 푼이라도 더 벌려면 더 일해야 하지 않겠나? 해야겠지?"

오늘날 지구 온난화와 기후변화에 대한 논쟁 측면에서 보면 높은 할인율을 지지하는 케인스의 모습은 매우 인상적인데, 그런 입장에서는 환경 변화가 미래 세대의 삶에 중대한 재앙이 될 수 있다는 위기 의식이 낮아지기 때문이다. 낮은 할인율을 선호하는 마셜의 태도가 재난이 불어닥칠 수 있는 미래의 위기를 일깨우는 데는 더 적절한 것으로 보인다. 물론 그 위기가 어느 정도인지, 또 얼마의 할인율을 적용해야 하는지는 복잡한 문제다.[12] 지금 와서 보면 인류가 경제 문제를 효과적으로 해결할 것이라는 케인스의 가정은 경제적 생산 활동이 환경에 미치는 영향을 생각할 때 너무 낙관적이었다.

노동시간이 크게 줄어들 것이라는 케인스의 예측이 왜 그렇게 빗나갔는지는 일의 본질적인 요소 중 하나인 노동이 가진 매력으로도 설명할 수 있다. 아마 케인스도 일의 이런 특징은 고매한 도덕적 가치를 대변한다는 점에서 긍정적으로 여겼을 것이다. 일은 인간에게 긍정적인 가치가 되는 소득의 원천이므로 사람들이 일을 그만두기로 결정하려면 일의 한계 효용이 여가의 한계 효용보다 작아야 한다. 하지만 특정 한계 효용점 안에서는, 심지어 임금이 지불되지 않을 때도 일에 대한 욕구가 여가보다 클 수 있다. 사람들에게 삶의 행복에 대해 묻는 설문조사에서 응답자들은 삶을 불행하게 하는 중대한 요인으로 실업을 들었고, 그 영향력은 단순히 소득에 미치는 파장보다 더 크다고 말했다.[13]

많은 사람이 단지 돈을 벌기 위해 일하지 않고, 어떤 상황에서든 주당 15시간보다 더 오래 일하고 싶어 할지도 모른다. 직장은 사람들이 서로 교류하는 사회적 장이다. 단적인 예로 미국 근로자들의 40~60%는 직장 동료와 데이트한 경험이 있다. 영국에서는 하루 일과를 마치고 동료와 근처 술집에 가는 시간을 고대하는 사람들을 흔히 볼 수 있다. 미국에서는, 그리고 미국보다는 적지만 영국에서도 많은 사람이 케인스 시대의 유한계급처럼 집에서 빈둥대는 대신, 보수를 받지 않고 봉사 활동을 한다. 만약 이런 자발적인 봉사 활동이 케인스의 눈에 띄었다면 그 또한 이는 시간을 보내는 좋은 방법이라고 박수를 쳤을 것이다. 하지만 경제 문제가 사라진 세상에 관한 그의 비전은 인간이 일하게 되는 다른 동기를 배제했다.

이유가 어찌 됐든, 케인스의 손자 손녀 세대는 그가 예상했던 것보다 훨씬 더 많은 시간을 일하고 있다. 어쩌면 이런 상황 자체가 잘못됐을 수도 있다. 어쩌면 우리는 케인스가 바랐던 것처럼 탐욕과 경제적 실익, 무의미한 경쟁을 거부하고 더 여유로운 세상을 위해 정진해야 할지도 모른다. 이런 규범경제학* 관점은 그것이 케인스의 마음을 사로잡았던 것과 비슷한 이유로 오늘날 여러 사회학자와 분석가의 관심을 받고 있다.[14]

흥을 깰 수도 있겠지만, 나는 노동과 여가에 대한 규범적 시각에 반대한다. 목적 지향적 행동을 탄식하기보다는 오늘날의 소비와 행복을 온전히 받아들이고 우리를 앞으로 더 정진할 수 있도록 해주는 내적 조정 메커니즘을 칭송하는 편이다. 광활한 우주의 작은 행성에서 기껏해야 80년이나 90년을 사는 생각하는 종의 일원으로서 느긋하게 경제적 행복을 누리는 것은 옳지 않다고 생각한다. 우리는 결국 죽음에 대항하는 삶을 위해, 무지에 대항하는 지식을 위해, 또 거대한 경기침체든 붕괴든 어떤 사태에 처하기 전에 주위 세상을 탐구하고 이해하는 삶을 위해 위

---

* normative economics: 가치 판단으로 바람직한 경제 상태를 추구하는 경제학

대한 경쟁을 한다. 그런 노력은 앞으로 나아갈 수 있는 유일한 수단이다. 짐작하건대, 진화는 에덴동산의 존속이 아닌 인간의 생존을 위해 우리에게 직업윤리를 주입했을 것이다. 나는 이런 점에 대해서는 이의가 없다.

케인스는 에세이를 마치면서 우리에게 "더 중요하고 영구적으로 더 의미 있는 다른 문제들"이 있는데 경제적 문제의 중요성만 과대평가하면 안 된다고 경고했다. 하지만 정작 그런 "다른 문제들"이 무엇인지는 규정하지 않았다. 그는 경제적 희소성이 줄어들어 경제학자들도 치과의사처럼 겸손하고 유능한 존재가 되는 시대를 바랐다. 치과의사라니, 정말 우울한 직업이 아닌가? 내가 우리와 우리 손자 손녀들을 위해 바라는 것은 그와 상당히 다르다. 열심히 연구하고, 경제적 행동에 대한 지식을 발전시키고, 새로운 인센티브와 시장 형태를 고안한다면 우리 경제학자들도 기업가나 공상 과학소설 작가, 재즈 음악가 수준의 통찰력을 제시하는 창의적인 사회과학자로 인식될 수 있을 것이다. 그렇게만 된다면 정말 근사한 일이 아니겠는가? 나는 치과의사보다는 사회학자가 되고 싶다.

요약하자면, 케인스가 노동에 매진하는 인간의 힘에 대한 예측이 틀렸던 것은 다행스러운 일이다. 앞으로도 우리에게는 배우고, 만들어내고, 개선할 일이 상당히 많다. 그렇다면 마치 에덴동산에 사는 것처럼 찔끔찔끔 허송세월만 보내서는 안 된다. 손자 손녀들이여, 계속 정진하라.

REVISITING
KEYNES

케인스의 생각보다 상황이 더 중요한 이유

_ 로버트 프랭크

| 로버트 프랭크(Robert H. Frank) |

헨리에타 존슨 루이스 경영 교수이자 코넬대학교 사무엘 커티스 존슨 경영대학원 경제학 교수이다. 1978년 코넬대학교 교수로 임용된 후 만나게 된 리처드 탈러와 행동경제학을 연구하였고, 탈러 교수와 함께 '행동경제학과 결정 연구센터(Behavioral Economics and Decision Research Center, BEDR)'를 설립했다. 「뉴욕타임스」에 격월로 'Economic View'에 칼럼을 기고하고 있다.

1인당 GDP로 측정한 미국의 생활 수준은 18세기 말 이후 40배 이상 높아졌다. 존 메이너드 케인스는 1930년에 쓴 에세이 『우리 손자 손녀들이 누릴 경제적 가능성』에서 생산성 향상으로 일정 시간 이상 일할 필요가 없어지면 사람들은 일상을 채울 일들을 찾느라 고역을 치를 것으로 예상한 저명한 사상가 집단에 합류했다. 돌이켜보면 이런 우려는 근거가 없고 우스꽝스럽기까지 하다. 물론 생산성은 계속해서 급격히 상승해왔지만, 사람들은 과거와 다름없이 지금도 열심히 일하고 있다.

케인스는 어느 모로 보나 대단히 명석한 사람이었다. 하지만 그의 이런 구체적인 예측은 너무 터무니없어서, 나는 그가 이런 예측의 정당성을 어떤 식으로 입증했는지 그 세부 내용을 꼭 알고 싶었다. 또 문제의 에세이를 읽고 나면 케인스가 인간의 끝없는 욕망을 깨닫지 못했다는 사실을 확인하게 될 것으로 기대했다. 그래서 나는 다음 구문으로 케인스가 그런 가능성을 알고 있으면서도 일축했다는 사실을 알게 됐을 때 당혹감에 빠졌다.

"인간의 욕구는 만족할 줄 모른다는 말은 사실이다. 다만 욕구에는 두 가지 종류가 있다. 그중 하나는 동료 인간들이 어떤 처지에 있든 상관없이 느끼는 절대적인 욕구이고, 나머지 하나는 충족됐을 때 우리의 위치를 위로 끌어올리면서 타인에 대한 우월감이 생기는 상대적 욕구이다. 우월감에 대한 욕망을 충족시키는 두 번째 욕구는 사실상 만족시킬 수 없다. 전반적으로 수준이 높을수록 욕구가 커지기 때문이다. 하지만 절대적 욕구는 그렇지 않다. 절대적 욕구는 생각보다 훨씬 더 빨리 충족될 수 있는데, 자신의 에너지를 비경제적인 목적에 더 쏟고 싶어질 때가 절대적 욕구가 충족된 시점이라고 할 수 있다."

케인스는 특정 유형의 욕구가 무한정 계속 커질 수 있다는 것을 분명 알고 있었지만, 이 문장에서 상황context이 수요를 형성하는 정도에 대해 너무 협소한 시각을 가졌다. 위에 인용한 내용으로 보면 그는 "우리의 위치를 위로 끌어올리거나", "타인에 대한 우월감이 생기는" 상품에 대해서만 상황이 중요하다고 믿었던 것 같다. 다른 대다수 경제학자처럼 케인스는 그런 감정에서 생기는 수요가 전체적인 경제 활동에서 차지하는 비중이 미미하다고 여겼다. 나도 그 생각에는 동의한다. 사실 친구나 이웃을 능가하고 싶은 욕망을 의식적으로 계속 느끼는 사람은 드물다. 그렇다고 할지라도 상황이 수요를 형성하는 방식은 그런 감정을 훌쩍 뛰어넘는다.

나에게는 케인스가 그런 오류를 범한 구체적인 원인을 명확히 깨닫게 된 계기가 있었다. 때는 몇 년 전 시카고대학에서 강연하던 하던 날로 거슬러 올라간다. 나는 강연 전 지인들과 저녁식사를 하기로 돼 있었다. 약속한 네 명 중 세 명이 먼저 도착해 식당 밖에서 기다리고 있는데 마지막 일원이 갓 뽑은 렉서스 세단을 끌고 나타났다. 우리는 식당으로 들어가 자리를 잡았고, 이윽고 렉서스 주인이 말문을 열었다. 자신은 그동안 이웃이나 동료가 어떤 차를 모는지 도통 관심도 없고 알지도 못했다는 것이다. 나는 그와 여러 해 알고 지내면서 수없이 대화를 나눈 사이여서 그의 말이 사실임을 알 수 있었다.

나는 그에게 토요타 세단 중 훨씬 저렴하면서 신뢰도 면에서도 뒤지지 않는 차들이 있는데 왜 렉서스를 선택했는지 물었다. 그러자 그는 내장재의 외관이나 감촉, 차 문을 닫을 때 나는 소리 등 차의 품질이 마음에 들었다고 답했다. 게다가 엔진 소리는 얼마나 조용하고 진동 또한 적은지 안내 책자에 엔진이 작동하고 있는 상태에서 시동을 걸지 말라는 경고문까지 빨간 글씨로 적혀 있었다며 유난히 뿌듯해했다.

나는 그에게 렉서스 전에는 어떤 차를 몰았는지 물었다. 어떤 차였는지 지금은 잊었지만, 논점을 이어가기 위해 그의 예전 차가 5년 된 사브Saab였다고 하자. 나는 그에게 만약 타임머신을 타고 1935년으로 돌아간다면 사람들이 그의 사브를 보고 어떤 반응을 보일 것 같으냐고 물었다. 그는 주저하지 않고 그 시대 사람이라면 누구든 사브의 근사한 모습에 굉장히 감탄할 것이라고 말했다. 뛰어난 가속 품질이나 핸들링은 말할 것도 없고, 고급스러운 내장재 또한 사람들에게 놀라움을 선사할 것이고, 사브의 엔진은 믿을 수 없을 정도로 조용하고 진동조차 거의 느껴지지 않을 게 분명하다. 같은 제품이지만, 전에 몰던 차에 대한 그의 평가는 면면마다 완전히 달라졌다.

이후 우리는 품질에 대한 수요의 공식적인 수학 모델이 어떤 형태일지 토론했고, 어떤 식이든 그 모델이 타당해지려면 차의 각 기능을 동일한 지역에 있는 다른 차들의 상응하는 기능과 명시적으로 비교한 결과여야 한다는 데 빠르게 합의했다. 그렇게 비교한 결과 기능들의 점수가 더 좋게 나온 차는 품질이 높다고 볼 수 있었고, 그에 따라 소비자들이 더 높은 비용을 기꺼이 지불하고 살 만할 것이었다.

이런 모델은 품질 자체를 소유하려는 욕구가 아닌, 친구나 이웃에 뒤지지 않거나 그들을 능가하려는 욕구의 모델과 본질적으로 같을 것이다. 하지만 이 두 욕구가 전하는 주관적인 인상은 완전히 다르다. 품질 자체를 원하는 사람은 분별력 있는 구매자라는 인상을 준다. 하지만 친구나 이웃을 능가하고 싶은 경우는 천박하고 사회적으로 우매한 사람으로 인식된다. 자신의 우월함을 과시하는 것을 목표로 삼는 사람들은 분명 존재한다. 그러나 우리 대부분은 그런 사람들을 피하려고 최선을 다하고, 우리가 대체로 그 일에 성공한다는 것은 그런 사람들이 상대적으로 드물다는 뜻이다. 요컨대 케인스는 다른 사람들을 능가하고 싶은 욕구를 상황에 따라 수요가 형성되는 상품군을 설명하는 중심에 둠으로써 그런 상품군을 주변부로 국한했다.

하지만 품질에 대한 요구를 이런 식으로 단정할 수 없다. 품질은 사실상 음식 같은 기본적인 상품을 포함한 모든 제품에서 요구된다. 예컨대 한 부부가 결혼기념일을 맞아 단둘이 외식을 하는 상황에서는 친구나 이웃보다 우월해야 한다는 생각이 잘 떠오르지 않을 것이다. 그들의 목적은 그저 기억에 남을 만한 식사를 하는 것이다. 그런데 기억에 남을 식사란 본질적으로 상대적인 개념이다. 다른 식사와는 확실히 달라야 한다.

누구든 기억에 남을 만한 식사를 정의하는 기준이 매우 탄력적이라는 데 의문을 제기할 사람이 있을까? 몇 년 전 나는 아내와 파리에서 살고 있었을 때 미국에서 아주 부유한 친구들이 놀러 와서 같이 외식을 한 일이 있었다. 우리가 고른 식당은 꽤 평이 좋았고, 우리 기준으로는 절대 저렴한 곳이 아니었다. 아내와 나는 그곳 음식이 아주 만족스러웠다. 하지만 친구들은 실망감이 역력했다. 물론 그들은 우리 내외가 위축되지 않도록, 또 그들의 실망감을 티 내지 않으려 최선을 다했다. 다만 그들의 소득은 우리보다 상당히 높았기 때문에 더 수준 높은 요리에 익숙했을 뿐이다.

우리가 부유해질수록 기억에 남을 만한 경험에 더 많은 돈을 지불할 용의와 능력이 생기기 때문에, 품질 기준이 높아질 수 있는 범위에는 명확한 한계가 없다. 런던의 미슐랭 식당인 스케치

Sketch에서는 메뉴판에서 가장 싼 와인을 골라도 두 사람 식사비가 700달러를 훌쩍 뛰어넘는다. 그 가격이면 기억에 남을 만한 식사를 할 수 있다. 하지만 생산성은 계속해서 증가할 것이고, 기억에 남을 만한 식사 가격이 그 2배가 되는 것은 시간 문제일 뿐이다. 우리의 소득이 높아질수록 요리사들은 새로운 식재료는 물론이고, 그것을 전통적인 식재료와 결합하는 새로운 조리법을 발견해서 더 흥미롭고 매혹적인 음식으로 만들어낼 것이다.

기존 품질 기준에서 최고 경계에 가까워지면 사소한 품질 향상에도 상당한 비용이 따를 수 있다. 일례로 포르쉐 911 터보Turbo는 최근까지 돈을 주고 살 수 있는 최고의 스포츠카로 여겨졌다. 기본 옵션만 장착해도 15만 달러가 넘는 이 차는 흠 잡을 데 없는 주행 성능에, 정지 상태에서 시속 100㎞까지 가속에 걸리는 시간(일명 제로백)이 단 3.9초밖에 되지 않는다. 하지만 2004년에 포르쉐는 카레라Carrera GT를 출시하면서 대중의 기준치를 한층 더 높였다. 주행 성능이 터보보다 조금 더 나은 카레라는 제로백 성능이 터보보다 0.2초 더 빠르다. 아주 작은 차이지만 자동차 애호가들은 진심으로 열광했다. 그러나 이 작은 차이를 얻기 위해 카레라 GT 구매자들은 911 터보 가격의 3배 가까운 돈을 지불했다.

걷기를 빼면 가장 단순한 이동 수단인 자전거도 품질 기준이 현격히 높아졌다. 보통 자전거는 가벼울수록 좋다. 그러나 제조사들은 자전거 무게를 줄이는 싸고 쉬운 방법을 이미 오래전에 거의 다 써버리고 말았다. 탄소 섬유와 티타늄으로 수작업한 세로타Serotta 자전거의 오트로트Ottrott 프레임은 5,300달러 정도에 팔린다. 이 정도 프레임을 살 정도로 자전거에 관심이 높은 사람이라면 탄소섬유 소재 림과 강철 스포크, 알루미늄 허브로 만들어진 바퀴(한 쌍에 약 2,500달러), 탄소 섬유로 된 포크(600달러), 시마노Shimano의 듀라에이스Dura-Ace 브레이크와 탈선기, 크랭크 세트, 케이블과 시프터(모두 합쳐 약 3,000달러) 같은 부품들을 원할 것이다. 여기에 안장, 안장 포스트, 헤드셋, 페달 그리고 맞춤식 페인트 작업까지 추가하면 판매가는 1만 4,210달러에 이른다. 타인에 대한 우월감은 전혀 신경 쓰지 않는 사람이라도 이 정도 제품이면 모든 자전거광이 타고 싶어 할 것이다. 하지만 머지않은 어느 날에는 이 또한 구식으로 보일 것이다.

이는 중요한 이슈라서 제대로 설명이 필요하다. 품질에 대한 요구는 보편적이며 사그라지지 않는다. 따라서 언젠가는 주당 2시간만 일해도 사람들 대부분이 원하는 모든 것을 살 수 있게 된다는 케인스 같은 사람들의 상상에는 심각한 오류가 있다. 그런 일을 절대 일어나지 않는다.

그런데 케인스가 에세이에서 말한 또 다른 구체적인 예측은 적어도 일부 국가에서 놀라울 정도로 적중했다. 그는 이렇게 썼다. "따라서 우리는 이제 가장 확실한 종교 원칙과 전통적 미덕으로 돌아가야 한다.…. 내일을 걱정하지 않는 이가 온전한 지혜와 미덕의 길을 가장 참되게 걷는 자이다." 여기서 케인스는 사람들이 자본 축적의 필요성을 더 이상 느끼지 못할 정도로 생활 수준이 높아지는 날이 온다고 기대했다. 비록 그가 생각했던 이유는 아니지만, 미국에서는 그의 예측이 정확히 실현되었다.

그림 10.1 - 미국의 개인 저축률(PSAVERT)

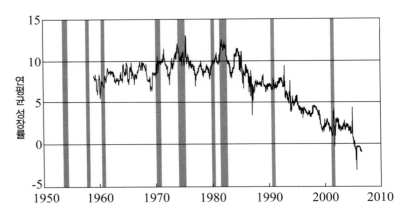

회색 영역은 미국 국가경제연구국(NBER)이 규정한 경기 침체 기간을 나타냄(2006, Frderal Resrve Bank of St. Louis(research.stlouisfed.org)).
출처 : 미국 상무부 경제 분석국(US Department of Commerce: Bureau of Economic Analysis)

〈그림 10.1〉에서 볼 수 있듯이, 미국의 개인 저축률은 1980년대 중반부터 꾸준히 감소하기 시작해 2005년에는 대공황 이후 처음으로 마이너스가 되었다. 이러한 하락이 케인스의 예상처럼 상품 소비에 대한 욕구가 물릴 정도로 충족됐기 때문은 당연히 아닐 것이다. 이는 오히려 미국인들의 개인 부채와 파산이

기록적인 수준에 도달했기 때문이고, 미국인이 예전보다 휴가를 더 많이 낸다면 이는 법적으로 정해진 의무 휴가 제도나 휴가 장려 정책 때문일 것이다.

개인 저축률의 하락이 특히 당황스러운 이유는 미국의 소득과 부의 불평등 수준이 최근 몇십 년 동안 급격히 높아졌기 때문이다. 저축에 항상소득*과 생애주기라는 보편적인 이론들을 적용하면 부자나 가난한 사람들이나 같은 비율로 저축을 해야겠지만, 실제 데이터를 가지고 연구하는 사람들은 부자들의 저축 비율이 훨씬 높다는 제임스 듀센베리James Duesenberry의 주장을 일찌감치 인정했다. 따라서 최근 몇십 년간 대부분의 소득 증가가 상위 소득자 계층에서 발생했다면 총저축률은 감소하지 않고 상승했어야 한다.

이런 명백한 모순 또한 수요에 미치는 상황의 영향으로 설명할 수 있다. 데이터를 보면 부유층의 소비가 중산층의 지출 형태를 결정하는 소비 상황에 직접적인 영향이 거의 없음을 알 수 있다. 소득 수준과 상관없이 소비에 가장 결정적인 영향을 주는 요인은 동일 소득 집단에 속한 다른 사람들의 지출이다. 또 데이터를 보면 우리가 인구를 어떻게 세분하든 불평등 증가의 양상은

---

* permanent income hypothesis: 소비 지출은 단순히 세후 소득에 좌우되지 않고 개인이 추정하는 장기적인 미래 소득에 따라 정해지는데, 이 때문에 경제 정책이 소득을 증가시킨다고 해서 반드시 소비 지출 증가로 이어지지 않는다.

동일하게 나타난다.

따라서 각 집단에서 발생하는 소득 증가는 그 집단의 소득 상위 20%가 주도하고 나머지에는 거의 영향을 미치지 못한다. 일례로 이런 양상은 대졸자, 엔지니어, 치과의사, 부동산 중개업자 등 다양한 집단에서 똑같이 목격된다. 게다가 이 현상은 소득의 사다리 위로 올라가도 반복된다. 가령 한 집단의 소득 상위 20% 중 전체 소득 증가분의 가장 큰 몫을 차지하는 집단은 소득 상위 1%에 속하는 사람들이다. 또 그 1%의 소득 증가분 대부분은 그들 중 상위 10분의 1이 주도한다.

결과적으로 지난 수십 년간 대다수 소비자의 소득은 각각이 속한 소득 준거집단의 최상위 소득자들의 수입에 보조를 맞추지 못했다. 각 집단에서 상위 소득자들의 수입 상승은 그들의 지출 증가를 이끌었고, 이는 소득이 그다지 증가하지 않은 동일 집단의 나머지 사람들도 소비를 늘리도록 유도한 것으로 보인다.[2] 요컨대 우리는 평균적으로 더 부유해졌지만, 우리가 활동하는 국지적 상황 또한 바뀌었다. 결국 상대적으로 보면 우리 대부분은, 심지어 아주 부유한 사람들도 과거보다 더 가난해졌고, 아마 그래서 우리의 저축률이 감소하고 있는지도 모른다.

물론 수요 형성에 상황이 미치는 중대한 역할을 케인스만 간과한 것은 아니었다. 실제로 신고전파 모델들은 효용이 각 소비 범주의 절대 소비량에 의해서만 달라진다는 가정을 고수해왔다. 이런 모델은 상황이 발휘하는 잠재적 역할을 완전히 무시한다.

10장 · 케인스의 생각보다 상황이 더 중요한 이유

상황이 미치는 영향력을 고려하지 않은 결과 케인스 같은 경제학자들은 잘못된 예측을 했을 뿐만 아니라 후생 분석에서는 더 중대한 오류를 범했다. 기존 보이지 않는 손 정리에 의하면 효율적 배분은 자유시장에서 사람들이 소득의 지출 방법을 개별적으로 결정할 때 이뤄진다고 말했다. 그러나 상황이라는 변수가 특성 상품에 대한 수요를 다른 상품의 수요보다 증대시킨다면 기존의 보이지 않는 손 정리는 더 이상 들어맞지 않는다. 상황을 고려하는 기존 모델들은 군비 경쟁에서 목격되는 것과 비슷하게 후생이 감소하는 왜곡을 보여준다.

이 문제의 본질적인 개념은 당신이 사회에서 중간 소득층에 속할 때 다음 두 가지 선택지 중 무엇을 선택할 것인지 자문해보면 쉽게 이해할 수 있다.

A: 당신은 안락한 노후생활을 영위할 수 있을 만큼 충분히 저축했지만, 당신 자녀는 읽기와 수학 시험 점수가 20 백분위수에 해당하는 학교에 다닌다.

B: 당신은 안락한 노후생활을 위한 저축을 거의 하지 않았지만, 당신의 자녀는 읽기와 수학 시험 점수가 50 백분위수에 해당하는 학교에 다닌다.

'좋은' 학교란 어쩔 수 없이 상대적인 개념이므로 이 사고 실험은 대부분의 중산층 가정이 저축 수준을 결정할 때 부딪히는 근본적인 문제를 보여준다. 대부분 지역에서 학교의 질은 해당 학군의 평균 집값과 강한 상관관계에 있다. 지출 항목 중 성인이 된 자녀에게 성공적인 삶을 보장해주는 것보다 상황이 더 중요한 항목은 아마 없을 것이다. 또 학군이 좋고 안전한 동네의 집을 사는 것도 가장 중요한 지출에 속할 것이다.

만약 다른 사람들이 학군이 뛰어난 지역에서 집을 구한다면, 그럴 형편이 되지 않는 사람들은 대개 자녀를 수준이 떨어지는 학교에 보내야 할 것이다. 게다가 각 가정이 얼마를 지출하든 전체 아이들의 절반은 하위 50%에 속하는 학교에 다닐 수밖에 없다. 앞에서 제시한 양자택일 실험은 부모라면 대부분 피하고 싶을 것이다. 그러나 반드시 하나를 선택해야 한다면, 대다수가 두 번째를 고를 것이다.

물론 젊었을 때 저축을 조금 하면 노후에 열악한 생활 수준을 견뎌야 한다. 하지만 미래 소비를 평가하는 데 상황이 분명 중요하다 할지라도 대부분의 부모는 지금 내 아이들에게 더 좋은 환경을 제공할 수만 있다면 은퇴 후 생활 수준이 떨어지는 것쯤은 감내할 것이다.

상황이 수요를 형성하는 정도가 분야마다 다를 경우에 보통 지출은 상황에 대해 가장 민감한 분야로 향하고 그 결과 전체 후생 수준이 낮아진다. 앞서 지적했듯이 이런 주장은 국력이 비슷하면서 적대적 관계에 있는 나라들이 군비에 지나치게 많은 돈을 쓴다는 주장과 일맥상통한다. 후자의 주장이 성립되는 필요

충분조건은 다른 재화보다 군비가 국가의 상대적인 지위에 더 큰 영향을 미치는 것인데, 이는 물론 현실적으로는 그럴듯하다. 경쟁국보다 군사력이 떨어지면 그 나라의 정치적 독립이 위험해지는 경우처럼 말이다. 비군비 상품의 소비에서 발생하는 효용도 다른 나라의 그에 상응하는 상품의 소비 수준에 어느 정도는 좌우되겠지만 낮은 가전제품 보급률은 낮은 군사력의 결과보다 훨씬 덜 심각할 것이다.

민간 소비 영역에서는 상황에 따른 수요의 민감도가 분야마다 크게 다르다는 것을 보여주는 믿을 만한 증거가 있다.[3] 예컨대 여가와 안전에 대한 수요는 일반적인 소비 수요보다 상황에 훨씬 덜 민감한데, 이는 대부분의 국가가 여가와 일자리의 안전성 보장을 위해 집단적 조치를 취하는 현실과 일치한다. 하지만 상황에 대한 수요 민감도가 아주 낮은 상품 소비를 촉진하는 규범, 법률, 규제가 존재한다고 해도 후생이 상당히 감소하는 문제는 여전히 나타난다. 나는 가파른 누진 소비세의 채택이 어떻게 저축률을 높이고, 미국에서만 연간 수천억 달러씩 발생하는 후생 손실을 회복할 수 있는지에 대해 설명한 적이 있었다. 이런 내 주장은 격렬한 논쟁을 일으켰다.[4] 하지만 그 주장의 전제에는 논란의 여지가 없다.[5]

어쨌든 분명한 사실은 케인스가 언젠가 자신의 손주들이 하루를 어떻게 채울지 정하느라 스트레스를 받는 날이 올까 봐 걱정한 것은 기우였다. 그가 말한 경제적 도전은 앞으로도 늘 우리와 함께할 것이다. 품질에 대한 인식은 국지적 상황에 따라 달라지고, 품질에 대한 욕구에는 한계가 없다.

언젠가 경제사학자들은 상황의 영향이라는 너무나 명백한 요인을 그들의 선배 학자들이 어떻게 그렇게 오랫동안 간과할 수 있었는지 설명하느라 고생할 것이다. 이 비정상적인 상황을 설명하는 핵심은 케인스가 다른 경제학자들처럼 상황의 영향력을 너무 협소하게 생각했다는 것이다.

"경제학자들의 사상은 옳든 틀리든 일반인들이
상상하는 것보다는 훨씬 더 막강하다. 세상은 경제학자들의
사상에 의해 지배된다. 또한 어떤 지성으로부터도 자유롭다고
생각하는 자들은 보통 죽은 경제학자들의 노예에 불과하다."

- 존 메이너드 케인스

REVISITING
KEYNES

11장

(경제적)
역사의 종말

_장 폴 피투시

| 장 폴 피투시(Jean-Paul Fitoussi) |

프랑스 진보 경제학의 거장으로 존경받는 경제학자이다. 유럽대학연구소 교수, UCLA의 객원교수, 파리
정치연구소의 명예교수로 신케인스주의의 지도자 중 한 명이다. 거시경제학자인 피투시는 수년 동안 유
럽 의회, 통화 및 경제 위원회의 전문가를 포함하여 여러 기관에서 활약했으며, 국가경제위원회 위원, 국
무총리 경제자문위원회 위원, 유엔 국제통화금융체제개혁위원회 위원을 역임했다. 또한 조지프 스티글
리치, 아마르티아 센과 함께 경제 성과 및 사회발전위원회의 공동 의장을 역임하고 1990년대 초에는 유
럽 부흥개발은행 설립에 기여했다.

어떤 논문들은 적어도 어느 정도는 불확실한 이유로 지적 역사에 계속 흔적을 남긴다. 케인스의 『우리 손자 손녀들이 누릴 경제적 가능성』이 바로 그런 경우이다. 이 에세이는 단순한 경제적 계산이 가진 힘을 보여주기 위해 이따금 언급되는 것 외에는 경제 전문가들 사이에서 그다지 주목받지 못했다. "내 생애 가장 위대한 경제학자들은 계량 경제사학자들이 개발한 정교한 모델들이 지루한 계산 끝에 도출해내는 것들을 그저 어림짐작으로 추측하는 데 대단한 능력을 보여줬다_{Samuelson, 1983}."

케인스가 이 에세이를 쓴 이유는 경제학적 엄격함에서 탈피해 자신의 도덕 철학을 드러내고 싶어서였는지도 모른다. 케인스 정도로 능력 있는 사상가가 자신의 분야가 아닌 영역을 다루는 것은 지극히 정상적인 일이므로 그런 시도에는 문제가 없다. 또 위대한 경제학자라고 해서 반드시 위대한 철학자는 아니므로 애초에 그런 의도에서 나온 결과가 우리가 케인스의 다른 글에서 익숙하게 접했던 수준과 같을 것이라고 기대해서도 안 된다.

그럼에도, 우리는 그의 글이 가치 있을 것으로 기대해야 한다. 그 이유는 케인스가 자신이 제기한 질문들에 어떻게 답했느냐가 중요한 것이 아니라 그 질문들 자체가 본질적으로 중요하기 때문이다. 과연 자본주의 체제의 작동을 통해 경제 문제가 해결되고, 그로 인해 자본주의 자체가 종말을 맞을 수 있을까? 풍요의 시대는 오늘날 자본주의 사회를 지지하는 가치 체계에 급격한 변화를 수반할까? 새로운 시대를 사는 사람들의 삶을 합리적으로 그려본다면 과연 어떤 모습일까?

이 질문들에 대해 케인스는 다음과 같은 세 가지 요소를 바탕으로 답을 내놓았다. 바로 산술, 자본주의로 인한 신경증 그리고 엘리트 공산주의이다.

산술

케인스의 고찰은 복리 계산과 복리가 오랫동안 적용됐을 때 나타나는 극적인 결과에서 시작된다. 어떤 숫자든 2%씩 성장하면 100년 후에는 7.5배가 된다. 자본 축적과 기술 발전으로 문명화된 세상에서 살아가는 인간의 1인당 GDP도 마찬가지일 것이다.[1] 케인스는 승수를 4와 8 사이로 처리할 정도로 신중했다. 통찰력에 탄탄한 직관까지 뒷받침한다면 대략적인 계산으로도 가장 정교한 모델보다 더 많은 진실을 전달할 수 있다. 이는 케인스의 논문에서 가장 뛰어난 점이다. 누군가는 케인스의 글에 나타나는 자본 축적의 중상주의적 관점이나, 유럽과 미국 같은 '선진국'에만 명시적으로 초점을 맞춘 것에 이의를 제기할 수도 있다. 그러나 케인스가 개발도상국까지 고려했다 할지라도 그의 추론 기간이었던 2029년 전이라면 중국, 인도, 브라질 같은 나라들 때문에 그의 예측이 크게 틀리지는 않았을 것이다.

그래서? 인구를 제외한 모든 경제 분야가 8배 향상된 결과로 인류가 가진 경제적 문제가 해결될 것인가? 케인스는 단도직입적으로 '그렇다'고 답한다. 그리고 경제력 향상 덕분에 소위 '절대적 욕구'가 충족되기 때문이라고 그 이유를 설명한다.

케인스는 동료 학자들처럼 상대적 욕구가 절대 충족될 수 없다는 것을 잘 알고 있었다. 하지만 첫 번째 유형의 욕구가 충족되는 한 두 번째 유형의 욕구는 중요도 면에서 부차적이라고 여겼다. 그리고 암묵적으로 우월감의 욕구를 맹렬히 충족하려는 태도는 좋은 삶을 추구하는 태도와 너무 거리가 멀어서 강점보다는 정신병으로 인식될 것이라고 생각했다. 실제로 그는 에세이에서 "부유함 때문에 원래 해왔던 직업과 임무를 빼앗겨 불운한 여성이 돼버린 영국과 미국의 부유층 부인들 사이에서 익숙하게 목격되는" 신경쇠약을 언급한다. 물론 케인스가 지금으로부터 1세기가 지나면 "인류가 전통적으로 추구했던 목적을 박탈당하게 되고", 따라서 일반적으로 '신경쇠약'에 걸리게 된다고 예측한 것은 아니었다. 그는 "우리가 자신의 에너지를 비경제적인 목적에 쏟는" 방법을 조금씩 배워나갈 것으로 기대했다.

하지만 이 지점에서 순수한 산술 작업은 케인스에게 경종을 울렸어야 했다. 케인스는 에세이 그 어디에서도 소득 분배에 대한 우려감을 드러내지 않았고, 불평등이 사라지지는 않을지언정 최소한 크게 줄어들 것이라고 말하지도 않았다. 소득 분포의 모든 백분위 수가 8배씩 증가하면 백분위 수 간의 절대적 차이도 8배 증가한다. 그러면 상대성에는 변함이 없겠지만 소득 분포의 범위가 너무 커진 나머지 같은 사회에 사는 사람들이 완전히 다른 행성에서 사는 것처럼 될 것이다. 1920년대에도 불평등 수준이 벨 에포크* 시대만큼 상당히 높았다.

『일반이론』을 보면 케인스는 이런 상황을 잘 인식하고 있었고, 소득과 부의 불평등을 실업과 함께 우리 경제 체제가 가진 두 가지 약점으로 여겼다. 하지만 다음 인용 구문에서 알 수 있듯이, 그는 『경제적 가능성』에서 이런 불평등 문제를 완전히 무시한다. "논의를 목적으로 지금부터 100년 후에 우리 모두가 지금보다 경제적으로 평균 8배는 더 잘살게 된다고 가정해보자." 모든 가구의 효용함수가 사전편찬lexicographic식으로 증가한다고 해도, 8배 증가한 소득 덕분에 사람들의 절대적 욕구가 전부 충

---

* belle é poque: 19세기 말에서 20세기 초까지 프랑스, 특히 파리가 전 세계 문화 예술의 중심지로 부각하던 시대를 가리키는 말이다.

족될지는 확실하지 않다.

　여기서 계산은 끝나고 복잡한 인간 본성이 시작된다. 우리는 '절대적 욕구'를 어떻게 정의할 수 있을까? 마르크스의 논리처럼 임금 노동자 한 명의 노동력을 재생산하는 데 필요한 상품의 가치에 의해? 아니면 리카도가 말한 최저임금 수준에 의해? 절대적 욕구는 시간과 장소와는 무관할까? 인간은 20세기 초나 지금이나 똑같은 절대적 욕구를 갖고 있을까?

　이런 질문들에 대한 답은 케인스의 에세이에서 아주 중요하다. '그렇다'는 답은 케인스가 옳았다는 의미이고, '아니다'라는 답은 문제가 있다는 것이다. 그리고 나는 그 답이 후자라고 생각한다. 인간은 사회적 존재이고, 이 사실은 아주 다양한 결과를 낳는다. 그중 하나가 '절대적 욕구'에 대한 정의이다. 로빈슨 크루소가 경제적 주체로 등장하는 소설 속 상황이 아니라면, 절대적 욕구는 케인스가 말한 "우리 인간이 어떤 상황에서든 느끼는" 욕구가 아니라, 그것이 충족됐을 때 사회적 포용이 이뤄지는 욕구로 정의해야 할 것이다. 하지만 이는 결국 절대적인 욕구가 상대적이라는 것을 의미한다! 사회적 상호작용을 고려하지 않더라도 절대적 욕구는 상대적이다. 의학과 위생 상태가 개선되고 '절대적 욕구'를 충족시키는 여러 상품의 품질과 다양성이 높아진 덕분에 인간의 기대수명은 늘어났다.

　절대적 욕구가 상대적인 이유는 같은 상품이라도 그에 따른 충족 수준이 시기와 장소에 따라 달라지기 때문이다. 안경, 물,

욕실 난방 장치, 의약품, 보철물, 침대 같은 것들을 생각해보라. 필요에 더 잘 부합하는 상품에 대한 요구에는 끝이 없고 이는 과학 연구와 혁신, 다시 말해 인류를 발전시키는 가장 강력한 동력 중 하나이다. 욕구를 절대적 욕구와 상대적 욕구로만 구분하는 것은 인간이 가진 욕구의 위계를 설명하기에는 너무 허술하다. 우리가 스스로를 생계유지 욕구를 충족하는 수준의 존재로 국한할지라도, 상품이 그런 욕구를 충족하는 정도는 상품의 품질에 따라 크게 달라진다는 것을 인정해야 한다(가령 상품의 품질과 건강 간의 상호보완성을 생각해보라). 그러므로 이런 점에서 지위에 대한 소비자의 관심과 우려는 욕구불만을 보여주는 유일한 징표가 아니라, 더 나은 삶을 누리기 위한 탐색적 행위라고 할 수 있다.

그렇다면 케인스 같은 천재가 왜 그렇게 심하게 단순화한 인간의 욕구에 기초했을까? 어쩌면 케인스는 인간의 욕구를 "향후 언젠가는 인류가 경제 문제에서 해방될 수 있다"는 자신의 주장을 논하기 위한 수사적 장치로 사용했을지도 모른다. 이 말은 사회·경제적 진보를 믿는 우리에게도 과장되게 느껴지지만, 그렇다고 완전히 틀린 말은 아니다. 우리가 기후변화나 전쟁처럼 우리 시대에, 또 우리의 발전 방식으로 인해 발생하는 재난을 피하는 방법을 배운다면 분명 먼 훗날에는 사회·경제적 진보를 통해 인류의 가장 시급한 경제 문제들을 전 세계적으로 해결할 수 있을 것이다. 우리는 적어도 경제 문제가 오늘날처럼 생존의 문제가 아닌 때가 오기를 희망한다. 나는 매주 뉴스에서 노숙자의 사망 소식을 다루는 아주 부유한 나라인 프랑스에서 이 글을 쓰고 있다. 프랑스는 노숙자에 대한 사회적 반대가 워낙 심해서 모든 정당이 이 문제에 마침표를 찍는 헌장을 승인하기로 합의했다. 프랑스에는 또 민간 자금으로 취약계층에게 점심과 저녁을 무료로 제공하는 '마음의 식당restaurants of the heart'이 있는데, 1980년대 초부터 그 숫자가 해마다 늘고 있다. 이렇게 보면 그리 머지않은 미래에 인간의 기본 욕구들이 실제로 충족될 것으로 보이기도 한다.

그런 유토피아가 실현되려면 적어도 두 가지 조건이 필요하다. 이는 복리를 통한 생활 수준의 향상과 불충분한 소득 재분배로 극빈층의 생존이 위협받는 상황을 사회 구성원 스스로 거부하는 사회적 응집력이다. 그러나 이것은 경제 문제의 해결을 의미하는 것이라기보다는 그 본질이 변화하는 것을 의미한다. 인간의 모든 욕구가 충족되면서 인류가 더 이상 더 나은 미래를 꿈꾸지 않는 정상 상태 같은 것은 적어도 지구상에는 존재하지 않는다.

케인스의 오류를 설명하는 또 다른 해석으로 그가 고전파 경제학의 거대한 (그러나 장기적으로는 우울한) 동학에 관한 '현대적' 관점에 대항하려 했다는 주장도 있다. 즉 케인스가 데이비드 리카도, 토머스 맬서스, 존 스튜어트 밀의 사상을 비판하려 했다는 것이다.[2] 그들은 토머스 칼라일Thomas Carlyle이 경제 침체라는 망령이 수익 감소 때문에 일어나는, 경제의 피할 수 없는 장기적 운명이라고 평하면서 경제학을 '우울한 과학'이라 칭하는 데 발판을 마련한 이론가들을 말한다. 케인스는『경제적 가능성』에서 수익 증가의 미덕을 칭송했고, 그런 만큼 로버트 솔로와 로버트 루카스 같은 학자들이나 복리 이론과 뜻이 맞았다. 결국 수익이 증가하고 복리 나무들이 하늘 높이 치솟을 수 있다면 (그에 따라 희소성의 종말이 온다면) 고전파 경제학자들이 강조한 탐욕이라는 본성은 더 이상 제한 요인으로 작동하지 않는다.

하지만 에세이 전체적으로 케인스의 어조는 경제 문제의 해결이라는 좀 더 확실한 결론에 방점을 찍는다. 그리고 이 결론에 도달하려면 욕구를 분류하는 자신의 분류법을 믿어야만 한다. 왜 그럴까? 이는 프로이트를 대하는 케인스의 태도로 설명할 수 있다. 스키델스키에 따르면 케인스는 돈의 병리학에 대한 프로이트의 사상, 특히 가학적 항문기와 연관된 주장들과 프로이트의 방어기제 중 하나인 승화sublimation에 매혹되었다고 한다.

케인스는 프로이트를 통해『평화의 경제적 결과』에 처음 등장하는 자본주의의 희생적 본질에 대한 통찰력을 쌓았다. 케인스는 글에서 '복리'를 위해 '예술의 즐거움'을 희생한 '불로소득 부르주아'의 문화적 변모를 경제적 진보의 대가로 간주한다. 이에 따라 그가 상대적 욕구 충족의 연장선으로 여긴 '돈에 대한 사랑'은 신경증적 성향을 의미하며, 모든 물질적 욕구가 충족되는 세상에서 남과 달라 보이기 위해 겪는 과정은 좋은 삶과는 동떨어진 부적절한 것으로 보였을 것이다.

케인스는 몇 가지 일반적인 결론을 내기 위해 병리학적 사례를 끌고 온다. 정신분석학은 인간의 영원하고 무한한 성취 욕구 때문에 인간의 욕망이 충족될 수 없다고 가르친다. 물론 욕구와 욕망은 다르다. 그러나 욕망의 무한성이 어떻게 욕구의 무한성으로 해석되는지는 쉽게 상상할 수 있다.

사랑할 수 없지만 피할 수도 없는 자본주의

병리학적 사례들은 차치하더라도, 케인스는 "결국에는 인류가 경제적 문제를 해결하는" 번영의 시대가 올 것으로 기대했다.[3] 물론 번영에 이르는 길은 절대 순탄치 않겠지만 충분히 지적인 사람들은 수면 아래서 벌어지는 '세상 일들의 추세'를 분별할 것이다. 그러면서 경제 발전의 역사가 마침내 종식될 것이다. 이것이 바로 케인스가 경제적 희소성 문제가 해결될 것으로 예언하면서 독자들에게 전하려 한 메시지였다.

역사의 종말에 대한 환상은 최근 프랜시스 후쿠야마Francis Fukuyama의 논문에서 재등장했다. 케인스에게 (경제적) 역사의 종말은 생존을 위한 투쟁이 끝나면서 온다. 반면 후쿠야마에게는 간단히 말해 이데올로기 간 투쟁이 끝나고 자유 민주주의가 승리하면 역사의 종말이 온다. 흥미로운 점은 두 학자 모두 이분법적으로 결론을 도출한다는 점이다. 케인스의 에세이에서는 절대적 욕구와 상대적 욕구가, 후쿠야마의 책에서는 소련의 사회주의와 자유 민주주의가 대치한다. 그런 점에서 역사의 종말에 대한 예언은 세상에 대한 좁고 편파적인 시각에서 나오는 것 같다. 하지만 유사성은 거기서 끝난다. 후쿠야마의 시각에서 역사의 종말은 인정의 욕구가 자유 민주주의에 의해 충족될 때 온다. 반면 케인스에게 인정 욕구는 상대적 욕구의 범위 안에서 분류될 것이다. 이런 측면에서 두 사람의 결론은 양립할 수 없다.

게다가 케인스에게는 소련 사회주의에 대한 감정이 모호하던 시기가 있었다. 그는 1925년, 러시아에서 귀국한 직후 「더 네이션」 지에 발표한 10월 25일자 기사에서 "이곳(러시아)은 가난과 어리석음, 탄압으로 얼룩져 있지만 그럼에도 진정한 삶의 실험실 같다는 느낌이 든다"라고 토로했다. 이 기사는 『경제적 가능성』에 등장하는 논점 대부분을 이미 담고 있다.

케인스가 가장 싫어했던 자본주의의 특징은 경제적 수단 자체가 목적이 되는 것이었지만, 소련의 사회주의는 정치적, 사회적 방식에서 그에게 더 혐오스러운 존재였다. 따라서 자본주의가 효율적인 수단으로 채택되고(이 말이 아무리 불쾌하게 들릴지라도), 어떤 경제 체제든 순수한 공산주의의 출현이 유일한 도덕적 목표라면 복리가 그 목표에 이르게 할 것이다.

달리 말해 풍요에 이르는 길에는 소련의 사회주의와 자본주의라는 적어도 두 가지 방법이 있다. 전자는 과도기가 끝나면 풍요로운 세상과 순수 공산주의가 도래한다는 약속과 함께 명확히 그런 방향으로 움직인다. 하지만 케인스는 자유의 침해만큼은 용납

할 수 없었다. "나는 편안함과 습관은 언제든 포기할 수 있지만, 자유와 일상의 안전이 얼마나 파괴되든 상관하지 않으면서 핍박, 파괴, 국제 분쟁이라는 무기를 의도적으로 사용하는 탐욕은 수용할 준비가 되어 있지 않다 Keynes, 1925, p. 258." 그런 점에서 케인스에게는 자본주의가 풍요에 이르는 더 확실한 방법이 된다.

또 자본주의에 추천할 만한 장점이 별로 없더라도 생활 수준을 향상시키는 효율성은 지난 세기에 이미 입증되었다. 자본주의는 매력적이지 않은 인간 행동을 이끌어내고 악덕과 미덕을 혼동한다는 점에서 도덕적으로 열등한 체제일 수 있다. 하지만 케인스가 전망한 새로운 시대에는 "지난 200년 동안 우리를 성가시게 했던 많은 가짜 도덕 원칙에서 벗어날 수 있을 것이다. 우리는 그런 가짜 규범들로 인해 인간의 가장 혐오스러운 특징을 가장 고매한 미덕으로 떠받들어 왔다. 소유물로서 돈을 좋아하는 것은 다소 혐오스러운 병적 상태, 또는 진저리를 치며 정신과 전문의에게 맡겨야 할지도 모르는 반쯤 범죄와 질병의 특징으로 인식될 것이다."

나는 경제적 진보가 도덕적 목표에 부응해야 한다는 케인스의 의견에는 공감할 수밖에 없지만, 그에 의해 희화화된 자본주의의 모습에는 동의하지 않는다. 탐욕, 고리대금업, 배금주의가 자본주의의 주된 특징이라면 그런 체제는 분명 효율적이라고 할 수 없고 앞으로 다가올 세기에도 풍요의 결실을 낳을 수 없을 것이다. 합목적성을 항상 악으로 인식해왔다면 투자와 교육, 기업가 정신도 죄악으로 간주해야 한다. 우리가 어떤 세상에서 살고 있든 왜 카르페 디엠이 내일, 심지어 모레에 대비한 행위보다 항상 더 도덕적으로 우월한지 납득하기 어렵다. 자본주의가 가진 도덕적 힘은 세대 사이에 이타주의를 이끄는 결과주의에 있다고도 말할 수 있다. 에드먼드 펠프스가 노벨상 강연에서 역설했듯이 기업가적 자본주의를 통해 좋은 경제가 좋은 삶을 가져올 수도 있을 것이다.

엘리트 공산주의

분명히 표현된 어떤 명제도 우리가 살아가는 특이한 환경, 우리 시대에 유행하는 사상, 사회적 틀에 대한 우리의 도덕적 판단, 우리가 꿈꾸는 (가끔 우리는 꿈이 실현되는 것을 원치 않을 때도 있으므로 희망 대신 꿈) 세상에 대한 비전을 결합하는 은유로 간주될 수 있다. 그렇다면 우리는 케인스의 『경제적 가능성』에 이 모든 은유적 요소가 포함돼 있다고 인식해야 한다.

케인스의 에세이를 보는 각도에 따라 그의 생각이 세련돼 보이거나 단순해 보이고, 또 거의 맞는 말로 보이거나 틀리게 보이는 것도 바로 그 때문이다. 특히 경제 성장에 대한 케인스의 계산이 거의 맞았고, 자본주의의 경제적 주체들이 보이는 탐욕과 이기적인 행동 때문에 자본주의를 거부하는 케인스의 태도도 그렇게 나쁘다고 볼 수 없다. 그렇지만 세상에는 많은 도덕 원칙이 있고, 케인스가 선호하는 것으로 보이는 원칙들이 실제로 그렇게 우월하지는 않다! 케인스가 에세이에서 목적 의식이 강한 사람들, 유대인, 부유층, 부자 계층의 아내를 포함해 너무나 많은 유형의 사람들을 경멸한 것은 안타까운 일이다. "그러나 천국은 인생이 견딜 만하다고 노래할 수 있는 사람들을 위해서만 존재한다. 그렇다면 우리 중 그런 노래를 부를 수 있는 자가 몇이나 되겠는가? … 하지만 그런 시대가 도래했을 때 삶의 풍요로움을 진짜 즐길 수 있는 이들은 삶의 활력을 느끼고, 삶의 기술을 더 완벽하게 육성하고, 생계 수단을 위해 자신을 팔지 않은 사람들이다." 이런 식의 오만함은 거의 동정심에 가깝다. 케인스가 속한 사회적 환경은 너무 특이했고 그가 칭송하는 미덕들과 너무 거리가 있어서 그의 예측이 시간의 시험대를 통과하지 못한 것은 어찌 보면 당연한 일이었다.

이튼스쿨에 다녔고, 블룸즈버리 모임에 자주 드나들던 '교육받은 부르주아'는 경제 발전의 역사가 끝났을 때 도래할 새로운 낙원에서 살 수 있는 선택된 사람들이다. 그들은 당시의 사치품들과 고등 교육을 누리고 예술과 음악을 이해하고 감상할 수 있었던 혜택받은 행운아들이었다. 그들에게는 그런 것들을 추구할 돈과 즐길 여유가 있었기 때문이다. 하지만 다른 사람들, 즉 "특별한 재능이 없는 평범한" 사람들은 그들이 받을 자격이 있는 새로운 자유의 혜택을 누리기 위해 위로 올라가야 할 것이다. 반면에 사다리의 맨 아래가 아니라 맨 위에 있는 사람들이 이 낙원을 즐기도록 선택될 것이다. 이 지점에서 케인스는 다소 순진하게 도 프로이트의 승화 이론에 고개를 끄덕인다. 충족되지 않은 상 대적 욕구를 더 높은 이상을 향해 승화할 수 있는 사람만이 낙원 으로 가는 길을 찾을 수 있다는 것이다. "우리는 매시간, 그리고 하루하루를 어떻게 더 고결하고 값지게 보낼 수 있는지 가르쳐 주는 사람을 존경하게 될 것이다. 사물에서 직접 즐거움을 끌어 낼 수 있는, 즉 힘들게 일이나 작업을 하지 않는 들판의 백합과 같은 사람들을 기리게 될 것이다."

엘리트 공산주의가 모순적인 말로 들릴 수도 있겠지만, 케인 스의 표현을 달리 해석할 방법이 없다. 물론 여유롭고 풍요로운 세상에는 엘리트 계층이 더 늘어날 것이다. 하지만 엘리트층의 확대는 새뮤얼슨이 해석한 것처럼 슘페터의 예측으로 이어질 수 있다. "생산성을 위해 작동하는 자본주의적 합리성이 사회적 응 집력에 대한 비합리적 정서들을 약화시키는 역할을 할 것이다. 부유한 가정에서 버릇없게 자란 아이는 부모와 유산을 거부할 것이다. 그들의 자기혐오는 권태와 사회적 무질서를 낳을 것이 다." 나는 생활 수준의 향상이 신경증을 악화시킨다는 슘페터의 결론보다 오히려 신경증 치료에 도움이 된다는 케인스의 결론을 당연히 선호한다. 슘페터가 '산소 텐트tent'라고 부른 케인스식 메 커니즘이 내재된 자본주의가 제2차 세계대전 이후 성공담으로 남은 것은 우연이 아니며, 이는 로버트 루카스(2003)도 인정하는 측면이다.

그렇다고 할지라도, 나는 수단보다 목적을 중시해야 한다는 케인스의 입장을 이해할 수 없다. 첫째로 이는 사회주의를 거부하는 케인스의 태도와 모순돼 보인다. 그는 소련의 공산주의가 수단으로는 혐오스럽지만 목적으로는 그렇지 않고, 이상(소비에트 러시아)의 싹을 품고 있다고 생각했던 것 같다. 둘째가 더 중요한데, 케인스의 이런 원칙이 도덕적으로 상당히 미심쩍다는 점이다. 목적이 수단을 정당화한다는, 이제는 희화화된 마키아벨리식 원칙은 과거 인류의 가장 가증스럽고 잔혹한 행위들로 이어졌다. 그리고 오늘날에는 테러리즘과 고문을 정당화하는 데 활용된다. 이 때문에 적어도 민주주의 국가에서는 이미 오래전부터 그 반대인 목적이 수단을 정당화할 수 없다는 간디식 원칙을 따르기로 합의했던 것이다.

케인스의 주장을 관대하게 해석하는 누군가는 그가 그저 독자들에게 목적과 수단 사이에서 일어날 수 있는 혼란에 대해 경고하고 싶었을 뿐이라고 항변할지 모른다. 어쨌든 오늘날 그런 혼란은 흔히 나타나고, 너무 흔해서 사회·경제적 목표의 위계를 종종 뒤바꾼다(고용 수준을 높이는 대신 공공부채를 낮추고, 국민의 생활수준을 높이는 대신 무역수지 균형을 우선시하는 것처럼). 그러나 케인스 정도로 특출난 사상가가, 무엇보다 이미 여러 번 내놓은 글의 최종본에서 자신이 사용하는 단어에 신경 쓰지 않았다는 것은 납득할 수 없다.

복잡한 심정으로 나의 고찰을 마치고자 한다. 『경제적 가능성』에서 주목할 만한 점은 케인스의 탁월한 직관이고, 이보다 더 주목할 점은 그가 제기하는 질문들의 본질이다. 모든 경제학자는 경제 체제의 목적과 그 경제 체제가 어떤 결말에 이를 것인지에 대한 질문에 답하려 애써야 한다. 그 질문을 통해 경제학자들은 자신의 연구 분야를 다른 시각으로 볼 수 있을 것이다. 기만적인 것은 인간의 욕구를 다루는 케인스의 순진함이고, 그보다 더 기만적인 것은 그의 거만함과 또한 그에 수반되는 의심할 만한 도덕성이다. 물론 나는 케인스가 1933년 초에 나치주의를 비난했다는 사실은 알고 있다. 하지만 동시에 그가 『경제적 가능성』에서 밝힌 관점과 정확히 반대인 관점과 관련 있는 이유들로 인해 (즉 장기적 관점이 아니라 단기나 중기적 관점에서) 『일반이론』의 독일판 서문에서 독일 정권에 대해 매우 모호한 태도를 취했다는 것도 알고 있다.

"현재 일어나는 일에 장기적인 관점은 도움이 되지 않는다.
장기적으로 보면 우리는 모두 죽는다."

- 존 메이너드 케인스

REVISITING
KEYNES

흥미로운 질문들과 잘못된 이유들

_ 미켈레 볼드린, 데이비드 레빈

| 미켈레 볼드린(Michele Boldrin) |
세인트루이스에 있는 워싱턴대학교 경제학과 교수이자 학과장이다. 볼드린의 연구는 Dynamic General Equilibrium(동태확률 일반균형) 모델의 이론과 적용에 중점을 둔다. 경제 성장, 경기 순환, 자산 가격 책정, 복지 시스템, 혁신 이론 및 기술 진보, 검색 이론, 노동시장, 지적 재산권, 다산 및 국제 무역에 대해 저술했고, 세 권의 저서와 데이비드 레빈과 공저한 『Against Intellectual Monopoly』가 가장 최근에 출판되었다.

| 데이비드 레빈(David K. Levine) |
유럽대학연구소, 로버트 슈만(Robert Schuman) 고급연구센터 공동 의장, 워싱턴대학교의 존 H. 빅스 경제학 명예교수이다. 성장 이론, 혁신 및 지적 재산에 중점을 둔 일반 균형 이론에 대한 지속적인 연구를 수행하고 있다. 1996년 11월부터 2001년 6월까지 『Review of Economic Dynamics』의 공동 편집자였으며 2003년 7월부터 2008년 6월까지 『Econometrica』의 공동 편집자다. 그는 2006년 7월부터 2009년 6월까지 Society for Economic Dynamics를 주재했다.

결론부터 말하겠다. 케인스가 제시한 경제 이론은 틀렸고, 그가 거론한 사실들도 틀렸다. 하지만 그가 미래에 대해 품었던 모든 질문과 추측은 옳았고, 이는 사소한 업적이 아니다. 이는 그가 다소 거만했지만 분명 바보는 아니었다는 사실을 말해줄지도 모른다. 사실 케인스는 총명했고, 어쩌면 너무 총명해서 청중에게 자신이 옳다는 것을 확실히 설득하기 위한 논리적 일관성과 사실들에 신경 쓸 필요조차 없었는지도 모른다. 이는 안타까운 일이다. 만약 케인스가 자신의 발언과 분석 근거들을 조금 더 고민했다면 인류에게 갖가지 형편없는 경제적 조언을 남기고 경제학자들이 그가 '진짜 말하려던' 의미에 대해 끝없이 논쟁하는 작금의 사태를 피할 수 있었을 것이다. 지나간 일은 돌이킬 수 없지만, 그가 제기한 질문들은 경제학자로서 자문해볼 만한 아주 중요한 쟁점들이다. 지금부터 케인스가 가진 질문들에서 시작해서, 그에 대한 케인스의 답변들을 확인한 다음, 그가 옳은 추측을 했음에도 왜 하나같이 잘못된 '이유'를 들었는지 따져보자.

케인스의 질문들

---

1. 1930년대에 있었던 '경제 비관주의의 공격'은 영구적이고 치명적인 원인에 따른 것이었을까? 아니면 그저 일시적인 현상이었을까?

2. 최근의 불황이 발생하기 전 지난 몇 세기 동안 우리는 전례 없이 빠른 속도로 성장해왔다. 그런 성장의 동력은 무엇이었을까?

3. 신석기 시대 이후 대략 서기 1700년까지 인류의 생활 수준에는 큰 변화가 없었다. 경제 정체는 왜 그토록 오래 지속되었고 우리 이전의 모든 사회를 규정하는 특징이 되었을까?

4. 지금까지 경제 성장을 이끈 요인들에 대한 우리의 지식을 토대로, 향후 경제에 대해 무엇을 예측할 수 있을까?

케인스의 추측들

---

1. 경기 침체는 일시적인 현상이며 곧 사라질 것이다. 이는 실질금리가 충분히 빠르게 하락하는 것을 막은 것과 같은 은행 시스템의 실수로 인한 부분적으로 우발적 상황일 수도 있지만, 더 주된 원인은 지난 몇십 년간 대규모의 노동력 절감을 이끈 기술적 변화에 따른 이례적인 경제 성장 때문이다.

기술 변화는 노동력 수요를 빠르게 감소시켰고, 그에 비해 잉여 노동력의 새로운 용도를 찾는 속도는 훨씬 느려서 작금의 높은 기술적 실업을 초래했다.

2. 역사적 경험으로 보면, 경제 성장의 동력은 복리에 따른 자본 축적, 그리고 과학과 기술의 발명이다. 이런 경제 성장의 시작은 갑작스럽게 축적된 금융 자산(대부분 약탈한 금)이 해외에서 현명하게 투자되고, 그 자본이 복리에 의해 예상치 못한 수준으로 불어나면서 발생했다.

3. 오랫동안 지속된 경제 정체의 원인은 서기 1700년 영국 이전의 모든 사회가 불가해한 이유로 기술 발전과 자본 축적을 이루지 못했기 때문이고, 이후 발생한 침체의 원인은 사람들 대부분에게 기술 발전 덕분에 생긴 여가를 유용하게 보내는 능력이 선천적으로 없기 때문이다.

4. 만약 우리가 a) 전쟁과 시민 분쟁, b) 과학 발명에 대한 신뢰 부족, c) 인구 증가의 역풍, d) 저축에 못 미치는 투자 협곡을 피해 나아갈 수 있다면 미래는 우리에게 더 많은 보상을 가져다줄 것이다. 이 네 가지 중 마지막 요인은 앞의 세 요인이 충족되는 한 저절로 조정되기 때문에 인류의 미래에 대한 장기적 전망은 기본적으로 낙관적이다. 100년 후 생활 수준은 지금보다 4배에서 8배 더 높아질 것이다.

여기까지다. 케인스는 "인류가 경제 문제를 해결하고" 영국의 1인당 소득이 1930년대보다 잘하면 8배까지 높아진다고 흥분 섞인 어조로 역설하는데, 설사 3배 이상 증가한다도 해도 상당한 성과가 아닌가! 더 중요한 것은 케인스가 한 주요 예측이 적중했다는 점이다! 1930년대의 불황, 또 미국의 대공황도 이후로는 반복되지 않은 일시적인 사태로 끝났다. 소위 선진국과 늦게나마 그 무리에 합류한 몇몇 국가에서는 기술 발전과 자본 축적이 전례 없던 속도로 이어졌다. 마지막으로, 케인스가 예측한 시점이 되려면 아직 24년이 남았지만, 우리의 생활 수준은 1930년대보다 이미 4배(미국)에서 8배(일본) 정도 높아졌다. 그에게는 뛰어난 직관력, 자본주의 체제에 대한 확고한 믿음, 게다가 자신의 사후 이후까지 이어질 우리 사회의 장기적인 추세를 명확하게 직시할 수 있는 누구도 필적할 수 없는 능력이 있었다.

그는 올바른 질문을 했고, 거의 모든 것을 정확히 예측했다. 그런데 우리는 그가 근본적인 경제 관련 질문들에 일관적이지 않은 답을 했다고 주장한다. 케인스는 결과를 올바로 추측했지만, 그 추측들은 그가 제시한 분석 도구나 역사적 사실들, 또는 단순한 논리에 부합하지 않는다. 요컨대 12장 제목처럼 케인스는 옳은 질문들을 모두 잘못된 이유로 설명한다. 케인스는 수정 구슬을 들여다보며 점을 치는 위대한 점술가가 아니라 경제학자이자 사상가로서 높은 존경과 주목을 받았다. 때문에 중요한 것은 그가 사용한 분석 도구와 그가 예측에 적용한 경제 논리다. 오늘날까지 건재하고 수 세대에 걸쳐 전 세계 경제학자들과 정책 입안자들에게 영향을 미친 것은 케인스의 경제 이론과 방법론이지, 향후 100년 동안 매년 2~3%씩 계속해서 성장할 것이라는 운 좋게 들어맞은 그의 예측이 아니다.

확실히 해두자. 그가 유일하게 맞춘 예측은 성장률이고, 그의 나머지 예측들은 거기서 따라왔다. 그가 비관주의가 팽배했던 당대의 유일한 낙관론자는 아니었고, 자본주의 체제에 대한 그의 신뢰 또한 세계 전체로 보면 유별난 것이 아니었다. 비록 케인스가 생애 대부분 속해 있던 지식인 집단 내에서 아마도 그런 신뢰가 퇴색했지만 말이다. 경제학의 역사에 영구적 발자취를 남긴 것은 요행이 따른 그의 예측이 아니라 케인스의 분석 도구이며, 그 때문에 케인스는 『경제적 가능성』에서 (다른 저작에서도 그랬지만) 대부분의 '이유'를 잘못 짚었다. 무엇이 문제였는지 확인하기 위해, 케인스가 잘못 짚은 '이유'들은 잠시 잊고 주장의 내부 구조와 사실에 대한 그의 해석에 초점을 맞춰보자.

케인스가 경제 성장 모델을 통해 얻은 답들
—

1. 기술 변화로 노동 절감형 혁신이 일어난다.
2. 이는 실업으로 이어진다. 그 이유는 첫째로 실직한 노동력의 공급량과 이를 벌충할 다른 일자리의 수요량이 맞아떨어지지 않고, 둘째로 인간이란 천성적으로 장시간 일하도록 설

계돼 있기 때문이다. 그래서 인간은 여가를 일과 생산이 아닌 활동에 사용하는 데 빠르게 적응할 수 없다.

3. 이런 실업 상황은 소비재에 대한 추가 수요가 발생하거나 인간이 경제 활동 대신 여가 활동에 관심을 가질 때만 해소될 수 있다. 후자는 새로운 소비 욕구를 만들 때보다 더 오랜 시간과 적응이 필요하다.

4. 인간의 영혼은 두 가지 측면이 있다. 심지어 인간은 두 가지 종류가 있다. 즉 부를 추구하는 쪽과 여가 활동을 통해 삶의 기술을 추구하는 쪽으로 나뉘는데, 이 둘 사이에 갈등이 존재한다. 전자는 생산하고 부를 축적해서 풍요와 만족에 이를 때까지 우리의 부를 늘려줄 것이다. 이 시점에 도달하면 후자가 사회의 주류가 되므로 우리 모두는 거의 일하지 않거나 아예 일에서 해방돼 일상적으로 예술을 즐기며 살 것이다.

여기서 마지막 줄은 마치 기계가 모든 생산 활동을 전담하고, 사람들은 전부 '자신의 필요'에 따라 소비하고 시 쓰기가 일상이 되는 카를 마르크스가 묘사한 이상적인 공산주의 사회를 보는 것 같은데, 뭐가 됐든 상관없다. 케인스가 상상의 나래를 펴고 먼 훗날 이상적인 미래의 유토피아적 사회를 떠올렸다고 해도 이상하거나 놀랄 일은 아니다. 그만큼 놀랄 일이 아닌 것은, 케인스가 (그리고 카를 마르크스도) 기술의 발전이 인간의 기존 욕구를 충족시킬 뿐 아니라 새로운 욕구를 창출하리라고는 예상하지 못했다는 점이다. 우리는 여기서 각 단계들의 내부 분석 구조와 특히 그것이 더욱 잘 알려지고 지금도 폭넓게 신뢰를 받는 경제 정책, 경쟁적 시장 시스템의 작동에 관한 그의 이론에 대해 밝혀주는 점에 주목할 것이다.

노동 절감형 혁신 때문에 불황이 일어날 수 있을까?

노동력을 절감하는 기술 변화가 생산성과 1인당 소득의 지속적 성장으로 이어질 수 있다는 말을 의심할 사람은 없을 것이다. 문제는 이런 일이 어떻게 발생하고, 노동 절감형 혁신이 채택되는 방식이 어떻게 케인스가 2단계에서 주장한 장기적인 경기 침체로 귀결되느냐는 것이다.

먼저 케인스에게 영국과 다수의 서구 경제가 1930년대에 겪은 불황이 기술 발전에 의해 일어났다는 발언을 뒷받침할 만한 증거가 있었던가? 우리가 아는 한 전혀 없다. 1913년부터 1930년까지 영국의 성장률은 높지 않았다. 사실 이 기간 동안 영국의 1인당 소득은 오히려 약간 감소했다Cole and Ohanian, 2002. 더욱 중요한 사실은 당시 성장률이 제1차 세계대전 이전 수십 년이나 제2차 세계대전 이후 60년과 비교해도 훨씬 낮았다는 점이다. 특히 노동 생산성의 상승률은 영국과 그 외 유럽 국가들에서 모두 점진적으로 낮아진 반면에, 미국에서는 1929년까지 꾸준한 속도로 유지되었다. 케인스의 말이 사실이라면 대공황은 미국에서만 일어났어야 한다. 사실 케인스가 생각한 노동 절감형 혁신은 유럽에서 그가 에세이를 쓰기 약 30년 전에 일어났다. 결론적으로 불황을 '일시적'이라 특징짓기 어렵거나, 케인스가 데이터를 확인하지 않았다는 말이 된다.

만약 그가 데이터를 들여다봤다면 다른 무엇보다 그가 나열한 발명품들이 대부분의 유럽 국가와 호주, 캐나다, 일본, 미국 같은 나라들에 도입됐지만 이들 국가의 성장 동학은 불균등했다는 사실을 깨달았을 것이다. 1930년 이전 20년 동안 영국의 노동 생산성과 총요소 생산성은 급격히 증가하기보다는 둔화하였고, 케인스가 글을 쓰던 시점에는 마이너스로 꺾인 상태였다. 일본에서는 불황의 징후가 없었고, 실제로 성장이 가속화되기 시작했다. 프랑스 경제도 호황이었지만 이듬해부터 긴 불황 속으로 돌입했고, 호주는 그런 불황에서 막 탈출한 참이었다. 지면상 이런 사실들을 더 구체적으로 논하기는 어렵지만, 우리가 아는 모든 연구Cole & Ohanian(2002), Crafts(1999), David & Wright(1999), Gordon(2004, 2005) 결과를 보면 노동 절감형 혁신의 대담한 물결이 불황의 원인이라는 증거는 전혀 없다.

이런 사실들이 케인스의 진술을 명확히 반박한다고 해도 그의 모델을 뒷받침하는 경제 이론도 얼마쯤은 있을 것이다. 이 문제를 스스로 이론적으로 연구한 학자로서Boldrin & Levine(2002, 2006) 우리는 노동 절감형 혁신이 비대칭적 U자형 고용 경로를 동반하며 생산성과 소득을 증가시킨다고 분명히 생각할 수 있다. 케인스 또한 U자형 고용 경로를 염두에 두었던 것으로 보인다. 즉 노동 절감형 혁신이 도입되면 처음에는 동일한 생산량에 대해 고용이 확실히 감소한다는 것이다. 결국 이는 정의의 문제다. 최근 주목 받는 '케인스주의' 계량경제학 연구J. Gali, 1999년과 이후의 연구들에서는 양의 기술적 충격이 단기적 고용 감소를 유도할 수 없다고 주장하는데, 이 모형은 '기술적 충격'을 고용의 점근적* 증가를 유도하는 것으로 정의하기 때문이다. 하지만 혁신이 도입된 직후 고용률이 떨어진다고 해도 나중에는 기술적으로 향상된 역량이 추가되고 성장이 재빨리 재개되면서 고용률이 회복된다는 것이 분명하다. 이 경우에 고용 증가율은 새로운 생산 역량이 축적되는 속도로 결정되며, 그 기술 혁신이 전례 없이 거대한 규모가 아니라면 일반적으로 20년 동안의 불황이 뒤따른다는 주장을 뒷받침하는 이론이나 증거는 없다.

여기서 한 가지 짚고 넘어가자. 장기적인 성장이 요소 절감, 특히 노동 절감형 혁신을 통해 일어난다는 것은 이론은 물론이고 통계적, 역사적으로 입증된 논리적인 가설이다. 이 주장이 실

---

* asymptotic: 투입 변수의 크기가 커져서 무한대에 가까워지는 것을 뜻하므로 장기적 측면을 말한다.

제 경제 성장을 공부한 대부분의 사람에게는 뻔한 소리로 들리겠지만, 최근의 이론 추세와는 부합하지 않는다. 그래서 우리는 이 기회를 통해 본질적인 논점을 끄집어내겠다.

노동 절감형 혁신은 외생적, 혹은 내생적으로 모델링할 수 있다. 사소하게 보면 모든 것이 내생적이지만 기술 발전은 가끔 외생적으로 다루는 것이 유용하다. 이것이 바로 로버트 솔로가 50년 전에 수행했던 연구인데(1956, 1957), 거기서 도출된 지식과 해결된 쟁점을 고려하면 그의 연구 방식은 적절했고 그의 선택에 불만은 없다. 외생적 노동 절감형 기술의 발전이 막연하게라도 장기 데이터와 부합하려면 해로드-중립적* 또는 노동 확장적이어야 한다. 이런 경우에는 어떤 형태로든 실업이나 고용 감축이 일어날 수 없다. 물론 힉스-중립적** 같이 다른 버전도 가능하지만, 이런 것들은 모두 일종의 골칫거리를 유발한다. 이런 골칫거리 중에는 유용하고 독창적인 사고를 자극하는 것도 있으므로 무조건 거부할 필요는 없다. 여기서 중요한 사실은 우리가 알고 있는 모든 흥미로운 골칫거리 중 아직 노동 생산성의 외생적 증가로 고용 감소라는 현상이 발생한 적은 없었다는 것인데,

---

* Harrod-neutral: 노동 효율성을 높여서 효율 단위당 노동력이 가용 노동자 수보다 더 빠르게 증가하는 기술 혁신 유형, 즉 이는 노동확장적 기술 진보이다.
** Hicks-neutral: 해로드-중립형과 대조되는 기술 혁신 유형으로 모든 요소의 효율성이 동일한 비율로 증가하는 경우를 말한다.

12장 · 흥미로운 질문들과 잘못된 이유들

단 소득효과가 대체효과를 압도하지 않는 한 그렇다. 고용 감소가 일어나는 경우에도 이는 노동 수요가 낮아져서가 아니라 가구 소득이 높아지면서 시장에 나오는 노동력이 줄어들기 때문이다. 이는 케인스가 가졌던 생각과는 다르다. 그가 우려했던 것은 그런 소득효과가 충분히 강하지 않아서 생산력과 부가 증대해도 사람들이 마땅히 누려야 할 여가를 선택하지 않고 너무 많이 일하는 상황이었다. 요약하자면 노동 절감형 혁신이 경제 발전의 엔진이 된다는 케인스의 예측은 옳았지만, 외생적 노동 절감형 혁신이 그가 말한 기술적 실업을 초래한다는 것은 일관성 측면에서 틀렸다.

그렇다면 이번에는 노동 절감형 혁신을 내생적인 것으로 생각해보자. 모델의 세부 사항은 차치하고, 비용이 많이 드는 혁신이 채택된다면(돈이 안 드는 혁신은 항상 이행되므로 외생적 혁신과 다름없다) 그렇게 하는 데 어느 정도의 편익이 따른다는 것이다. 산출물과 다른 모든 투입물의 양이 동일하다면 노동 절감형 혁신은 노동 수요를 감소시키기 때문에 그 비용이 암묵적인 임금 삭감으로 보상되어야 한다. 따라서 다른 모든 조건이 같은 경우에 이런 혁신은 실질임금이 높을수록 더 자주 일어난다. 많은 기업이 노동 절감형 혁신을 수행하면 총노동 수요가 하락하기 때문에 노동공급이 임금에 대해 우상향한다면 새로운 기술이 적용된 직후에는 실질임금이 증가할 수 없다.

이런 상황이 지속적인 고용 감소를 초래할까? 우리가 제안한 모델에서는 이 질문에 부정적인 답이 나온다. 하지만 실제로는 고용 감소를 초래하는 다른 상황도 생각할 수 있고, 그렇다면 케인스가 주장한 내용과 부합하는 모델을 만들 수 있다는 희망이 생긴다. 특히 이와 관련된 두 사례는 우리가 좋아하는 노동 절감형 혁신과 성장 우화의 배경을 이해하는 데 도움이 된다.

혁신이 이뤄지면 노동에 대한 수요와 고용이 감소한다. 이렇게 되면 생산 단위당 임금 비용이 전보다 낮아지므로 이익을 추구하는 자본가들은 더 의욕적으로 신기술에 투자할 것이다. 실질 이자율을 외생적으로 낮추면 이에 도움이 되겠지만 다음의 경우에는 필요하지 않다. 바로 자본가들이 노동력 수요를 높이는 새로운 유형의 생산 설비에 투자하는 경우이다. 이는 노동 생산성, 임금, 1인당 생산량의 증가로 이어진다. 이런 투자는 새로운 유형의 생산 설비가 너무 커져서 더 수익성 높은 투자를 하기에는 노동 비용이 너무 높을 때 끝난다. 이 시점에 경제는 새로운 균형 상태(소득과 임금, 노동 생산성이 전부 증가한)를 이루거나 수익성이 있는 새로운 혁신이 발견될 것이고, 따라서 성장의 선순환이 반복된다.

이런 경우에 고용은 앞에서 언급한 비대칭적인 U자 형태로 일시적으로 뚝 떨어질 뿐, 불황은 없다. 이것이 케인스의 모델이었을까? 그렇다고 인정하고 싶다. 그러면 우리도 '케인스주의'라는 더없이 강력한 군단에 합류해 현재 우리가 속한 집단보다 한층 더 거대한 학자 공동체의 일부가 될 수 있을 것이다. 안타깝게도 케인스가 에세이에서 말한 모든 주장은 이 바람직한 결과와 충돌한다. 하지만 만약 이것이 '케인스가 진짜 의미했던' 바라면 우리는 스스로만 깨닫지 못했을 뿐 처음부터 '케인스주의자'였던 것이다.

이번에는 고용이 영원히 감소하는 사례로 돌아가보자. 두 경우를 생각할 수 있다. 첫 번째는 새로운 유형의 생산 설비를 구축하는 데 비용이 많이 들어서 진행이 더딘 경우다. 자본이 천천히 축적되면 저고용 상태가 오래 지속될 가능성이 커진다. 케인스가 새로운 균형에 필요한 만큼 금리가 떨어지지 않았다고 말한 상황을 막연히 해석하면 이런 경우가 아닐까 싶다. 하지만 이 이론은 '침울한 기업가'가 경제 성장을 이끄는 유일한 원동력일 때만 논리적으로 합당하다. 만약 새로운 자본 축적에 비용이 많이 든다면 이는 근본적인 사실을 토대로 실제로 그렇거나, 아니면 자본을 구입할 능력이 있는 사람들이 사기가 떨어지고 자본을 더 축적하려는 의지가 없어서 그렇게 생각하기 때문일 것이다. 둘 중 어느 경우든 이자율을 낮추면 도움이 될 것이다. 하지만 어떤 의미에서 도움이 될까?

기업가들이 편익을 못 느껴 자본 축적이 되지 않는 경우부터 살펴보자. 기업가의 이런 판단은 새로운 사업의 비용과 이점을 제대로 평가한 결과일 것이다. 이때 이자율을 일시적으로 낮춘다고 해보자. 이 방법은 문제의 상황에 그렇게 효과적이지 않을 것이다. 투자 프로젝트는 한 기간 이상 추진되고 일단 시작되면 되돌릴 수 없는데, 특히 새로운 기술로 생산 설비를 구축하는 프로젝트는 더욱 그렇다. 실질 이자율의 일시적인 하락이 투자율의 일시적인 상승을 유도하려면 투자 게임이 한 기간 내에 끝나야 한다. 만약 새로운 생산 역량을 구축하는 프로젝트가 한 기간 이상 지속될 것으로 예상한다면, 투자자들은 실질금리 하락이 일시적이라는 것을 아는 한 꿈쩍도 하지 않을 것이다. 이런 상황에서 기업가들은 다음과 같이 생각하기 때문이다. '새로운 설비가 확립되고 자본 수익률이 원래처럼 높아지면 이자율이 낮았을 때 수익성이 있어 보였던 사업이 손실을 내기 시작하면서 중단되고 일시적으로 발생했던 고용도 같은 운명에 처할 것이다.'

다음은 특별한 이유도 없이 기업가들이 침울해지고 '야성적 충동'*에 따라 미래를 비관적으로 보는 상황을 살펴보자. 기업가들이 의욕이 없을 때는 일시적으로 낮은 자본 가격을 제시하면 그들의 기운이 북돋아지고 투자가 재개될 수 있다. 이렇게 해서 희망적인 분위기가 지속된다면 자본 가격이 영구적인 균형 수준으로 다시 상승할 것이다. 사실 단기 이자율을 낮춰도 그들의 사기를 높일 수 있다. 아마 서커스도 그렇게 할 수 있을지도 모른다.

그런데 어떻게 하면 자본에 대한 이자율을 원하는 수준으로

---

* animal spirit: 케인스가 말한 인간의 비경제적인 본성. 경제는 인간의 합리적, 이성적 판단에 의해서만 돌아가지 않고, 이런 야성적 충동도 경제를 움직이는 요인 중 하나가 될 수 있다는 주장이다.

12장 · 흥미로운 질문들과 잘못된 이유들

영원히 낮출 수 있을까? 이자율을 영원히 낮추면 기업가가 '합리적 근본주의자' 유형이든 '혈기 넘치는 동물' 유형이든 상관없이 효과를 발휘할 것이므로, 이는 고민해볼 문제이다. 은행가들은 언제나 이익을 극대화하려 하고 이론가들의 편의를 위해 손해 볼 사람들이 아니기에 케인스가 에세이에서 말한 것처럼 그들을 설득하는 것은 답이 아니다. 물론 경제학자의 충고에 은행가들이 '당황'할 수는 있겠지만 우리가 수십 년 동안 배웠던 것처럼, 그리고 2006년 노벨상 수상자가 우리에게 알려준 것처럼 그 정도로는 이자율에 큰 변화를 이끌 수 없다. 그리고 실질 이자율을 영원히 낮추는 것은 불가능할 것이다.

하지만 저축을 영구적으로 늘리면 그렇게 될 수 있다. 이는 사실상 이자율을 영구적으로 낮추는 유일한 방법으로 보인다. 하지만 그 문으로 걸어가면 우리가 아직 제대로 숙달하지 못한 복잡한 세계로 연결될 것이다. 인간의 저축과 투자 성향을 어떻게 영원히 바꿀 수 있을까? 그렇게 되려면 우리의 선호가 케인스가 옹호했던 가치들과 반대로 가야 한다. 즉 절약과 탐욕, 인색함이 보편적으로 강해져야 한다. 그러니 이 문제는 이쯤에서 접어두자.

노동 절감형 혁신에 따른 지속적인 고용 감소에 이르는 두 번째 길이 '케인스주의'에는 더 잘 맞는다. 바로 (실질)임금이 경직적인 경우다. 기술적 혁신으로 인해 노동 수요는 낮아졌는데 임금 수준이 하락하지 않으면 노동 절감형 혁신에 따른 자본 축적은 더디게 진행될 것이다. 이런 경우에도 고용이 영원히 줄지는 않겠지만 성장이 느려지므로 다른 노동 절감형 혁신이 더 빨리 채택된다. 혁신으로 노동 투입량을 절반으로 줄이기 전에 만약 사과 한 개의 임금으로 노동자 한 명을 고용해서 사과 두 개를 생산하는 작업이 수익성이 있다면 혁신이 도입된 이후에는 (적어도) 같은 임금으로 같은 노동자를 고용해서 사과 네 개를 생산해도 수익성이 있어야 한다. 혁신에 들어간 비용이 노동자 한 명이 새로운 기계를 가지고 추가로 생산한 사과 두 개의 가치보다 높지 않다면 말이다. 혁신의 비용이 높아서 노동 절감형 혁신이 애초에 채택되지 않는다면 이 이야기는 시작할 필요도 없다.

이는 극단적인 가능성 하나를 보여준다. 혁신의 채택에 따른 노동 수요의 감소가 실질 임금률의 급격한 상승을 유도하고, 그 상승이 기술 발전의 유익한 효과를 상쇄할 정도로 클 경우이다. 그 결과 생산량, 생산성, 임금은 상승하지만 고용은 줄어든다. 노동조합과 더불어 노동시장 불완전성이 다양한 형태로 존재하는 세상에서 이런 결과는 분명 일어날 수 있고, 이는 다수의 유럽 국가가 1970년 초기부터 간헐적으로 겪은 일이다. 그렇다면 케인스는 이런 '유럽 경화증'이 현실화되기 50년 전에 이런 상황을 예상했다는 것인데, 이 또한 정말 흥미로운 사실이다.

그러나 이는 케인스의 에세이 내용과 다르다. 그의 글에는 과도하게 높은 실질임금을 시사하는 부분이 없을뿐더러, 그는 최근 나온 논문이 확신하는 내용과는 달리 지속적인 고임금 현상을 이끌고 고용 성장을 가로막는 주범으로 노조와 시장 경직성을 비난하지도 않았다. 케인스는 그저 지나친 고금리를 잠깐 비난했을 뿐이며, 우리가 살펴본 바와 같이 그것으로는 희망하는 결과를 제시하지 못했다.

결론

우리가 알고 있는 모든 사실을 종합해보면, 케인스는 명확한 확인 절차 없이 노동 절감형 혁신이 불안을 초래한다고 말했다. 또 외생적이든 내생적이든 노동 절감형 기술 진보가 1930년대에 영국과 미국이 겪은 만성적인 고용 침체를 가져왔다고 논리적으로 설명하는 경제 모델도 없다. 혹시 케인스가 고용 감소 상황에서도 실질임금을 높이는 초독점적인 노동조합의 역할을 염두에 두지 않았다면 말이다. 하지만 후자가 말이 되려면, 케인스는 많은 지면을 할애해서 유효수요 실패의 사회심리학적 측면을 왈가왈부하는 대신, 독자에게 단순히 그 사실만 말하면 되지 않았을까?

유효수요 실패 이론의 사회심리학

다음으로는 케인스가 추정한 경제 성장 모델에서 쟁점 2와 쟁점 3의 후반부를 살펴보자. 이를 통해 케인스가 경제학에 '이바지한

(이 말을 왜 꼭 강조해야 하는지 곧 알게 될 것이다)' 것 중 가장 유명한 유효수요 실패 이론의 사회심리학적 토대를 엿볼 것이다. 다음에 인용한 케인스의 에세이에 나오는 구절은 그러한 맥락상 전부 해석이 필요한 핵심 내용이다.

> "우리는 새로운 질병에 시달리고 있다. 일부 독자들은 아직 듣지 못했을 수도 있지만 앞으로 엄청나게 많이 듣게 될 그 이름은 기술적 실업이다. 이는 우리가 노동력을 활용할 새로운 방법을 찾는 것보다 더 빠른 속도로 노동력을 절약하는 방법을 발견한 덕분에 발생한 실업을 의미한다."

이미 살펴보았던 이 매혹적인 제언이 가진 분석적 잠재력은 우리가 앞서 고려했지만 잠시 접어뒀던 이론적 가설로 이어진다. 즉 케인스가 혁신이 노동력을 밀어내는 이례적으로 빠른 속도를 따라잡기에는 임금이 너무 높거나, 신규 투자에 필요한 비용이 너무 많다고 가정했다는 것이다. 하지만 이는 케인스가 진짜 우려한 문제가 아니다. 왜냐하면 이어지는 내용을 보면 케인스가 마음을 쏟는 또 다른 학설이 나오는데, 이는 다음의 구절로 멋지게 요약된다.

> "그러나 천국은 인생이 견딜 만하다고 노래할 수 있는 사람들을 위해서만 존재한다. 그렇다면 우리 중 그런 노래를 부를 수 있는 자가 몇이나 되겠는가!"

이것이 바로 케인스의 주된 관심사였다. 즉 우리의 미개한 부분, 혹은 우리 중 미개한 사람들(노래를 부를 수 없는 다수)은 음악을 즐기지 않고 계속 일하고 축적하고 싶어 한다. 케인스가 말한 총수요 실패 이론의 미시경제학적 토대가 여기에 담겨 있다는 말도 안 되는 생각을 조금 더 진행해보면 어떨까?

우리가 학교에서 케인스에 대해 배울 때, 보통 그는 왜 시장 메커니즘이 저절로 균형에 이르지 못하는지, 왜 세의 법칙(또는 왈라스의 법칙)*이 유지될 수 없는지, 왜 경제 위기 및 침체는 내생적이며 시장 경제에서 불가피하게 발생하는지 같은 문제들을 처음으로 분명히 밝힌 인물로 설명된다. 우리가 고전 케인스 경제학, 다시 말해 최근 포스트-케인스주의나 신케인스주의 또는 새 케인스주의와 같은 케인스 경제학의 분파가 물밀듯이 등장하기 한참 전부터 존재했던 케인스 경제학에 대해 배웠을 때는 그 논리가 비교적 명쾌했다. 임금과 물가는 경직적이고 인간의 욕구와 계획은 불안정한데(이는 고전 케인스주의의 주된 가정이자 자명한 사실이다), 확립된 생산 설비와 노동력 규모는 그렇지 않다는 것이다. 상품 및 서비스에 대한 수요는 거침없이 움직이는 야성적 충

---

* Say's law: 프랑스의 경제학자인 장 바티스트 세(Jean-Baptiste Say)가 주창한 이론으로 공급이나 생산이 스스로 그 수요를 창출한다는 말. 프랑스의 경제학자인 레옹 발라스(Leon Walras)도 시장의 어떤 가격 체계에서도 초과 수요 가치의 총합은 항상 0이 된다는 말로 비슷한 주장을 했다.

동에 따라 크게 변동한다. 수요가 높을 때는 호시절이 오면서 공장이 완전 가동하고 노동자들도 완전 고용 상태에 있다. 하지만 어떤 이유로든 사람들의 의욕이 떨어지고 비관론에 빠지는 고약한 시기가 오면 수요가 하락한다. 그러면 가격 경직성 때문에 생산 설비도 비가동 상태가 되고 실업자가 늘어난다. 우리는 이런 상황을 '유효수요의 부족'이라고 부르는데, 이런 상황이 벌어지는 이유는 상품과 생산 요소의 상대적인 가격 변화가 필요한데 그것을 이끌어내지 못하는 자유시장의 자명한 실패 때문이다.

뭐 그럴 수도 있겠지만, 『경제적 가능성』을 읽으면서 이런 문제까지 생각하는 독자는 거의 없을 것이다. 왜일까? 일단 케인스는 에세이에서 임금 경직성이나 야성적 충동, 공급과 균형을 맞추지 못하는 투자 수요(저축으로 인해) 같은 요인 중 그 어느 것도 언급하지 않았기 때문이다.

둘째, 케인스는 "… 그리고 우리의 생산과 소비의 차이로 결정되는 축적 비율이 바로 그것이다. 앞의 세 가지가 주어지면 마지막 항목은 자연스럽게 결정될 것이다"라는 말로 시장이 실패할 가능성을 분명히 부인한다.

에세이에서는 생산과 소비의 차이로 결정되는 축적 비율이 시장의 기능에 의해 자동으로 조절될 것이고, "나머지 세 가지(즉 인구 통제 능력, 전쟁 및 시민 분쟁을 피하려는 결의, 과학이 나아가야 할 방향을 과학에 위임하려는 의지) 조건이 충족되는 한 투자에 맞먹는 규모의 저축이 이뤄질 것"이라고 돼 있다. 문제의 글에서 자본주의나 자유시장의 실패 가능성을 찾을 수 없고, 오히려 그 반대다. 케인스는 현재로서는 기술 발전에 의한 잉여 노동력의 활용처를 찾을 수 없는데, 이는 1) 우리가 가진 물질적 욕구가 대략 충족되었고, 2) 계속 일하려는 인간의 동물적 충동이 존재하기 때문이라고 주장한다. 불황이 초래한 대규모의 실업 사태를 일할 필요 자체가 없는데도 일하려 하는 인간의 원시적 욕구 때문이라고 여기는 그의 역설적인 해석은 여기서 굳이 문제 삼지 않겠다. 우리는 케인스의 에세이 전체를, 무엇보다 귀족들의 생활 방식에 대한 다음과 같은 논의를 그가 확립한 유효수요 실패 이론의 미시적 토대로 읽어야 한다는 비정통적인 주장을 계속 밀고 나갈 것이다.

> "우리는 이제 가장 확실한 종교적 원칙과 전통적 미덕으로 돌아갈 수 있게 되었다. 즉 탐욕은 악이고 고리대금 행위는 악행이며, 돈에 대한 애정은 혐오할 만하고, 내일을 걱정하지 않는 이가 온전한 지혜와 미덕의 길을 가장 참되게 걷는 자이다."

케인스 경제학 이론에서 치트키jack-of-all로 사용되는 '야성적 충동'이라는 개념의 생물학적 토대는 이렇다. 인간은 대부분 미개한 동물이며 일을 통해 몇 가지 기본적인 욕구를 탐욕적으로 충족하도록 생물학적으로 정해져 있다. 인간은 이런 기본 욕구가 충족됐을 때도 계속 일하고 축적하려 할 것이며(자본가와 노동자 모두), 소비자로서는 새롭게 충족시킬 물질적 욕구와 소비할 물건을 생각해낼 능력이 없다. 욕망이 충족되면 그들은 추가 수요를 창출하지 못한다. 인간은 그저 야성적인 본성에 따라 추가 공급만 창출하려고 한다. 그런데 케인스 이론을 타당하게 만드는 데 예측 불가능하고 완전히 제멋대로인 '야성적 충동'이 정말 필요할까?

욕구가 충족됐을 때 어떤 사람들은 혹은 사람들의 뇌 일부는 재화나 서비스에 대한 수요를 더 이상 늘리지 않겠지만, 또 다른 사람들이나 사람들 뇌의 또 다른 일부는 만족을 모르고 계속해서 일하고 생산하고 축적하려고 들 것이다. 그래서 유효수요는 실패하고, 그래서 실질 이자율의 지속적인 하락을 반복적으로 설계하고, 존재하지 않을 수도 있었던 상품의 수요를 인위적으로 만들어낸다. 그리고 인간이 만족 상태에서 벗어나 미개한 분열증적 행동을 하기를 기다려야 한다. 좋든 싫든 이것이 우리가 아는 유효수요 실패라는 이론의 가장 타당한 사회심리학적 근거가 된다. 일단 귀족층에 대한 함의가 제거되면 이는 의사결정 이론에 대한 최근 연구 결과와도 맥이 닿는데, 관련 내용을 뒤에서 다루겠다.

케인스가 제안하는 인간의 선호에 대한 생태 이론, 그리고 지금부터 다루게 될 경제 성장에 대한 케인스의 예측 모델의 네 번째 쟁점은 확장된 일관성에 따라 문제에 접근하는 근사한 연습

이 될 것이다. 케인스는 인간에게 절대적 욕구와 상대적 욕구라는 두 가지 욕구가 있다고 말한다. 전자는 충족된다는 가정에 부합하지만, 후자는 그 가치가 형성된 습관, 또는 이웃이나 또래 집단을 따라잡으려는 성향 같은 것들에 의해 정해진다. 물론 선호가 일부 차원에서만 충족되지 않는다면 괜찮다고 여기는 사람도 있을 것이다. 가령 경제 성장은 유효수요가 발생해야만 일어나지만, 선호가 충족되지 않는 차원에서는 성장이 지속될 수 있기 때문이다. 그러나 '상대적 욕구'에는 이런 경제적 특징이 작용하지 않기 때문에 그런 안심은 오래갈 수 없다.

케인스는 우리(어쩌면 우리 중 일부)는 사실 자신의 에너지를 비경제적 목적에 쏟으려 하고, 당연히 그래야 한다고 말한다. 하지만 인간의 에너지를 필요로 하는 그 '비경제적인 목적'이 무엇인지는 명확히 언급하지 않았고, 다들 확실히 모른다. 인간이라는 종 전체가 경제적 문제를 해결하는 방향으로 육성됐기 때문에 비경제적 목적 추구는 다소 '비인간적'이기도 하다. A라는 작업만을 수행하기 위해 제작된 기계가 갑자기 그것을 어떻게 하는지 알지도 못하는데 −A를 하라고 결정되고, 따라서 그 결과로 신경쇠약에 걸리는지에 관해 우리는 들은 바가 없다.

이 정도에서 멈추자. 핵심은 조롱하려는 것이 아니라 지나치게 비과학적인 추론 방식을 강조하려는 것이다. 현대의 도덕적 가치로 보면 케인스의 발언은 분명히 아주 계급주의적이고, 성차별적이며, 유럽 중심의 주장으로 보인다. 케인스가 인류의 약

7분의 6에 해당하는 사람들의 경제 상태를 어떤 식으로 무시했는지에 주목하라. 하물며 아무도 인간이 한 세기 안에 경제적 문제를 극복할 수 있다고는 예상하지 않았던 시기에 글을 쓰면서 말이다. 인간은 결국 시대의 산물이니 이 문제는 더 이상 거론하지 않겠다. 정말 놀라운 일은 누군가가 영국 상류층에 대한 편견들만 가지고 형편없이 선별해 만든 생각에 기초하여 그것이 경제적이든 아니든 인간의 장기적인 발전 이론을 확립하려 했다는 점이다. 그 편견이란 우리가 바로 전에 조롱했던 인간 선호에 대한 엉성한 설명과 두 유형의 인간, 신경쇠약 환자가 된 주부들, 저속한 부자들, 게으르지만 예술적 성향이 있는 지대생활자 같은 사람들에 대한 전혀 근거 없는 믿음이다.

하지만 천재적 재능이 없는 대중에게도 희망은 있다. 우리가 빠르게 다가가고 있는 끝없이 풍요로운 나라에도 조금은 할 노동이 있을 것이고, 노래를 부를 수 있는 사람들이 재생산되고 확산되는 와중에 우리 중 열등한 사람들은 단 몇 시간의 일로 정신병동에 갇히는 상황을 면하기에 충분할 것이다. 그리고 나머지 인간 중 가장 덜 미개한 이들을 교육할 수도 있을 것이다. 이런 전환 과정이 완료되면 유효수요가 실패하는 상황은 영원히 사라질 것이고 중앙은행도 그들과 함께 자취를 감출 것이다. 언제나 희망은 있다.

인간의 역사와 성장의
기원에 대한 케인스의 시각

—

1930년 기준으로 부와 돈에 대한 사랑의 역사는 아직 200년밖에 되지 않았고, 그조차 약 100년 후에는 영원히 망각 속으로 사라지게 돼 있었다. 그런 역사의 끝이 고작 24년밖에 남지 않은 현재 당신이 그런 징후를 느끼지 못하고 있고, 약 30억에 달하는 중국인과 인도인들이 열심히 부와 상품을 축적하고 있다고 해도 신경 쓸 필요는 없다. 제아무리 케인스라도 예측력에는 한계가 있고, 그는 결국 카를 마르크스가 아니었다. 다만 정말 놀라운 일은, 에세이대로라면 케인스처럼 좋은 교육을 받은 뛰어난 인물이 푸거가Fuggers나 메디치가Medicis, 또 로마 원로회 의원이나 이집트의 파라오, 샤일록 같은 사채업자들, 칭기즈칸 같은 정복자들에 대해서는 전혀 들어보지 못했다는 말이 된다. 사실상 (기독교) 교회와 유대인조차 들어본 적 없었던 것 같은데, 기독교는 1000년 넘게 이자를 금지했고(단리든 복리든 똑같이 악으로 치부했으므로), 유대인에게는 이자 징수라는 간악한 역할이 맡겨졌다.

케인스가 살았던 시기가 기술적으로나 경제적으로 전에 없이 풍요롭고 사회가 계속해서 탈바꿈하던 때였다는 점은 의심할 여지가 없다. 오늘날 우리가 "너무 많은 일자리를 해외에 빼앗긴다"고 푸념할 때, 당대의 케인스는 기술의 변화로 너무 많은 노동자가 잉여화되는 상황을 신경증적으로 걱정했다. 다만 앞에서도 언급했고 많은 증거가 보여주듯이, 이런 우려스러운 일을 그때도 일어나지 않았고 지금도 마찬가지다.

케인스에게 역사는 당시 기준으로 약 350년 전인 약 1580년에 시작된다. 그에게 이전 4000년은 기술 발전이 부족하고 자본 축적이 이루어지지 않았기에 의미 없는 시간이었다. 그러다 산업 혁명이 일어났고 모든 것이 변했다. 사실 기원전 1000년에 이미 인류에게는 은행, 국가, 종교, 천문학, 수학이 있었지만 이후 바뀌거나 개선되지 않았고, 이후 서기 1700년경까지 인간이 만든 다른 발명품 중에는 특별히 가치가 있다고 할 만한 것이 없었다.

안타깝게도 오늘날 경제 성장을 다루는 이들 사이에 아직도 이런 신화가 그대로 남아 있게 만든 장본인이 케인스만은 아니다. 때문에 그 무엇보다 단순하고 잘못된 이 믿음은 실증적인 문제로 남겨두겠다Diamond 1997; Lane 1963; McNeill 1963; Mokyr 1990; Rostovzev 1926; Trevor 2000. 게다가 나에게 남겨진 세 페이지를 "산업혁명 전까지는 아무 일도 일어나지 않았다"라는 서사에 할애할 마음도 없다. 그 대신 몇 가지 사소하지만 의미 있는 이론적 쟁점 몇 가지를 살펴보겠다.

먼저 아주 흥미로운 사실은 케인스가 실질적 요인과 통화적 요인, 그리고 축적과 사적이고 명목적인 회계상 이익을 혼동했다는 것이다. 그는 축적이 16세기에 시작되었으며, 스페인 원정대가 라틴 아메리카 식민지에서 약탈한 금과 은이 유럽에 도착하면서 촉발된 물가 인플레이션에 의해 주도되었다고 말한다. 우리가 에세이에서 읽은 대로라면 이런 인플레이션은 이윤을 창출한다. 그러나 그 메커니즘은, 즉 그런 인플레이션으로 인해 어떻게 실제 물적 잉여가 만들어지는지는 오직 케인스만 안다. 부채의 실제 가치가 급락하면 채무자는 이득을 볼 게 뻔한데 그런 채무자를 위해 기꺼이 돈을 빌려줄 사람이 한 명도 없다는 말인가?

아니, 누군가 수익을 내는 사람이 있고 그것만이 의미 있다고 가정해보자. 그리고 아마도 손해를 보는 사람은 중요하지 않거나 사라진다고 치자. 당시 발생했던 '인플레이션'은 부분적으로 역사학자들이 사료로 잘 남긴 것처럼 페스트가 사라진 후 발생한 급격한 인구 증가 때문이었고, 평균 생활 수준의 하락을 낳았다는 사실도 잊자. 아마도 인플레이션이 채무자들을 더 부유하게 만들면서 자원이 무능하고 미개한 사회계층(채무자)에서 거래 마인드를 가진 사람, 자본가, 기업가(채권자) 계층으로 옮겨갔을 것이다. 그러면서 산업혁명이라는 거대한 물결이 일어났는지도 모른다. 이런 일이 이전에 비잔티움과 베네치아, 피렌체와 마스트리흐트, 플랑드르와 카디즈, 함부르크와 마르세유 같은 곳에서도 수십 번이나 일어났다는 명백한 사실도 잊자.

이 모든 사실을 잊고 질문을 하나 해보자. 16세기 유럽의 거대 채무자들은 누구였을까? 당연히 전제적 왕들이었다! 1542년경에 곤혹스러운 부채 상황을 탈피하고자(이 목적만은 아닐지라도)

통화 가치를 떨어뜨린 헨리 8세처럼 말이다(후에 엘리자베스 1세의 재정 고문이 되는 그레셤Gresham*의 시대가 바로 이때이다). 그중에서도 스페인의 펠리프 2세는 영원히 빚에서 헤어나지 못했다. 산업혁명의 원인에 대한 케인스의 설명이 그저 청중을 감화시켜 마지막 순간까지 박수갈채 속에서 강연장을 떠나려고 그가 즉석에서 꾸며낸 이야기라는 것을 이보다 더 잘 보여주는 증거가 있을까?

16세기에 어떤 역설적인 상황이 영국에서 벌어졌고, 케인스는 그 일을 구체적으로 인식하지 못했지만, 자본이 기업가 계층의 손에 축적되는 상황이 마음에 들었을 것이다. 1534년부터 1539년까지 토머스 크롬웰이 헨리 8세를 대신해 단행한 수도원 몰수 작업이 바로 그것이다(크롬웰은 가로챌 수 있는 것은 무엇이든 몰수했다고 한다Youings 1971; Duffy 1992). 하지만 케인스가 이런 상황을 알고 있었다고 해도 영국의 종교개혁은 그저 스페인발 가격혁명**의 결과일 뿐이라고 주장했을 것이다.

다음으로 넘어가 보자. 인간의 축적 활동이 16세기에 발생한 인플레이션에서 시작되지 않았다고 쳐도 어쩌면 모든 게 그때 거기서 시작됐을지도 모른다. 뭐, 그럴 수도 있겠다. 한자동

---

*   Sir Thomas Gresham: 영국의 재정가로 '악화가 양화를 구축한다'는 그레셤의 법칙 창시자

**   Price Revolution: 16세기에 주로 스페인 식민지에서 약탈한 금과 은이 다른 유럽 국가들에 유입돼 장기간에 걸친 물가 상승, 즉 인플레이션을 초래한 사건이다.

맹, 이탈리아의 자치제Comune, 네덜란드 왕국 같은 것들은 전부 잊고, 우리 케임브리지 명사의 기대에 부응하기 위해 일단 자본주의가 1580년 무렵 영국에서 시작되었다고 가정하자.

그렇다면 이후에는 자본주의가 어떻게 지속됐을까? 우리가 들은 바로는 복리 덕분이었다. 우리 영국인들은 문명화된 영국인으로서 스페인 사람들로부터 훔친 돈을 적절히 투자했고(대부분 식민지 기업들에), 복리의 힘이 그 나머지를 해냈다. 복리의 힘이 1580년에야 발생하기 시작한 것은 이상한 일이다. 그저 채무자로부터 이자를 받는 게 전부인데 복리는 어떻게 그 모든 부를 창출할 만큼 효과를 낼 수 있었을까? 실물은 어디서 오는 것일까?

애덤 스미스는 금과 은은 많이 가지고 있을수록 경제에 유익하다는 중상주의 사상의 오류를 밝힘으로써 현대 경제학의 창시자가 되었다. 게다가 영국의 재화 축적은 드레이크가 1580년에 스페인에서 보물을 훔치면서 비로소 시작되었다! 누구든 이 남자보다 더 화폐 환상에 시달린 이가 있었을까? 케인스가 다른 인간들의 경제적 행동, 화폐 환상 같은 것에 대한 자신의 믿음을 믿었다고 해도 놀랄 일은 아니다. 그는 자기성찰을 한 것뿐이었다.

케인스가 궁극적으로 갖고 있던 유럽 중심주의는 잘못된 것이었다. 케인스는 자본이란 우리가 해외에 투자한 것이고, 그 수익이란 '다른 이들'이 우리에게 지불한 것이라고 믿었다. 우리의 부는 곧 그들의 가난이 되고, 우리의 수입은 곧 그들의 손실이 된다. 다행히 30억 중국인과 인도인이 다른 방식을 배웠고, 그래서 케인스가 정말 의미했던 것이 무엇이든 간에 물적 생산 활동의 선순환은 계속되고 있다.

거인의 어깨 위에서 관망하기

거인의 어깨 위에 서 있으려면 뛰어난 균형감이 필요하다. 우리는 케인스를 경제학의 거인으로 여겨왔기에 그의 거대한 어깨 위에 어떻게든 서보려고 애써왔다. 별 소득은 없었지만, 그 덕분에 인간의 욕구와 그것의 결정 요인을 어떤 식으로 이론화하면 안 되는지 알게 되었다.

또 인간이 가진 '이기적 유전자'로 인해 우리의 욕구는 무한하고, 우리가 상품과 서비스에서 추구하는 '특징'은 항상 몇 가지로 정해져 있음에도 불구하고 기술 진보 덕분에 그런 특징들을 충족시키는 새로운 형태의 상품과 서비스가 지속적으로 무한히 창출될 수 있다는 것도 알게 되었다. 그런 욕구가 앞으로 어떻게 진화할 것인지, 또 세월이 흐르면서 우리가 그런 욕구를 어떻게 예측 가능한 방식으로 추구할 것인지는 알 수 없다. 사실 우리 내면에 있는 '야성적 충동'이 더 이성적이고 계산적인 전두엽 피질에 비해 어느 정도로 우리의 선택을 좌우하는지도 모른다.

케인스가 미개한 동물과 노래할 수 있는 고결한 정신의 비유로 암시하려고 했듯이, 우리는 우리의 의사결정 과정이 두 종류

　　　　12장 · 흥미로운 질문들과 잘못된 이유들

의 인간, 혹은 우리 뇌의 두 영역 사이에서 발생하는 게임으로 더 잘 모델링된다는 가설Levine & Fudenberg, 2006을 거부하지는 않는다. 이 문제에 대한 인간의 지식이 아직 미천하다는 것을 알고 있고, 이 문제가 제대로 파악해야 할 가치 있는 영역이라는 것을 알기 때문이다.

REVISITING
KEYNES

13장

케인스가 장기적으로 소비는 과소평가하고 여가는 과대평가한 이유

_게리 베커, 루이스 라요

| 게리 베커(Gary S. Becker) |

1992년 노벨경제학상을 수상한 미국의 경제학자이다. 2007년에는 미국 대통령 자유 메달을 받았고, 경제학 교수를 대상으로 한 설문 조사에서 2011년 가장 좋아하는 살아있는 경제학자로 선정되었다. 경제학자 저스틴 볼퍼(Justin Wolfers)는 베커를 '지난 50년 동안 가장 중요한 사회과학자'라고 말했다. 베커는 인종 차별, 범죄, 가족 조직 및 합리적 중독을 포함하여 사회학에서 연구된 주제를 분석한 최초의 경제학자 중 한 명이다.

| 루이스 라요(Luis Rayo) |

노스웨스턴대학교(Northwestern University)의 켈로그 경영대학원(Kellogg School of Management)에서 전략학과의 어윈 P. 네머스(Erwin P. Nemmers) 교수이자 전략학과장이며, 경제정책연구센터 연구위원이다. 루이스 라요는 계약 이론 및 정보 경제학을 전문으로 하는 응용 경제 이론가이다. 그의 연구는 조직경제학, 사회경제학, 소득과 행복의 관계 등 광범위한 주제를 다루고 있다.

1930년에 출간된 케인스의 짧은 글은 영국과 다른 많은 나라가 거대한 불황의 늪에 빠진 와중에도 여러모로 선견지명을 갖고 향후 서구 세계의 장기적인 경제를 눈에 띄게 희망적으로 전망한다. 케인스는 불황은 일시적인 현상이며, 결국에는 영국과 다른 경제 선진국들이 19세기 초에 경험했던 속도로 성장이 재개될 것이라고 주장한다. 이는 미래의 장기적인 성장에 대한 대담하고 여러모로 정확한 예측이었다. 2030년까지 경제 선진국들의 생활 수준이 4배에서 최대 8배까지 증가할 것이라는 케인스의 예측과 현실을 비교하자면, 영국과 미국의 소득 수준은 1930년대 이후로 이미 4배에서 5배 정도 성장했다. 여기에 1930년 당시 경제 상황을 감안한다면, 케인스의 예측은 놀랍도록 정확했다.

그토록 짧은 에세이에 빼곡히 담긴 다양한 통찰력은 실로 감탄할 만하다. 그중 중요한 것만 거론하자면 이전 200여 년 동안의 경제 침체, 복리가 잠재적 소득 증가에 미치는 놀라운 영향,

기술 발전을 이루기 위해 과학을 경제생활에 활용하는 것의 중요성, 부유한 나라에서는 기본 욕구를 충족하기 위해 열심히 일할 필요가 없어진다는 것 등을 들 수 있다. 하지만 케인스의 믿음 중에는 잘못된 것도 있었는데, 경제 성장이 케인스가 에세이를 쓰기 전 100년 동안 이뤄진 속도로 계속된다면 2030년에는 모든 '경제' 문제가 사라진다는 주장이 대표적이다. 이 위대한 경제학자는 소비와 노동시간에 대한 장기적 전망을 하면서도 오류를 범했다.

우리는 케인스의 논점에 나타나는 여러 문제점을 조명할 것이다. 그런 실책은 근본적으로 케인스가 여러 가능성을 간과했기 때문이다. 다시 말해, 케인스는 소득 증가로 발생한 대체효과가 노동시간에 미치는 긍정적인 영향, 당대의 부유한 영국 신사들의 근로 습관과 미국 등 다른 여러 나라의 부유한 개인의 근로 습관과의 차이, 대다수 소비자의 행동을 자극하는 효용함수의 특징, 미래에 발명될 혁신적인 상품과 서비스가 거대한 소비자 수요를 만들어낼 가능성, 여가 등 여러 활동에 시간을 할당하는 것과 관련된 중요한 경제적 걸림돌, 케인스 시대에 아주 빈곤한 상태로 살았던 전 세계 절대다수 인구가 맞이할 경제 발전의 가능성을 간과했다. 그가 에세이를 쓴 시기는 지금으로부터 약 80년 전이기에, 우리는 이 문제들을 발전된 경제 분석의 관점에서 논의할 것이다.

케인스는 소득이 높아지면 소위 '소득효과'에 의해 여가 수요가 늘어날 것으로 믿었다. 그런데 케인스가 이 에세이를 발표한 같은 해에 라이오넬 로빈스Lionel Robbins는 시급 상승이 노동시간에 상반된 결과를 초래한다는 것을 보여주는 고전적인 논문을 발표했다Robbins, 1930. 케인스가 고려한 소득효과는 일을 줄이지만, 대체효과는 일을 더 많이 하게 한다. 결국 노동시간에 미치는 순효과net effect는 효용함수에 따라 달라지는데, 가령 콥-더글라스 함수에서는 노동시간이 임금률의 영구적인 변동에 영향을 받지 않는다. 경험적 증거를 봐도 적어도 적어도 1960년 이후에는 콥-더글라스 함수의 대략적인 추정이 틀리지 않았다는 것을 알 수 있다. 시급이 대폭 상승했을 때도 18세에서 65세의 성인 1인당 평균 노동시간이 크게 줄지 않았기 때문이다.

케인스는 당시 영국 신사들이야말로 미래에 모든 사람의 소득이 높아졌을 때 사람들이 보일 행동의 표본이 될 수 있다고 믿었다. 그래서 소득 증가가 노동시간에 미치는 영향을 그들의 행동을 통해 예측하고 오판했다. 그런 신사들에게는 물리적, 재정적 자산 형태의 상당한 재산이 있었지만 인적 자본이나 소득은 별로 없었기 때문에 그들의 행동은 케인스에게 왜곡된 미래상을 심어줬다. 경제 이론에 따라 예측하자면 이런 신사들은 그들만큼 부유하지만 재산 대부분을 땅 같은 물리적 자산 대신 인적 자본 형태로 보유한 미래 세대보다 더 많은 여가를 누리게 된다. 영국 신사들은 주로 소득효과만 누렸지만, 소득을 높이기 위해 일해야 하는 사람들은 강력한 대체효과도 누렸다.

이런 차이는 중동 걸프국 부유층이 일하는 행태만 봐도 알 수 있는데, 이들의 소득은 대부분 석유를 판 돈에서 나온다. 아랍에 미리트, 카타르, 쿠웨이트 같은 나라 국민은 석유 자본의 혜택을 받지 못하는 외국인 노동자들과 달리 하루에 3~4시간만 일한다. 이는 케인스가 예측한 100년 후 경제적 성장을 이룬 선진국 사람들의 평균 근무시간에 상당히 근접해 있다.

현대의 연구 결과를 봐도 사람들 대부분이 느끼는 효용은 절대적인 소비 수준이 아니라, 그들의 과거 소비나 친구 같은 준거 집단의 소비에 비해 그들의 소비가 얼마나 큰지에 따라 달라진다는 것을 알 수 있다(다음에서 논의하겠지만 케인스도 이런 측면을 일부 인식했다). 효용이 소득 증가에 따라 높아지는 기준점에 의해 영향을 받는 정도에 따라 개인은 자신이 과거에 했던 것보다 더 잘하려고 노력하고 또래 집단에 뒤지지 않으려 노력하는 것을 통해 언제나 최대의 효용을 누리려고 할 것이다. 따라서 소득이 대폭 상승해도 소비 욕구가 자동적으로 충족되지는 않는다. 개인이 더 나아지려고 노력해도 소득 능력과 함께 기준점 또한 계속 높아지기 때문에 목적을 완벽히 이룰 수는 없다.

라요와 베커(2007a, b)의 연구는 인간은 환경이 개선되면 기준점도 그에 맞춰 상향되도록 생물학적으로 진화해왔다고 주장한다. 특히 우리의 연구에 따르면 개인의 성향과 또래 집단의 영향력은 효용을 결정하는 중요한 요소이다. 그것은 또한 효용에 관한 이 진화적 모델은 현대의 뇌과학 연구 결과와도 일치한다고 보고한다. 예컨대 효용과 비슷하게, 인간의 눈 또한 절대적인 조건이 아니라 상대적인 조건에 따라 빛을 측정하도록 만들어졌다 Kandel et al, 2000.

흥미로운 사실은 케인스도 성공을 이끄는 동력의 진화론적 기원을 인식했다는 점이다. "우리는 모든 충동과 가장 깊숙한 곳에 있는 본능에 의해 경제 문제를 해결하려는 목적을 추구하며 뚜렷이 진화해왔다." 케인스는 또한 인간에게는 "만족했을 때 우리의 위치를 위로 끌어올리면서 타인에 대한 우월감이 생길 때" 느끼는 '상대적' 욕구가 있다는 것을 분명히 인식했다. 그리고 이런 욕구는 당연히 충족될 수 없다. "일반적인 수준이 높을수록 상대적인 욕구는 더 높아진다." 만약 케인스가 상대적인 욕구에 조금 더 비중을 뒀다면, 또 인간의 천성이 쉽게 변하지 않는다는 사실을 고려했다면 그의 예측은 근본적으로 달라졌을 것이다.

케인스의 주장에서 핵심은 적어도 "인간이 어떤 상황에서든 느끼는" '절대적' 욕구는 궁극적으로 충족될 것이라는 믿음이다. 하지만 이 또한 오판이었다. 또래 집단의 영향과 상관없이 대부분의 물질적 소비는 성향을 형성하는 면이 강하다. 일반적인 소비자의 경우에 어떤 물건을 처음 샀을 때는 신이 나지만 점차 익숙해지고, '천성적natural 목적'에 따라 바로 다음 제품을 소유하고 싶어 한다. 이런 인간의 성향을 생각하면 케인스가 '절대적' 욕구라고 칭한 것도 사실상 상대적인 성격을 갖고 있기에 결과적으로 충족될 수 없다.

게다가 케인스는 사람들이 간절히 열망할 만한 혁신적인 상품들이 등장할 가능성에 특별히 주목하지 않았다. 이런 오류는 케인스가 기술 발전이 소득 증가에 미치는 중요성을 날카로운 통찰력으로 포착했기에 더 당황스럽다. 20세기에 인류의 삶을 혁신적으로 바꿔놓은 많은 상품, 예를 들어 전구, 전기 모터, 자동차, 비행기, 라디오, 영화는 그의 에세이가 나오기 30년 전에 발명되었다. 그의 에세이가 발표된 직후에는 소형 컴퓨터, 건조기, 식기세척기, 진공청소기, 텔레비전, 모터보트 같은 제품들이 탄생했다. 그리고 이후 컴퓨터, 비디오, 디지털카메라 그리고 휴대전화가 다른 많은 소비재와 함께 등장했다. 거대한 수요를 창출하는 신제품 개발 열기는 21세기에도 계속되고 있고, 이런 과정이 끝나야 할 명백한 이유도 없다. 일례로 계속해서 소득이 높아지고 기술이 발전하면 의학 발전과 의료에 대한 수요도 끝없이 증가할 것이다. 더 건강한 삶과 장수에 대한 바람에는 끝이 없기 때문이다.

이런 분석은 삶에 대한 케인스식 접근법의 중대한 맹점을 드러낸다. 그는 노동과 자본의 생산성을 높인다는 점에서 향후 기술 진보의 중요성을 옳게 강조했지만, 사람들에게 계속 충분한 소득을 벌어야 할 동기를 부여하는 새로운 소비재의 탄생 가능성은 근본적으로 간과했다.

케인스는 '경제적' 문제가 결국에는 대부분 사라질 테고 남자든 여자든 먹고살기 위해 일할 필요가 거의 없을 것이기 때문에 경제학자들의 중요성도 크게 낮아질 것이라는 결론을 도출했다. 당연히 현실은 정반대였다. 일례로 요즘 거물 정치인 중 경제 자문단을 두지 않은 사람은 없고, 뉴스 매체들도 경제학자들의 의견을 끊임없이 요청한다. 케인스가 이를 오판했던 이유 중 하나는 경제학자들의 분석 영역이 단지 삶의 물질적 측면뿐 아니라 행복, 이타주의, 사회적 상호작용, 결혼과 이혼 같은 삶의 비물질적 측면과 관련된 다양한 영역으로 확대되었기 때문이다.

이런 발전 양상은 케인스가 '경제학'을 너무 좁게 규정했다는 사실을 보여준다. 케인스가 『경제적 가능성』을 쓰고 얼마 후인 1932년에 라이오넬 로빈스는 그의 역작이자 '경제학'을 훨씬 더 광범위하게 다룬 『경제학의 본질과 중요성에 대한 에세이An Essay on the Nature and Significance of Economic Science』를 출간했다. 로빈스는 경제 문제를 서로 경쟁적인 목적을 달성하기 위해 부족한 수단을 배분하는 문제에 대한 분석이자 처방으로 정의했다. 이 정의에는 일과 여가 사이에 낀 시간뿐 아니라, 직장 밖에 있을 때의 시간을 할당하는 것도 포함된다.

따라서 케인스의 말이 맞았고, 소득 증가로 인해 노동시간이 실제로 줄어들었다 할지라도, 늘어난 여가를 서로 경쟁 관계에 있는 시간을 잡아먹는 다양한 활동에 배분하는 것은 여전히 사소하지 않은 경제 문제로 남는다. 케인스는 시간이 근본적으로 자원이라는 사실과 시간 배분에는 진지한 경제 분석이 필요하다는 사실을 지나쳤다. 그 결과 개인적 판단으로 최선의 여가 활용 방법이라고 여긴 것을 우리에게 서슴없이 처방했다. 분명 그에게는 여가 활용이 경제학의 범위를 벗어난 가치 있고 교양 있는 취향의 문제였다.

마지막으로 케인스의 에세이를 보면 그는 1930년 당시 세계 인구의 약 90%가 영국과 미국 등 몇몇 선진국의 생활 수준에 훨씬 못 미치는 환경에서 살고 있다는 사실에 거의 관심이 없었다. 실제로 당시 아시아, 아프리카, 라틴 아메리카 같은 나라들의 생활 수준은 케인스가 살던 때보다도 몇백 년 전에 많은 사람이 처해 있던 열악한 수준을 크게 벗어나지 못하고 있었다. 따라서 케인스가 규정한 대로 경제 문제가 그의 관심 대상인 몇몇 나라에서 사라졌다 할지라도 그 외 개발도상국을 분석하는 데는 경제가 계속해서 상당히 중요한 역할을 할 수밖에 없다.

비록 우리는 이 글에서 케인스의 에세이에 나타난 여러 맹점을 부각했지만, 우리가 이런 분석을 할 수 있었던 것은 이제는 시간이 지난 데다 케인스 시대에는 없었던 현대적인 경제 도구들이 존재하기 때문이다. 이제껏 케인스만큼 생산적인 경제학자는 거의 없었고, 우리의 경제적 사고 또한 이 혁신적인 사상가의 업적 덕분에 자극받고 크게 진보했다.

"시장은 합리적인 이유가 아니라 동물의 영혼으로 움직인다."

- 존 메이너드 케인스

REVISITING
KEYNES

14장

어떻게 경제학의
종말이 사회적 책임의
경제학이 떠오르는
계기가 됐을까?

_레오나르도 베체티

| 레오나르도 베체티(Leonardo Becchetti) |
로마 토르 베르가타대학(University of Rome Tor Vergata) 경제학과 정교수, SOAS 경제금융학과 교수
연구원이다. 국내외 저널에 약 70편의 논문을 발표했고, 2005년부터 이탈리아의 방카 에티카(Banca
Etica)의 윤리위원회 회장을 역임했다. 『지속 가능한 행복』을 저술했으며 소액 금융, 사회적 책임, 은행-
회사 관계 등을 중점적으로 연구했다.

인류가 미래에 어떻게 될지 예측하는 것은 매혹적이지만 만만찮은 일이다. 경제학과 사회학이 이론적으로, 또 실증적으로 발전한 것은 사실이지만 오늘날 우리가 할 수 있는 최선은 기껏해야 가까운 과거에 벌어졌던 일들을 통계학과 계량경제학의 도움을 받아 엄격하게 해석하고 기술하는 것이다. 반면에 가까운 미래를 예측하는 우리의 역량은 마치 운전자가 자동차 뒤 유리창을 보면서 어느 방향으로 갈지 결정하는 상황과 비슷하다. 케인스 시대의 사회학자들이 사용했던 분석 도구들은 그 정교함이 오늘날의 도구들보다 현격히 떨어진다는 점에서 미래 예측은 케인스에게 훨씬 더 까다로운 일이었을 것이다.

미래를 내다보고 예측하는 데 분명한 좌표가 없으면 우리는 보고 싶은 것을 중심으로 가까운 미래를 점치는 위험에 빠진다. 그렇다 보니 우리 손자 손녀들이 살아갈 먼 미래로 우리의 정밀 조사를 대담하게 확장하면 그 추론에는 어쩔 수 없이 개인적 편견, 이상, 가치관이 섞이게 된다. 우리는 바로 그런 일이 케인스에게 일어났다고 의심한다.

케인스의 비전을 오늘날 평가할 때는 그의 몇 가지 위대한 통찰과 그다지 성공적이지 못했던 예측을 함께 인정해야 한다. 전자에는 기술 진보의 역할이 미래에는 더 중요해지고, 맬서스의 우울한 예언은 실패로 끝나며, 비물질적 욕구의 중요성이 점점 더 크게 인식되면서 인간의 삶과 사회경제적 행동 목표에 대한 논쟁이 재개된다는 예측이 해당한다. 그리고 후자에는 노동시간이 점진적으로 감소하고, 경제적 문제가 대폭 줄거나 사라지면서 경제학의 종말이 온다는 예측이 해당한다.

나는 케인스의 짧은 에세이를 논평하는 이 글에서 그가 어떤 요인들을 놓쳐서 결국 잘못된 예측을 하게 됐는지 밝히고, 미래에 대한 나의 전망을 제시함으로써 케인스가 했던 게임을 똑같이 시도해보려고 한다. 내가 논점을 몇 마디로 요약하면, 전체적인 부의 증가가 사회적 번영으로 이어진다는 케인스의 즉각적인 해석은 그런 일을 하는 자비로운 설계자의 존재를 섣불리 가정하는 전형적인 잘못에 빠진다. 오늘날 실제로 벌어지고 있는 상황은 과거에 경제 발전과 사회 정의의 조정 역할을 했던 견제와 균형 시스템이 위기에 처했다는 것이다. 새로운 견제와 균형 시스템을 개발하고 발전시키는 과정에서 우리는 경제 문제가 사라진다는 케인스의 예언이 과연 실현될 수 있을지 확인하게 될 것이다.

성공한 직관: 지속되는 기술 발전

우리는 먼저 케인스의 위대한 통찰력을 인정해야 한다. 그는 자신이 살아가는 대공황 시대를 넘어 그 이후로 시각을 확장했고, 불황이란 지속적인 기술 발전이 보장하는 1인당 GDP의 장기적 성장 추세가 일시적으로 둔화되는 것일 뿐이라고 인식했다.

개인의 시각에도 '시간의 한계'는 있기에 케인스는 정보통신기술ICT 혁명이 일어나리란 것까지 예상하지는 못했다. 다만 앞으로도 기술 진보가 거침없이 이루어지리라는 확신이 있어서 (대공황이 온다 하더라도) 혁신의 물결이 계속돼 인류의 행복을 보장할 것으로 예측했다. 잘 알려진 대로 오늘날 우리는 소위 ICT라는 전자통신 산업이 주도하는 일련의 혁신으로 케인스가 말한 기술 발전 과정이 놀랍도록 가속화되고 있는 상황을 목격하고 있다. 이런 기술 발전 덕분에 극단적인 비용 절감은 물론이고 '무게가 없는' 모든 것(음성, 이미지, 데이터, 음악 등)을 전 세계 어디로든 바로 전송할 수 있다.

놀라운 예를 하나만 들면, 1979년에 로마에서 뉴욕으로 비행하려면 800달러와 7시간 가까운 시간이 들었다. 오늘날에도 상황은 비슷하다(콩코드가 더 이상 날지 않는다는 일부 변화는 있지만). 만약 무게를 가진 것들이 이동하는 시간과 비용이 무게가 없는 것들의 추세를 따랐다면 오늘날 우리는 로마에서 뉴욕까지 1페니도 안 되는 돈으로 1초도 안 되는 시간에 날아갈 수 있어야 한다! 두 영역에서 벌어진 혁신의 격차는 이토록 크다. 하지만 마이크로프로세서 속도의 기술적 발전과 컴퓨터 업계에서 벌어지는 경쟁은 산업과 인간 삶의 모든 분야에서 생산성을 획기적으로 높이는 다목적 혁신으로서 정보통신 기술을 빠르게 확산시켰다.

이런 혁명과 그 이전에 이뤄진 지속적인 기술 진보는 100년도 안 되는 기간에 과거에는 본 적 없던 놀라운 인구 증가(15억 명에서 60억 명 이상으로)를 가져왔다. 세상에는 여전히 10억 명의 인구가 절대 빈곤선(이런 기준점의 복잡한 계산 방법은 문제 삼지 않겠다) 아래서 살고 있지만, 지난 수십 년간 태어난 약 45억 명 인구는 꽤 괜찮은 삶을 보장받을 수 있었다. 하지만 경제 전체에서 그리고 세계 수준에서 창출된 경제적 가치를 고려하면 이러한 번영이 모든 인류에게 확장될 수 있겠지만 분배의 병목 현상이 그것을 가로막고 있다.

실패한 직관: 근로시간 단축과 인류학적 오류

—

그렇다면 케인스의 통찰력 중 잘못 짚은 것은 무엇일까? 가장 안타까운 예측은 기술 발전으로 생산성이 급격히 증가해 모든 인류가 이전보다 훨씬 조금만 일해도 필요한 것들을 생산할 수 있고, 그에 따라 여가에 훨씬 많은 시간을 할애할 수 있는, 거의 일하지 않아도 되는 시대가 도래한다는 주장이다. 이 문제를 좀 더 정확히 다루려면 케인스의 이 예측이 정말 터무니없는 것인지, 아니면 이런 전망이 실현되는 것은 단지 시간 문제일 뿐 장기적으로는 옳은 주장인지 판단해야 한다.

나는 케인스의 이런 구체적인 예측이 중대한 '인류학적 오류'에 의해 행해졌다고 굳게 믿는다. 케인스의 노동관이 마르크스주의자가 주창한 소외 개념의 영향을 너무 많이 받았고, 경제 교과서에서 묘사되는 '육체노동자'에 대한 특정 관점에 맞춰졌기 때문이다. 이러한 관점을 넓히려면 마르크스주의적 개념과 기독교의 사회 교리적 개념의 주요 차이를 생각하면 되는데, 전자에서 노동은 소외를 일으킬 뿐이지만 후자에서 노동은 두 가지 차원이 있다. 첫 번째는 객관적인 차원으로 이 역시 소외와 고통을 만들어내지만 인간이 그 짐을 지는 것을 통해 자신에 대해 깨닫게 된다는 점에서 그 자체로 의미가 있다. 두 번째는 주관적이고 창의적인 차원으로 인간이 직업을 통해 하나님의 창조 작업을 계속 완성해나간다고 강조한다.

이 두 가지 관점을 염두에 두고 노동경제학의 형식화나 이론 사상, 또 케인스 시대를 지배했던 사상들을 살펴보면 그런 것들이 마르크스적 관점에 상당히 가깝다는 것을 알 수 있다. 개인은 일과 여가 사이에서 최적의 시간 배분을 선택한다. 표준적인 형식화에서 노동은 어떤 즐거움도 만들어내지 않고 노력의 비효용 disutility으로 대표되는 비물질적인 비용을 수반한다. 이런 비효용,

혹은 효용 결핍은 여가 중에 상품 소비를 즐기는 데 사용되는 금전적 보수(즉 임금)로 보상된다. 따라서 우리가 이 비전, 즉 케인스 시대에 만연했던 인간을 소외시키는 일에 큰 영향을 받은 비전을 고수한다면, '소외된' 호모 이코노미쿠스*는 노동시간을 줄이기 위해 높아진 생산성과 시간당 임금을 적극적으로 이용할 수밖에 없다. 이는 곧 소득효과가 대체효과를 지배하는 것을 말한다.

케인스에게 영향을 미친 인류학적 오류는 인간 노동에서 오직 소외 요소만 고려하고, 인간이 일을 통해 창조성을 구현하고 더 나아가 육체적 희생을 감수하게 하는 일의 가치와 동기부여라는 긍정적인 면을 고려하지 않았다는 점이다. 요컨대 케인스가 만약 오늘날 사무직 노동자들의 은퇴 후 우울증을 연구하는 심리학자였다면, 그가 놓쳤던 인간 노동에 내포된 긍정적 차원에 대해 더 명확한 비전을 세웠을 것이다.

하지만 케인스가 틀렸다는 것은 것은 우리가 단순히 여가만 누리며 살 수 없고 일에서도 즐거움을 찾을 수 있기 (적어도 소외감은 적고 만족감이 더 큰 직업을 통해) 때문만이 아니라, 위대한 기술 혁명으로 점점 더 많은 상품과 서비스가 등장한다고 해도 우리

---

* homo economicus: 이윤 추구를 위한 영리욕과 개인의 이익을 행동 원리로 삼고 타인에 대해서는 일체 무관심한 경제적 인간

는 계속 일해야 하기 때문이다. 우리가 일하는 이유는 기술 발전의 속도가 우리의 창의성에 의해 유지되어야 할 뿐만 아니라 여가 활동의 결실을 체계화할 전문가가 필요하기 때문이다(여가와 엔터테인먼트는 그 자체로 많은 일자리를 창출하는 산업이다). 케인스의 예측을 노동시간에 대한 전반적인 예측에서 상품 생산에 투입되는 노동시간에 대한 예측으로 조금만 수정하면 거의 맞는 말이 된다. 오늘날 GDP 중 제조업이 차지하는 비중은 기껏해야 20% 정도지만(케인스 시대에는 제조업 비중이 이보다 훨씬 더 높았다), 일반 산업 부문이나 여가 산업에서 서비스업이 차지하는 비중은 왜 점점 증가하고 있는지 생각해보라.

케인스의 낙관주의도 예상하지 못했던 위대한 기적은 물질적 상품을 생산하는 과정에서 인간을 소외시키는 일이 점점 더 감소하고 동시에 예술, 여가, 엔터테인먼트 분야에서 '생태학적으로 더 가벼운' 비경쟁 상품이나 서비스 생산이 확대되면서 우리 경제에서 일자리와 가치 창출 활동이 변화하고 있다는 점이다. 이런 변화는 생태학적, 사회적 지속 가능성(환경 자원을 절약해서 쓰는)이라는 성장 프레임을 확립하고 회사 및 일과 관련된 기쁨을 증대하는 방식으로 인간을 소외시키는 과업 비중을 줄이면서 빠른 성장을 유지할 것이다.

오늘날 사회적 비중이 큰 '생산 활동'을 생각해보면 이런 변화의 규모를 가늠할 수 있다. 과거 사람들은 일할 때는 열심히 일만 하고, 스포츠 이야기나 시시한 잡담은 쉴 때나 했다. 하지만 요즘에는 술자리에서나 할 법한 이야기가 전문적인 활동이나 인기 TV 프로그램으로 제작돼 수백만 시청자들의 눈길을 끈다. 게다가 가십성 엔터테인먼트 산업이나 리조트 산업도 있다. 물론 현재는 북반구와 남반구 대륙 노동력이 혁신의 혜택을 골고루 나눠서 누리지 못하지만, 조건부 수렴 저축률이나 교육 등이 일정한 조건하에서는 개발도상국이 선진국보다 1인당 GDP 성장률이 더 빨라서 시간이 흐름에 따라 선진국을 따라잡게 되는 현상이 계속되면 그런 불균형 또한 점차 개선될 수 있다고 믿는다.

결국 케인스가 미래의 노동시간을 잘못 판단한 근본적인 원인은 인간 노동에 대한 인류학적 전망에서 나온 오류와 노동과 가치 창출 활동의 진화를 이해하지 못한 무능력 때문이었다.

절대적으로는 충족할 수 있고 상대적으로는 충족할 수 없는 욕구: 성장에서 '경제적으로 지속 가능한 행복'으로

케인스의 분석 중 일부는 번영이 증가하는 과정에서 진화하는 인간 욕구를 중심으로 전개된다. 케인스가 말하는 요점은 절대적 욕구는 경제 성장과 기술 진보를 통해 충족되지만, 상대적 욕구는 그럴 수 없다는 것이다. 그는 에세이의 또 다른 중요한 구절에서 경제 문제(절대적 욕구의 만족과 관련된)가 해결될 것이라고 주장한다. 그렇게 되면 경제적 가치 창출을 촉진하는 방향으로 발전한 문화는 더 이상 필요 없어지고, 비물질적이고 비세속적인 상품을 즐기고 새로운 시나리오에 적응하는 능력이 중요한 문제로 부상할 것이라는 논리다.

이 틀 안에서도 우리는 또다시 케인스의 성공한 직관과 실패한 직관을 확인할 수 있다. 먼저 전자에는 절대적 욕구와 상대적 욕구를 구분한 것이 속하는데 이 중 상대적 욕구는 충족 과정이 더 복잡하다. 케인스의 뛰어난 직관력이 엿보이는 두 번째 사례는 그가 마르크스 사상 중 상부 구조에 속하는 문화라는 영역을 알아봤다는 점이다. 문화는 인류가 진화하는 단계에서 경제적 발전을 뒷받침하는 도구적이고 기능적인 가치들을 창출한다. 불과 몇십 년 전 우리 문화에서 중요하게 여겼던 의무와 희생을 떠올려보고, 또 그런 가치들 중 일부가 우리 시대에 어떻게 사라졌는지 생각해보면, 우리는 이런 직관이 심오하다는 것을 알게 된다. 케인스는 노동자의 생산성 유지라는 목표를 위해 작동하는 문화적 가치, 즉 더 상위의 비물질적인 목표를 추구하는 수단이 아니라 그 자체가 목적이 되는 축재의 가치를 설명하는 방식으로 그런 직관을 발전시킨다.

이런 측면으로 보면 케인스의 논리는 애덤 스미스가 말한 '기만deception', 즉 철학자들은 생산 활동이 인간의 행복을 구현하는 궁극적인 원동력이 아니라는 것을 알면서도 대중을 의식적으로 속인다는 개념과 비슷하다. 사회 고위층의 행복을 위해 필요한 물질적 재화를 만들어내려면 가치에 물질주의적 순위가 필요하기 때문이다_{Smith, 1759}.

이런 관점에서 보면 우리는 현재 경제학에 대한 인식을 포함해 거대한 변화를 앞두고 있으므로, 나는 기만의 시대가 곧 종식될 것이라고 믿는다. 욕구에서 항상 더 자유로운 사람들(적어도 세계 일부 지역에 사는)이 가진 욕구가 진화하면 호모 이코노미쿠스의 개념과 우리 경제학자들이 객관적으로 담당하는 기능도 분명 변할 것이다. 경제학자가 성공적인 정치 조언자 역할을 하려면 그런 수정 작업이 필요하다. GDP 성장같이 전적으로 경제적인 목표만 추구하면 결국 인간관계의 질처럼 비물질적인 재화의 희생이 따른다. 그렇게 변화된 사회 구조에서는 더 부유하지만 덜 행복해진 유권자들이 정부를 칭찬하는 대신 혼내주어 정치적 합의가 이뤄지지 않는 역설적인 상황이 나타날 수 있다. 이런 상황에 위협을 느낄 정치인들은 경제학자에게 이런 관점 변화를 요구하는 첫 번째 주자가 될 것이다. 새로운 행복의 경제학은 이런 목적을 위해 탄생했고, 이 주제에 관한 연구도 늘어나고 있다

Alestina et al.(2001), Bruni et al.(2004), Clark(1994), Frey et al.(2000), Layard(2005).

이런 행복 연구의 르네상스가 열리게 된 바탕에는 전 세계 대부분 국가에서 새롭게 수집된 행복에 대한 개인 수준의 상세하고 충분한 경험적인 정보가 있다. 학자들은 이 경험적 증거들을 가지고 이론 모델에서 도출한 가설을 검증하지만, 이 경험적 정보를 가지고 우리 연구 모델의 뼈대가 되는 기본 가정들이 과연

타당한지도 확인해야 할 것이다. 개인들이 스스로 밝힌 행복에 대한 정보는 우리들이 개발한 효용함수가 맞는지 검증하는 특별한 기회를 선사한다. 그리고 다양한 국가에서 다양한 기간에 걸쳐 수행된 이 연구 결과들은 자신의 소비 수준을 극대화하는 자기 이익을 추구하는 개인에 대한 가정이 유지될 수 없다는 것을 명확히 보여준다.

우리는 자기 자신을 '합리적인 바보'라고 여기지만, 스스로를 그렇게 탈바꿈하는 작업에는 (바라건대) 성공하지 못한다. 행복에 대한 경험적 증거와 호모 이코노미쿠스적 인간에 대한 가정들을 반박하는 경험적 '이상현상'들은 인간에게는 이기심과 더불어 우리 행동에 강한 영향을 미치는 연민과 책임이라는 두 개의 근본적인 차원이 존재한다는 1977년 아마르티아 센Amartya K. Sen 교수의 유명한 주장에서 확인할 수 있다. 어느 국가가 됐든 행복에 대한 경험적 연구에서는 사람들이 인간관계를 위해 보내는 시간, 종교적 관습, 교육, 건강 같은 비물질적 가치들을 아주 중요하게 여긴다는 사실이 공통적으로 도출된다. 센 교수의 주장은 이런 결과가 왜 나오는지 이해하는 데 도움이 된다.

또 돈 자체를 목적이 아닌 수단으로 삼아야 한다는 케인스의 옳은 주장에 따라, 돈의 역할에 새로운 프레임을 부여하려 노력하는 것도 가치 있는 일이다. 행복에 관한 연구 결과들이 공통적으로 말하는 사실이 하나 더 있다. 이는 개인 및 국가의 부가 교육의 질과 건강 같은 우월한 가치를 구현하는 데 중요하다는 사실을 간과하면 안 되지만, 개인의 소득 수준이 행복을 증대하는 유일한 지표는 아니라는 점이다. 이 두 변수의 관계는 생각보다 훨씬 더 복잡하고 준거집단에 대한 상대적 부(사회학적 차원)와 성취와 열망의 복잡한 동학(심리학적 차원)에 의해 결정되는데, 후자는 새로운 봉우리에 오를 때마다 필연적으로 더 높아진다. 게다가 최근에 수행된 일부 연구는 소득이 행복에 간접적으로 미치는 부정적 효과인 소위 관계재의 보몰 병폐[*]를 보고한다_{Becchetti-Santoro, 2006}. 문제는 우리의 생산성이 높아질수록 여가의 기회비용도 높아진다는 것이다. 하지만 인간관계의 '생산성'은 안타깝게도 전혀 증가하지 않거나 제조업의 생산성만큼 빠르게 증가하지 않는다(만약 휴대폰을 매개로 한 대화가 인간의 다른 접촉 방식을 대체할 수 없다면, 우리는 우정을 더 돈독히 하고 자녀를 더 잘 양육하기 위해 일정 시간을 바쳐야 한다). 따라서 우리에게는 우정을 발전시키는 것처럼 다양한 유형의 관계재(가족 간의 유대감, 동아리나 공동체 육성, 친목형 축구회 조직 등)에 투자할 시간이 필요하다. 여기서 문제는 관계재가 재화의 생산자인 동시에 소비자인 개인들(가족이나 동아리 회원)의 공동 투자가 필요한 '지역적 공공재'라는 점이다. 그래서 생산성 증대 과정에서 관계재를 같이 생산하고 같이 소비하는 구성원들

---

[*] Baumol disease: 1960년대에 윌리엄 보몰과 윌리엄 보웬이 주장한 개념으로 노동집약적인 서비스 부문과 같이 노동 생산성이 상승하지 않은 일자리의 임금이 제조업과 같이 생산성 상승이 높은 다른 일자리들의 임금 상승을 따라 높아지는 현상

이 그 상품에 대해 동일한 선호도를 갖고 있지 않으면 관계재에 대한 선호도가 강한 개인의 행복도는 결국 떨어지는 조정 실패의 위험이 따른다. 결국 오늘날 우리는 케인스의 예상과는 한참 다르게, 생산성의 향상으로 노동시간이 단축되는 대신 관계라는 상품이 질적으로 악화되는 상황에 직면한다.

이 문제에 대한 실증적 증거가 뚜렷하다. 연구에 따르면 친구, 가족, 다양한 단체의 구성원과 관계를 다지기 위해 투입한 시간의 효과가 개인의 행복을 결정하는 강력하고 긍정적인 요인이다_{Becchetti, Londono Bedoya, and Trovato, 2006}. 따라서 개인과 국가 차원에서 보면 소득과 관계재의 질은 역의 관계에 있다.

이 증거는 잘 알려진 속설을 입증하는 동시에 새로운 통찰을 제시한다. 즉 선진국의 구성원들은 금전적으로는 부자지만 시간적으로는 가난하고, 덜 부유한 나라의 구성원들은 금전적으로는 가난하지만 시간적으로는 더 부자라는 점이다.

요약하자면, 이 문제에 있어서는 케인스의 직관을 바로잡아야 할 것 같다. 소득이 증가하고 소득과 개인의 행복과의 관계가 꼭 비례하지 않는다는 것을 알게 됨에 따라 우리는 비물질적 재화의 중요성을 더 많이 알게 된다. 사람들은 이미 비물질적 재화를 더 많이 요구하기 시작했고, '각성한' 정치인들은 호모이코노미쿠스에 기반한 처방전만으로는 다음 선거에서 이길 수 없다는 것을 깨닫게 됐다.

여전히 일해야 하고 분배의 갈등이 해결되지 않는 현실을 타개하는 방법

케인스의 주장이 가진 주요 한계는 끊임없는 기술 발전이 자연스럽게 경제 문제를 해결할 것이라는 생각이다. 그는 이와 같은 꿈이 실현되기 위해서는 "인구 통제 능력, 전쟁 및 시민 분쟁을 피하려는 결의, 과학에 위임하려는 의지…" 같은 부수적인 조건이 충족되어야 한다고 인정한다. 이런 케인스의 목록에는 두 가지 쟁점이 빠져 있다. 바로 환경의 지속 가능성과 생산성이 높아지고 생산성이 소수에 집중되면서 두드러지게 나타나는 분배의 문제이다.

"시민 분쟁(또는 사회적 갈등)을 피하라"는 케인스의 피상적인 말은 차치하더라도, 전 세계가 하나로 통합된 시장에서는 경제 발전에 따른 환경적, 사회적 지속 가능성과 관련된 중요한 질문들이 생긴다. 경제학자들이 해결해야 할 문제에는 정해진 단위 시간 안에 산출되는 총생산량뿐 아니라 그런 생산 수준에서 발생하는 부정적 외부성*과 분배를 둘러싼 갈등도 있다. 정보통신 기술의 혁명과 세계적 경제통합으로 인해 멀리 떨어져 있던 지

---

* externalities/external effect: 어떤 시장 참여자의 경제적 행위가 사람들에게 의도하지 않은 편익이나 손해를 가져다주는 데도 아무런 대가를 받지도, 지불하지도 않는 현상

역 사이에도 상호 의존성이 높아지면서 시장 실패에 따른 문제들(불충분한 공공재 생산, 환경 관련 부정적 외부성, 초기 조건의 불평등 등)의 해결이 더욱 시급해졌다. 하지만 케인스의 단순한 접근법은 대표적 개인들이 모든 분배 문제를 은폐하는 경제 모델의 대담한 가정에 기초해 있다. 거기에는 또 완벽한 정보를 가진 자애로운 설계자들이 이해 충돌과 정보 비대칭을 우회해 개인을 위한 최적 조건과 사회를 위한 최적 조건 간의 차이를 교묘히 메우는 가정들이 내포돼 있다.

오늘날의 현실은 전 세계적인 시장 통합으로 인해 세 경제주체의 상호작용을 토대로 했던 견제와 균형이라는 예전 시스템이 약해졌다는 것이다. 예전 시스템의 경우 한편에서는 기업들이 경제적 가치를 창출하는 동시에 부정적 외부효과를 발생시켰다. 또 다른 한편에서는 강력한 국내 제도들과 노동조합이 그런 불균형을 해소하고 시정하기 위해 행동에 나섰다. 하지만 기업들이 국내 제도와 노동조합의 협상력이 현저히 떨어지는 세계화 시나리오에 합류하면서 (정부의 재정 경쟁과 탈현지화라는 선택지에 따른 인건비 경쟁의 결과로) 예전의 '삼권' 시스템이 해체된 것이다.

글로벌 차원의 견제와 균형이라는 새로운 시스템은 창대한 세계 번영의 틀 안에서도 사실상 (케인스의 표현을 빌리면) '시민 분쟁'을 초래한다. 다행히 경제 체제는 이러한 새로운 틀 안에서 시민사회라는 새롭고 중요한 주체의 등장과 함께 내생적이고 일시적인 방어기제들을 만들어냈다. 또 글로벌 차원의 규칙과 제도가 부재한 가운데 소수의 의식 있는 개인들은 사회적 책임감 차원에서 더 혁신적인 기업들을 지지하기 위해 소비와 절약이라는 방식으로 투표권을 행사하기 시작했다. 그렇다면 국내 노동조합의 약점을 의식 있는 소비자와 투자자들의 대리 행위로 보완한 새로운 시스템이 예전의 삼권 시스템을 대체했다고 볼 수 있다.

기업의 사회적 책임이 점점 주목받고 있는 현상은 이런 상향식 압박의 결과이다. 지난 10년간 이런 사회적 압박은 금융 브로커가 중개한 주식 거래 중에서 소위 사회적 책임 투자가 크게 성장하는 데 일조했다. 2003년 미국의 사회적 책임 투자 트렌드 보고서(Report on Socially Responsible Investing Trends, http://www.socialinvest.org/resources/research/에서 다운로드 가능)에 따르면 윤리적으로 심사한 개인 및 기관의 투자 포트폴리오를 모두 포함할 경우, 윤리적으로 관리되는 뮤추얼 펀드 자산 규모가 2003년 기준으로 2조 1,600억 달러에 달했다. 이 수치로 보면 미국에서 전문적으로 관리되는 9달러 중 1달러는 사회적 책임을 다하는 포트폴리오에 투자됐다. 소비 측면을 보면, 2003년 CSR 모니터(Corporate Social Resposibility Monitor, http://www.bsdglobal.com/issues/sr.asp에서 다운로드 가능) 조사 결과 개인의 선택에 있어서 사회적 책임을 고려하는 소비자 비율이 유럽의 경우 1999년 36%에서 2001년 62%로 급증했다. 독일의 시장조사 회사인

TNS 엠니드TNS Emnid가 2004년 2월에 인구 대표성을 반영한 표본을 대상으로 수행한 조사에서는 전체 응답자 중 공정무역 상품을 정기적으로 구매하는 사람이 2.9%, 별로 구매하지 않는 사람이 19%, 거의 전혀 구매하지 않는 사람이 6%로 나타났다. 응답자 중 35%는 공정무역 개념을 지지하지만 특별히 그런 상품을 구매하지는 않는다고 답했다(www.fairtrade.net/sites/aboutflo/aboutflo). 1997년 영국에서 케이트 버드Kate Bird와 데이비드 휴즈David R. Huges가 동일한 내용으로 실시한 설문조사에서 전체 소비자 중 24%는 윤리적, 57%는 다소 윤리적, 나머지 19%는 자기 이익을 추구하는 소비자로 분류되었다. 설문 응답자 중 18%는 사회적 책임을 다하는 제품에 대해 추가 금액을 기꺼이 지불하겠다고 답했다. 이런 중대한 변화에 비추어보면 2005년 KPMG 보고서에서 16여 개 선진국에 속한 상위 100개 기업 중 52%가 CSR 보고서를 발표한 것은 놀랄 일이 아니다.

이렇게 사회적 책임감을 가진 소비자와 투자자들만 기업이 사회적 책임을 다하도록 압박하는 것은 아니다. 기업이 사회적 책임을 다하기로 선택하고 근로자와 하청 업체, 지역 사회, 미래 세대를 위해 더 큰 관심을 기울이기 위해 들이는 비용은 의식 있는 개인들의 지지 외에도 최소한 세 가지 잠재적 혜택으로 보상받는다. 첫째는 이해관계자와 갈등이 최소화되고Freeman, 1984 그에 따라 소송 및 법적 비용도 최소화된다는 것, 둘째는 판매자와 구매자 사이에 정보의 비대칭성이 존재하는 와중에도 제품의 품질을 알리는 기회를 얻는다는 것(특히 이 장점은 식품이나 금융업처럼 불량품을 구매한 대가가 소비자에게 훨씬 심각한 산업에서 중요하게 작용한다), 마지막으로 직원들의 동기부여와 생산성 측면에서 기업의 사회적 책임이 긍정적인 영향력을 발휘한다는 것이다. 마지막 요소는 앞으로 더 부각될 것으로 보이며, 그런 만큼 향후 더 구체적으로 연구할 가치가 있다. 이를 바탕으로 노동경제학과 인사관리 문제를 다룬 최근 설문조사Baker, Jensen, and Murphy 1998; Baker, Gibbons, and Murphy 2002 내용을 보자. 이 조사 결과에 따르면 내재적 동기가 우리의 생산 과정이 표준화와 효율성 중심의 테일러주의Taylorism에서 더 현대적이고 창의적인 방식으로 전환되는 과정에서 노동자들의 창의성을 촉진한다. 노동자의 창의성은 제품과 프로세스 혁신뿐 아니라 새로운 유형의 상품을 만들어낼 수 있다. 사회적 책임을 다루는 신흥 경제학 분야가 우리에게 말해주는 몇 가지 중요한 사실이 있다.

첫째, 소비가 핵심적으로 중요해짐에 따라 자본가와 노동자 사이의 외적이고 사회적인 갈등이라는 마르크스주의적 개념이 일하는 자아와 소비하는 자아 사이의 새로운 '내적' 갈등으로 바뀌고 있다는 것이다. 이는 기업의 성패가 소비자의 선택에 달려 있고, 많은 경우에 가격이 특정 임계치 아래로 떨어지면 첫 번째 차원(노동자의 차원)의 고충을 통해 두 번째 차원(소비자의 차원)의 후생이 향상된다는 것을 의미한다.

둘째, 사회적 책임을 다하는 상품 시장에서는 모든 개인이 최저 가격을 기준으로 (또는 위험 조정 수익을 최대화하는 방향으로) 소비하지 않기 때문에 자기 이익이라는 개념으로 모든 경제적 행동을 설명할 수 없다.

셋째, 기업의 사회적 책임 원칙에 따라 경제적 가치가 사회적이고 환경적으로 더 책임 있는 방식으로 창출되면 부정적 외부효과와 분배의 갈등을 초래하는 경제 가치가 창출되는 순간과 그런 부작용을 교정하는 재분배 순간을 구분하는 이분법을 원칙적으로 피할 수 있다.

넷째, 새로운 유형의 경제 주체로서 시장 사회적 기업market social enterprise이 배출될 수 있다. 시장 사회적 기업은 경제적 가치를 창출하고 주주의 부를 극대화하는 기업과 경제적 가치 창출은 도모하지 않고 사회적 목표를 위해 운영되는 비영리단체라는 이분법적 대안을 한 단계 넘어선다. 비단 시장 사회적 기업(공정무역 생산자, 소액 금융기관 등)뿐만 아니라 전통적인 기업들도 주주 이익 극대화라는 목표에서 벗어나 근로자, 지역 공동체, 하청업체 등 더 광범위한 이해관계자들의 이익 극대화를 목표로 추구하여 경제적 가치와 사회적 가치를 창출하면서 사회적 책임과 환경적 책임을 더 높이는 방식으로 경제 가치를 창출할 수 있다. 그러면 경제 체제에 존재하는 중요한 간극을 메우는 동시에 잠재적으로 발생 가능한 부정적 외부효과를 내재화할 수 있다.

결론
—

우리는 손자 손녀들이 살 미래에 대한 케인스의 비전을 통해 그의 위대한 직관을 접할 수 있지만, 그렇다고 거기에 흠이 없는 것은 아니다. 현재는 역사가 종말한 것도 아니고 노동과 경제학이 종언을 고한 것도 아니다. 기술 발전의 놀라운 속도는 새로운 기회뿐 아니라 새로운 도전도 만들어낸다. 단위 시간당 창출되는 경제적 가치는 계속해서 증가하고 있지만 이것만으로 경제 문제를 해결하기에는 역부족이다.

케인스는 그의 예언에서 견제와 균형 시스템이 더 증대한 총체적 부를 '시민 분쟁'을 회피하는 데 필요한, 수용 가능할 정도로 평등한 사회적 결과로 전환시키는 것을 당연시했다. 그는 글로벌 차원의 시장 통합으로 인해 견제와 균형 시스템이 크게 약화되고, 경제체제가 사회적 책임의 경제학이라는 새로운 현상이라는 형태로 새로운 내생적 방어기제를 만들도록 내몰리는 상황을 예견하지 못했다.

어차피 인간이 짊어진 노동이라는 운명을 거스를 수 없다면, 사회적 책임의 경제학과 시장 사회적 기업이 인간의 기업가 정신이 물질적 재화보다 사회적 포용이라는 더 고매한 목표를 추구하도록 압박함으로써 사회적, 환경적 불균형을 해소할 필요와 우리의 생산적 노력을 덜 곤욕스럽고 더 보람 있게 만드는 꿈을 조화롭게 만들지도 모른다.

"세상에서 가장 어려운 일은
새로운 아이디어를 수용하는 것이 아니라,
과거의 아이디어를 잊는 것이다."

- 존 메이너드 케인스

REVISITING
KEYNES

15장

정말 장기적으로
생각하기:
케인스의
또 다른 걸작

_ 윌리엄 보몰

| 윌리엄 보몰(William J. Baumol) |

미국의 경제학자이자 혁신가로 세계 인터넷 발전의 초석을 놓은 중요한 인물로 알려져 있다. 해롤드 프라이스(Harold Price) 기업가 정신 교수이자 뉴욕대학교 스턴 경영대학원 버클리 기업가 정신 및 혁신 센터의 학술 책임자, 프린스턴대학교의 수석 경제학자이자 명예교수이다. 경제 성장, 기업가 정신 및 혁신, 산업 조직, 반독점 경제 및 규제, 예술 경제학 등을 연구했으며, 40권 이상의 책을 저술했다. 미국 경제 협회, 환경 및 자원 경제학자 협회, 동부 경제 협회 및 대서양 경제 협회의 전 회장, 12개의 명예 학위와 미국 국립 과학 아카데미, 미국 철학협회, Accademia Nazionale Dei Lincei(이탈리아) 및 영국 아카데미 회원이다.

경제 분석은 우리에게 리카도David Richardo의 성장 모델 같은 무기를 선사한다. 그의 모델은 역사가 일궈낸 경이로운 업적과 미래에 약속하는 것들을 아주 장기적인 관점에서 생각하도록 설계돼 있다. 하지만 그 미끼를 제대로 무는 사람은 별로 없다. 경제학자들은 모두 향후 몇 달 뒤, 또는 1~2년 후처럼 가까운 미래에 대해서만 전망하려는 경향이 강하기 때문이다. 이런 경제학자들의 전망은 어차피 성적이 저조하므로, 존 메이너드 케인스가 100년 후에 대해 예측한 것들을 75년 후에 확인했더니 틀렸다고 해서 놀랄 일은 아니다. 하지만 내가 이 장에서 주장하듯이 그런 케인스의 오판은 그의 올바른 예측만큼이나 우리에게 깨우침을 준다.

나도 잘못된 예측을 불평할 입장이 아니다. 나 또한 경제 예측을 많이 요청받는데, 그때마다 미래에 대해 내가 예측할 수 있는 전부는 그것이 놀라움을 선사하리라는 답밖에 없다고 말한다.[1] 하지만 문제의 에세이에 등장하는 오래전 과거에 대한 케인스의 관측 내용은 너무나 뛰어나서 (또 그가 뿌연 망원경을 통해 얻은 부실한 예측들도 너무나 큰 깨우침을 주므로) 우리는 그의 많은 잘못을, 다시 말해 그의 주장 중 명백한 오류뿐 아니라 그의 반유대주의 (당시 성행했던) 또한 용서해야 한다. 따라서 나는 15장에서 이 경제학의 황제를 (혹은 그가 한 예측들을) 매장하지 않고 칭송하는 편에 설 것이다. 나는 그가 미래를 오판한 근본적 원인을 찾아 지적하거나, 케인스의 예측보다 더 나을 것이라는 근거가 있다고 감히 장담하는, 나 스스로의 예측을 제시하지 않을 것이다. 결국 선각자가 지녀야 할 자질에 대해 누가 타당한 근거를 내놓을 수 있겠는가? 또한 과거의 일들에 대해서도 반박 불가능한 설명을 할 수 있는 자가 있을까? 가령 19세기에 있었던 불황처럼 과거에 일어났던 어떤 경제 현상에 대해 고유하고 분명한 설명을 제시할 수 있는 사람이 지금이라고 있겠느냔 말이다.

오래전 과거에 대한 케인스의 생각: 선사시대의 획기적 발명품

—

먼저 과거부터 논해보자. 우리는 케인스의 두 가지 관측을 통해 거의 자명하고 논쟁의 여지가 없다고 여겨지는 표준적인 결론을 재평가할 수 있다. 그런 표준 결론은 앞으로도 계속 유효하겠지만, 나는 그것에 대한 절대적인 확신을 약간의 겸손과 함께 조금

누그러뜨릴 필요가 있다고 생각한다.

이 중 첫 번째 문제는 '산업혁명'과 그 후속 혁명이 이룬 업적들이 얼마나 고유하고, 그런 업적의 규모를 우리가 어떻게 직관적으로 이해하고 있느냐 하는 것이다. 두 번째 문제는 이후 일어난 1인당 재산 축적의 성장률에 대한 설명과 관련돼 있다. 우리가 지난 2세기 동안 이룬 성과는 인류 역사상 유례가 없을 정도로 혁신적이었고, 그런 판단에는 충분한 근거가 있다. 인류가 이렇게 빨리, 또 이렇게 멀리 여행을 하거나, 조상의 목소리를 듣고 얼굴을 보거나, 지구 반대편 끝에 사는 누군가와 바로 의사소통을 할 수 있었던 때가 과연 과거에 있었던가? 1인당 실질 GDP가 한 세기 만에 8배 가까이 뛴 적이 있었던가? 내가 든 사례들 모두 종종 화제에 오르는 내용이지만, 사실 그 의미를 완전히 소화하고 이해하기는 상당히 어렵다(이 주제는 다음에서 다시 다룰 것이다). 아무튼 여기서 내가 말하려는 핵심은 케인스가 이 결론에 대해 경고하면서 이미 중요한 통찰력을 제시했다는 점이다.

"선사시대부터 비교적 현대에 이르기까지 그사이에 중요한 기술적 발명이 없었다는 것은 실로 놀랍다. 현대가 시작됐을 때 인류가 갖고 있던 정말 중요한 소유물의 거의 전부는 역사의 태동기에 이미 인간에게 알려져 있었다. 언어, 불, 가축, 밀, 보리, 포도나무와 올리브, 쟁기, 바퀴, 노, 돛, 가죽, 리넨과 옷, 벽돌과 냄비, 금과 은, 구리을, 주석, 납이 그렇고 철도 기원전 1000년에 발명되었으며 금융, 정치, 수학, 천문, 종교도 마찬가지였다. 인류가 이런 것들을 언제부터 갖게 되었는지 정확한 기록은 없다. 역사가 태동하기 전 어느 시점에, 어쩌면 마지막 빙하기도 시작되기 전 평화롭던 한때에 오늘날에 버금갈 만한 진보와 발명이 이루어졌음이 틀림없다. 하지만 이후 기록된 역사를 통틀어 그 정도의 발전은 일어나지 않았다."

이 구절은 우리의 사고에 균형 감각이 필요하다는 것을 효과적으로 보여준다. 우리와 가까운 선조들은 그렇게 혁신적인 발명품들의 축적 활동을 시작하지 않았다. 논쟁의 여지는 있지만 케인스가 열거한 것들(케인스가 임의로 나열한 것으로 보이는) 다수는 지난 2세기 동안 인류가 이룬 성과를 사실상 보잘것없게 만든다. 하지만 이 구절에 대해 다른 측면에서 할 말이 있다.

인류의 진화가 완성된 이후 시작된 선사시대는 역사적 사건과 인물에 대한 최초의 기록이 등장하기까지 10만 년 이상 지속되었다. 케인스는 문제의 구절에서 약 20개의 발명품과 발견물을 나열하는데, 그것들이 그저 설명을 위해 제시된 것들이고 100여 개의 발명들 중에서 간추린 것이라고 가정하면 이는 곧 선사시대에는 평균 1000년마다 획기적인 발명품이 하나씩 등장했다는 말이 된다. 이는 우리가 발명의 에너지를 뿜어낼 때 취하는 방식이 아니다. 물론 고고학자들은 그리스 시대의 복잡한 톱니바퀴 장치나 오래전 중국의 대량 생산 도구 같은 것들을 발견하면서 이 영역에서 끊임없이 놀라지만 두 사례 모두 선사시대

의 산물은 아니다. 즉 석기시대의 발명 활동이 19세기의 속도로
이뤄졌을 가능성은 희박하다.

르네상스 이후 축적 활동에 대한
케인스의 생각

산업혁명 이후에 소득 증가와 부의 축적이라는 관점에서 이룩한
성과 대부분은 발명가, 과학자, 기업가, 현대적 교육가 덕분에
이뤄진 생산성 상승의 공이 컸다. 그런데 케인스의 기막힌 관측
하나는 이런 결론을 부인하지는 않지만 잠시 우리 생각을 멈추
게 한다. 그것은 단순히 축적만으로 성취할 수 있는, 상상할 수
있는 르네상스 이후의 발전 규모에 대한 그의 평가 부분이다.

"… 지난 100년을 생각해보면 복리에는 상상을 초월하는 힘이 있었다."

"계산 하나로 이를 설명해보겠다. 현재 영국의 해외투자 규모는 약 40
억 파운드에 달한다. 이런 투자는 우리에게 약 6.5% 이율로 수익을 안
겨준다. 영국은 이 중 절반을 국내로 가져와 여러 용도로 쓰고 나머지
반인 3.25%의 수익은 복리로 해외에 축적해둔다. 이런 식의 투자가 이
제껏 약 250년 동안 계속돼왔다.
그것은 내가 영국의 해외 투자는 프랜시스 드레이크가 1580년에 스페

인에서 보물을 훔쳤을 때부터 시작된다고 생각하기 때문이다. 그해 드레이크는 골든 하인드호에 막대한 전리품을 싣고 영국으로 돌아왔다. 엘리자베스 여왕은 그의 탐험 비용을 대준 조합의 대주주였다. 그녀는 투자 수익금으로 영국의 해외 부채를 전부 갚았을 뿐만 아니라 왕실 예산의 부족분을 채울 수 있었다. 그러고도 4만 파운드가 남았다. 여왕은 그 돈을 레반트 컴퍼니에 투자했고 이 또한 번창했다. 그 회사에서 나온 수익으로 동인도회사가 설립되었고, 이 거대한 사업체의 수익은 이후 영국이 추진한 해외투자의 밑천이 되었다. 4만 파운드를 3.25% 복리로 저축하면 시기별 영국의 실제 해외 투자금과 비슷해지는데, 현재의 경우에는 앞서 말한 영국의 해외투자 금액인 40억 파운드(약 6조 원)가 된다. 즉 드레이크가 1580년에 고국에 가져온 1파운드가 오늘날에는 10만 파운드가 됐다는 뜻이다. 이것이 복리의 힘이다!"

이 말을 지난 몇 세기 동안 있었던 기적적인 성장 전체가, 아니 대부분이 단순히 부의 축적 때문에 달성됐다는 의미로 해석할 수는 없다. 오히려 발명의 가치가 성장에 근본적인 원천이 된다는 것을 꽤 명확히 시사한다. 그러나 나는 이 지점에서 케인스가 단지 부의 축적과 복리의 거대한 힘에 관심을 집중시키고 싶었을 것이라고 해석한다. 다들 이 메커니즘을 알고는 있지만 그 힘의 가공할 만한 규모는 알아차리지 못하기 때문이다. 케인스의 주장은 확장될 수 있다. 앵거스 매디슨Angus Maddison이 2003년에 수행한 다소 보수적인 분석에 따르면 영국의 1인당 실질

GDP는 20세기에 약 4.5배 증가했고, 미국의 1인당 실질 GDP는 7배 가까이 증가했다. 독자들은 영국의 수치가 케인스의 예측 범위 안에 있다는 것을 눈치챘을 것이다. 같은 기간에 영국의 총 실질 GDP는 6.5배 증가했다.

하지만 원래(1900년)의 숫자들이 케인스가 말한 비율, 즉 한 세기 동안 연간 3.25%의 복리로 상승했다면 사실 영국의 1인당 실질 GDP는 약 25배 증가했어야 한다! 물론 이런 차이는 생산성 증대를 위해 일반적으로 투입되는 다른 변수들의 영향력과도 관련이 있을 것이다. 국가의 전 재산을 3.25%라는 안정적인 수익을 내는 은행 계좌에 예치하거나 할 수 있는 나라도 없거니와 땀과 고뇌 끝에 이룬 생산성 증대 없이 이처럼 높은 수익률을 낼 수 있는 은행 상품 또한 어디에도 없을 것이다. 그렇지만 케인스는 순수한 투자가 그런 기적적인 성장을 일구는 데 무엇보다 큰 역할을 했다고 강조한다. 이 말이 사실이라면 정말 거대한 성장이 가능하려면 상당한 저축률이 필요하고, 그런 저축은 어떻게든 케인스식 불황이 나타나지 않을 때 이루어져야 성장을 방해하지 않을 수 있다. 성장의 확대는 오직 축적을 통해서만 가능하기 때문이다.

불가해한 규모 산정하기: 잘못된 예측의 가치

케인스의 에세이를 처음 읽었을 때 가장 분명하게 떠오른 생각은 그의 예언 중에 오류가 있다는 것이었다.

"이제부터 내 결론을 말할 텐데, 독자들에게는 오래 생각하면 할수록 점점 더 놀라운 내용이 될 것이다.

내 결론은 중차대한 전쟁이 없고 급격한 인구 증가가 일어나지 않는 한 경제 문제는 앞으로 100년 안에 해결되거나 그 해법이 적어도 가시권 내에 들어온다는 것이다. 즉 미래를 조망해봤을 때 경제 문제는 인류가 처한 영구적인 문제가 아니다.

그럼 독자는 이 결론이 뭐가 그리 놀라운지 반문할지도 모른다. 왜냐하면 우리가 미래를 조망하는 대신 과거를 반추해보면 경제 문제, 다시 말해 생존을 위한 투쟁은 지금까지 늘 인류가, 아니 비단 인류뿐 아니라 가장 원시적인 형태의 생명체가 존재하기 시작했을 때부터 공동체 전체를 지배해온 가장 절박한 문제였기 때문이다."

케인스는 계속해서 자신의 전망이 왜 옳은지 평가한다.

"이는 우리에게 이득일까? …인류는 역사가 창조된 이래로 처음으로 경제적 압박에서 벗어나 얻은 자유를 어떻게 누릴 것이고, 과학과 복리가 안겨줄 여가를 어떻게 채울 것이며, 어떻게 하면 인생을 더 현명하고 알차게 잘 살 것인지, 실질적이고 영구적인 문제에 봉착할 것이다.

하지만 나는 두려움 없이 여가와 풍요의 시대를 고대하는 국가나 사람은 없다고 생각한다. 이는 우리가 너무 오랫동안 즐기지 않고 정진하도록 훈련된 탓이다. 특별한 재능이 없는 평범한 사람이라면, 더군다나 전통적인 사회의 토양이나 관습, 규제에 더 이상 뿌리를 내리고 있지 않은 사람이라면 무엇인가 몰두할 대상을 찾는 것은 두려운 일이 될 것이다.

앞으로 다가올 시대에는 우리 안의 옛 아담의 세속적 본능이 너무 강해져서, 이를 충분히 만족시키려면 다들 어느 정도는 일을 해야 할 것이다. 하지만 오늘날 부유층과는 달리 우리 자신을 위해 더 일하려 할 것이고, 그렇게 되면 사소한 작업이나 임무, 일과도 신이 나서 할 것이다. 더 나아가 버터 위에 빵을 얇게 펴 바르려고 노력할 것이다. 즉 이미 우리 사회가 가진 것들을 가능한 한 더 폭넓게 누릴 수 있도록 애쓸 것이다. 3교대로 일하거나 일주일에 15시간만 일해도 아주 오랫동안 경제적 문제에서 해방될 수 있을 것이다. 하루 3시간 정도의 일이면 우리 대부분이 내면의 세속적 본능을 충분히 만족시킬 수 있기 때문이다!"[2]

하루 3시간 근무라니! 참을 수 없는 따분함이라니! 그리고 전 세계적으로 빈곤 문제도 완전히 사라진다니(경제 문제가 해결됐다는 확실한 의미이다)! 21세 초의 현실과 비교하면 정말 딴판인 예측이 아닌가? 어떻게 케인스가 이 정도로 빗나갈 수 있었을까? 나는 다루지 않았지만, 독자들은 그 이유에 대한 다양한 해석을 이미 이 책에서 접했을 것이다. 1930년 이후 실제로 전쟁이 일어났고, 전쟁의 파괴력은 인류가 20세기 이전에 경험한 그 무엇보다 강력했다. 그리고 텔레비전, 컴퓨터 등 소비자가 거부할 수 없는 (적어도 넘치는 광고들의 자극을 받은 후에는), 또 구입할 돈을 벌기 위해 오랜 노동을 불사할 다양한 혁신적인 상품들이 홍수처럼 쏟아졌다.

하지만 이런 설명이 올바르고 적절하다고 해서 케인스보다 더 좋은 도구들로 무장한 우리가 앞으로 이어질 100년에 대해 그보다 더 올바른 예측을 할 수 있을까? 나는 이에 대해 상당히 회의적인데, 특히 전 세계적인 기후변화와 대량 살상 무기를 점점 더 적은 비용으로 손쉽게 가용할 수 있는 상황을 생각하면 더욱 그렇다.

케인스의 오판은 전혀 다른 이유로 우리에게 유익하다. 물론 우리에게 더 나은 예언가가 되라고 일깨워주기 때문은 아니다. 분명히 그 이유는 아니다. 그보다는 우리가 케인스의 글 덕분에 최근 몇 세기 동안 운이 좋았던 나라들과 거기에 속한 운이 좋았던 국민이 누린 것들의 규모를 실감할 수 있기 때문이다. 앞서 언급했지만, 미국의 1인당 실질소득은 20세기 동안 거의 7배나 증가했다.

이는 다시 생각해도, 게다가 나의 최근 경험에 미루어보면, 사실상 그 규모를 가늠할 수 없는 거대한 변화이다. 나는 강의나 강연에서 기업가 정신과 성장이라는 주제를 수없이 다루면서 그때마다 청중에게 이런 기적적인 성장의 규모를 실감하도록 해주려 애써왔다. 그중 하나로 예전의 생활방식을 보여주는 지표를 활용하기도 했다. 예컨대 19세기에 겨울이 되면 대다수 가정에서는 잉크병 안에 든 잉크가 얼기 마련이었고, 유럽 대륙의 경우 적어도 17세기까지는 대대적인 기근과 기아를 10년에 한 번꼴로 겪어왔다고 설명하는 것이다. 또 쥘 베른*과 H. G. 웰스** 같은 인물을 제외한 우리의 일반적인 선조라면 지금은 거의 보편적으로 사용되는 사치품들을 상상도 하지 못했을 것이라고 강조했다. 우리 조상에게, 그리고 어쩌면 우리 자신에게도 마법의 장난으로만 설명할 법한 혁신적인 발명품에 대해 이런 식으로 청중의 주의를 환기했다. 또 어떤 때는 일종의 사고 실험으로 청중을 자극하기도 했다.

---

* Jules Verne: 프랑스의 공상과학(SF) 소설가로 후대 이 분야에 가장 지대한 영향을 끼쳤다.
** Herbert George Wells: 쥘 베른과 함께 SF 소설을 개척한 영국의 소설가이자 언론인, 역사학자

"여러분이 오늘날 평균적인 미국인 수준의 수입과 재산을 갖고 있다고 가정해봅시다. 그런데 어느 날 갑자기 여러분의 임금과 은행 계좌, 그 밖에 모든 수입원에서 여러분 돈의 7분의 6이 없어지는 겁니다. 그렇게 됐을 때 여러분의 삶이 어떨지 상상이 되나요?"

그러면 학생들은 대개 상황을 제대로 이해하지 못한 채 막연히 상상이 된다는 식의 반응을 한다. 이런저런 시도에도 불구하고 의도했던 통찰을 제대로 전달했다고 느낀 적은 한 번도 없었다. 개인적으로는 상당한 노력과 투자를 했지만, 사실 청중을 이해시키는 도전에 정말 성공했다고 느낀 적은 한 번도 없었다고 인정할 수밖에 없다.

하지만 케인스의 실패한 예지력 덕분에 지금은 그 임무를 수행하는 새로운 방식을 알게 되었다. 기존의 방식에서 나는 청중에게 과거로 돌아가 어떻게든 한 세기 전의 삶이 어땠을지 상상해보도록 유도하려고 했다. 이에 대한 자연스러운 반응은 분명히 그런 과거의 삶이 그리 나쁘지는 않았을 수 있다는 것이었다. 결국 우리의 선조들은 살아남았고 비참한 가난 속에서 살아간다고 느끼지는 않았을 것이다. 사실 그들은 후손을 낳을 만큼은 잘 살았지 않은가. 하지만 케인스는 과거를 돌아보는 대신 미래를 전망하는 방식으로 효과적인 설명을 위한 새롭고 가능성이 큰 접근법을 제시했다. 이제 나는 청중에게 이렇게 물을 것이다.

"다음 세기에 미국의 실질소득이 다시 7배 증가한다고 가정해봅시다. 그렇게 됐을 때 평균소득을 버는 미국인들이 그들의 가처분소득으로 어떤 사치품을 사서 즐길지 상상이 되세요?"

그러고는 분명 예언자로서 실패한 케인스의 사례를 들어 청중의 사고를 한층 더 자극할 것이다. 단언컨대, 그렇게 하면 나의 의도가 더욱 성공적으로 전달될 것이다.[3]

| 감사의 글 |

이 책을 공모한 첫날부터 필자들을 격려해준 모든 분에게 고마운 마음을 전합니다. 로버트 솔로 교수는 저작의 출발선에 선 두 필자의 등을 확신에 찬 따뜻한 손으로 밀어주었습니다. 우리가 처음 가졌던 직관을 따르고 거기에 가치를 더해준 분들 모두 감사합니다. 그들은 존 메이너드 케인스의 선견지명에 경의를 표했고, 그의 철학에 반론을 펼칠 때에도 존중을 잃지 않았습니다. 이 프로젝트에 대한 신념을 끝까지 밀고 나간 MIT프레스의 존 코벨John Covell에게 감사를 표합니다.

또 저희 원고를 검토해준 익명의 평가자와 책을 멋지게 편집해준 다나 안드루스Dana Andrus에게도 고맙다는 말을 전합니다. 저희 작업에 많은 도움을 준 실비아 체카치Silvia Ceccacci, 니콜 더너웨이Nicole Dunaway, 알레산드로 마르케시아니Alessandro Marchesiani, 메릴라 무릴로 페치Merila Murillo Pecchi,파올로 파에사니Paolo Paesani, 바바라 헨리Barbara Henry와 헨리 슬레이터Henry Slayter에게도 감사합니다.

이 책은 저명한 경제학자들이 기고한 여러 글을 엮었습니다.

각 장은 우리 조부모들이 후손들에게 남겨주려 애쓴 미래를 상기시키며, 조부모 세대가 그랬던 것처럼 현세대도 우리의 손주들을 위해 계속 싸워나가라는 권고를 담고 있습니다. 고로 이 책은 현세대를 위해, 현세대만을 위해 집필했습니다.

| 미주 |

2장 우리 손자 손녀들이 누릴 경제적 가능성: 75년 후 글로벌 관점에서 따져보기

이 글에 훌륭한 논평을 해준 지노 간치아(Gino Gancia), 샐리 그슈벤트(Sally Gschwend), 더크 니펠트(Dirk Niepelt), 마리아 사에즈 마르티(Maria Saez Marti)에게 고마움을 전합니다.

1. 관련 데이터셋은 http://pwt.econ.upenn.edu/php_site/pwt_index.php에 서 확인 가능

2. 세계 인구 중 중국 국민 비율이 4분의 1 가까이 되기 때문에 1952년 이후 데 이터셋에만 중국이 포함되면 세계 평균 성장률 추정치에 상당한 영향을 미 칠 수밖에 없다. 참고로 필자의 추정치에는 중국이 항상 포함된다.

3. 더 정확히 설명하면 세계(또는 그에 속하는 대륙 및 지역)의 연간 성장률은 표본에 포함된 모든 국가의 성장률을 산술 평균한 값이며, 이때 각국의 인구 규모로 가중치를 부여했다(가령 2000년에 중국의 가중치는 0.24이고 스위스의 가중치는 0.0014였 음). 5년 평균 수치는 해당 기간의 연도별 관측치를 평균한 값으로 계산

4. 산술적으로 전 세계의 인구 가중 평균 성장률은 1인당 평균 GDP 성장률과 차이가 있다. 예컨대 세상에 인구수가 똑같은 A와 B라는 두 나라만 있다고 가정해 보자. 원래 국가 A의 GDP는 100였는데 2배로 성장해 200이 됐고, 국 가 B의 GDP는 줄곧 200이라고 해보자. 그러면 세계 GDP는 300에서 400으 로 증가한다. 이때 세계의 인구 가중 평균 성장률은 50%지만, 평균 GDP 성 장률은 33%에 그친다. 두 번째 수치는 내가 사용하는 측정 방법에 비해 저소

득 국가들의 성과를 과소평가한다. 나의 측정 방법은 다음 질문에 대한 개념적 해답을 제시한다. 만약 1950년에 우리가 무지의 장막 뒤에서 무작위적으로 한 나라에 떨어져 산다면 개인의 연간 생활 수준 성장률은 얼마가 될까? 앞에서 말한 대안적 측정 방법을 사용하면 2.2%의 성장률이 나오는데, 흥미로운 사실은 이 숫자가 케인스의 예측치에 상당히 가깝다는 점이다.

5. 한국과 멕시코는 각각 1994년과 1996년에 OECD 회원국이 됐으므로 여기서는 비OECD 국가로 간주했다. 일본의 경우 1950년에는 비교적 가난했지만 이후 비약적 발전을 이룬 대국이므로 OECD에 포함된 경우와 포함되지 않은 경우를 모두 표시했다.

6. 여기서 인도 데이터는 방글라데시, 부탄, 네팔, 파키스탄, 스리랑카와 한데 2장 우리 손자 손녀들이 누릴 경제적 가능성: 75년 후 글로벌 관점에서 따져보기

   이 글에 훌륭한 논평을 해준 지노 간치아(Gino Gancia), 샐리 그슈벤트(SallyGschwend), 더크 니펠트(Dirk Niepelt), 마리아 사에즈 마르티(Maria Saez Marti)에게 고마움을 전합니다.

7. 예를 들어 살라 이 마틴(Sala-i-Martin) 교수는 1.5달러가 안 되는 돈으로 하루를 사는 아프리카인 수가 1970년부터 2000년 사이에 2억 명 이상 증가했다고 추정했다(2006).

8. Parente and Prescott(2002) and Acemoglu et al(2006).

9. 아제모을루(Acemoglu)와 질리보티(Zilibotti)는 2001년 연구에서 신기술이 숙련 노동자와 비숙련 노동자의 생산성을 높이는 정도가 내생적으로 결정되는 내생적 기술 변화를 가정하여 성장 모델을 보정한다. 이 모델은 국가 간 총요소 생산성의 실증적인 차이 중 상당 부분을 설명할 수 있다.

10. 2000년에 앵글로색슨 문화권의 고용률(15~64세 인구의 고용률)은 약 70%였다(참고로 OECD 국가의 평균 고용률은 65%였음). 본문에서 언급했지만, 나는 여성의 노동 참여율 증가 등 노동공급 행태에 나타난 다른 변화를 무시하고 케인스의 예측과 비슷한 '의사(pseudo) 예측 모델'을 만들었다. 1930년에 26%와 35%였던 미국과 영국의 여성 노동 참여율은 2000년에 각각 60%와 53%로 증가했다(Costa 2000 참조). 이에 반해 장기간 교육과 이른 퇴직으로 근속 기간은 오히려 짧아졌으므로 나는 케인스가 실제 고용률은 약 10%p 과소평가했을 것으로

가정한다(2000년을 기준으로 했을 때 케인스의 전망은 60%지만 실제 수치는 70%).

게다가 현대적 연금 제도가 확립되기 전에는 일하는 노인이 많았다(가령 주요 OECD 국가의 경우 1950년에 65세 이상 남성의 40% 정도가 일하고 있었다). 이런 이유로 나는 '케인스의 예측'에서는 65세 이상 인구의 약 30%가 일하고 있다고 가정한다. 이와 반대로, '2000년의 실제 세상'에서는 어떤 은퇴자도 일하지 않는다고 가정된다.

또 내가 만든 간단한 모델에서는 계산의 단순화를 위해 인구의 연령 구조가 일정하다고 가정한다는 점도 기억하라. 더 자세한 논의를 위해서는 라미(Ramey)와 프랜시스(Francis)를 참조(2006).

11. 2000년에 유럽의 고용 노동자(정규직과 시간제 근로자 모두 포함)는 주 평균 30~33시간을 일하고 공휴일과 휴가로 약 35일을 쉬었다. 미국의 동일한 노동자는 주 평균 약 38시간을 일하고 공휴일과 휴가로 연평균 약 20일을 쉬었다.

12. 라미와 프란시스(Ramey and Francis, 2006)는 그린우드 등이 2005년 연구에서 제시한 데이터를 비판했다. 다소 놀라운 사실이지만 그들이 제시한 증거에 따르면 1인당 가사 노동시간은 감소하지 않았고, 미국에서는 1900년부터 2000년까지 오히려 증가했다. 두 학자의 연구 결과를 보면, 1930년대경에 미국 주부들은 일주일에 50시간 이상을 가사노동으로 소비했다. 이는 2001년 아헨과 스태퍼드(Achen and Stafford)가 소득동학패널(PSID)에 기초하여 도출한 미국 부부의 평균 가사 노동시간의 2배이다.

13. 프레스콧(Prescott)의 연구에서 가져온 본문 데이터는 15~64세 인구의 1인당 노동시간을 구체적으로 제시한다. 해당 데이터에는 실직 상태에 있거나 노동력에서 제외된 사람들도 포함돼 있다. 2000년에 근로자 1인당 주간 노동시간은 미국이 38시간, 영국이 33시간, 유럽 대륙은 30~32시간이었다.

14. 해당 사례 및 수치는 올리비에 블랑샤르(Olivier Blanchard)의 2004년 연구를 참조할 것

3장 소비주의의 일반이론을 향해

유익한 조언으로 도움을 준 스테판 리츠슈히(Stephan Litschig), 구스타보 피가(Gustavo Piga), 로렌조 페치(Lorenzo Pecchi)에게 깊이 감사한다.

1. 세계은행(World Bank)의 2007년 세계개발지표 데이터(World Develop ment Indicators)에 따르면 2006년 세계 GDP는 48조 달러였고, 구매력 평가(PPP) 기준으로는 67조 달러였다.

2. 2008년 미국 4인 가족의 빈곤선은 2만 1,200달러였다(Federal Register 73(15), January 23, 2008, pp. 3971-72).

3. Global Economic Prospects 2007, World Bank: Washington, DC, p. xiii.

4. 물론 이는 제조업 경제에서 서비스 중심의 '지식' 경제로 전환하는 데 따르는 변화를 넘어서는 수준이다(농업 경제에서 산업 경제로 이동할 때 직면하는 구조적 변화와 유사한).

5. 미국의 18세 이상 인구의 연평균 텔레비전 시청 시간은 2003년에 1,745시간이었고 2008년에는 1,931시간으로 증가할 것으로 예상된다. 이는 대략 일주일에 35시간 TV를 시청하는 것으로, 개인의 노동시간과 맞먹는다: US Census Bureau, Statistical Abstract of the United States, 2006, tab. 1116.

6. 이와 관련된 통계는 다음 문서를 참조할 것: G. Faggio and S. Nickell, 2006, Patterns of work across the OECD, CEP discussion paper 730, tabs. 3 and 4. 이 결과는 미국에서 '시장' 노동이 주당 28시간에서 29시간으로 약간 증가했다고 밝힌 아가르와 허스트의 연구 결과와도 일치한다: Mark Aguiar and Erik Hurst, 2006, Measuring trends in leisure: The allocation of time over 5 decades, Federal Reserve Bank of Boston working paper 06-2. 이와 관련해서는 노동자 1인당 평균 노동시간(미국과 유럽에서 모두 감소한)보다는 생산연령 인구의 1인당 평균 노동시간을 살펴보는 것이 가장 합당할 것이다. 그 이유는 더 많은 여가를 누리기로 하는 결정이 근무 기간에 여가를 더 많이 누리는 방법과 근무 기간 자체를 줄이는 방법(취업 시점을 늦추거나 퇴직 시점을 앞당기는 식으로)으로 나타날 수 있는데 후자는 고용직 노동자의 노동시간에 잡히지 않기 때문이다. 같은 맥락에서, 고용된 노동자들의 노동시간이 줄어들 수도 있지만 생산연령 인구 중 일하는 사람들의 수는 사실 늘어날 수도 있다.
1970년부터 2000년까지 1인당 노동시간은 줄지 않고 26% 증가했다. 두 통계의 차이는 인구통계학이 겪은 변화와 관련된다: O. Blanchard, 2004, The economic future of Europe. NBER working paper 10310.

7. G. Faggio and S. Nickell, 2006, Patterns of work across the OECD, CEP

8. A. F. Alesina, E. L. Glaeser, and B. Sacerdote, 2005, Work and leisure in the US and Europe: Why so different? CEPR discussion paper 5140.

9. J. K. Galbraith, 1958, The Affluent Society, London, Hamish Hamilton.

10. 상기 6번 자료(Aguiar and Hurst)를 참고할 것.

11. 예를 들어 직장과 관련된 사회화 규범에 차이가 있을 수 있다. 게다가 직장 밖의 사회화 패턴이 직장 내의 사회화 가치에 영향을 미칠 수 있다. 미국의 공동체 활동 패턴에 나타난 현저한 변화들에 대해서는 다음을 참고할 것: R. Putnam, 2000, Bowling Alone: The Collapse and Revival of American Community, New York, Simon and Schuster. 다만 유럽에서는 이에 상응하는 연구가 수행되지 않았으므로 이 주장의 설득력은 판단하기 어렵다.

12. J. E. Morton and I. V. Sawhill, 2007, Economic Mobility: Is the American Dream Alive and Well? Washington, DC, Economic Mobility Project, Pew Charitable Trusts.

13. 이는 임금과 '총'소득(부)의 함수로서 여가에 대한 수요가 볼록한지, 아니면 오목한지에 따라 다르다. 상기 8번에 표기한 알레시나(Alesina)의 연구를 보면 지니계수가 평균 노동시간 증가에 따라 상승한다는 것을 알 수 있다. 이와 관련해서는 부록 F를 참고할 것.

14. Faggio and Nickell, note 7, tab. 3.

15. 2004년 기준으로 미국 여성의 노동 참여율은 OECD 국가 중 평균 수준이다 (Faggio and Nickell, note 7, tab. 3).

16. 상기 11번 연구를 한 퍼트남(Putnam)은 삶의 패턴에 나타나는 이런 두드러진 변화를 정리했다. 미니애폴리스에서 실시한 청소년 대상 가구 조사 결과에 따르면 청소년 7명 중 1명은 일주일 동안 가족과 함께 식사한 적이 한 번도 없었고, 3명 중 1명은 두 번 이하였다: D. Neumark-Sztainer, P. J. Nahhan, M. Story, J. Croll, and C. Perry, 2003, Family meal patterns: Associations with sociodemographic characteristics and improved dietary intake among adolescents, Journal of the American Dietetic Association 103: 317-22.

17. Alesina et al., note 8; P. R. G. Layard, 2005, Happiness, Lessons from a

New Science, New York, Penguin Press; R. Frank, 1999, Luxury Fever: Money and Happiness in an Era of Excess, New York, Free Press.

18. 상기 11번 자료(Putnam)를 참조할 것.

19. 그러나 다른 요인도 분명히 있을 것이다.

20. 매사추세츠주는 2005년에 교정 관리 비용으로 10억 3,000만 달러를, 고등교육 비용으로 9억 8,700만 달러를 썼다: National Association of State Budget Officers, 2006, State Expenditure Report, Fiscal Year 2005.

21. 또한 피부양자 가족의 의료보험 혜택 여부가 중요하기 때문에 적어도 가족 중 한 명은 고용 상태에 있어야 한다. 따라서 미국의 의료보험 제도로 노동 참여율 상승을 설명할 수 있으려면 가구 내 주요 소득자가 직장 의료보험 혜택을 못 받거나, 잠재적 임금 소득자가 한 명밖에 없는 가구가 늘어나야 한다. 유럽과 미국 모두 노인에게는 근로 여부와 무관하게 의료보험 혜택을 제공한다.

같은 맥락에서, 더 나은 사회보장 혜택도 혜택 수준과 부담금 수준이 무관할 때만 이런 상황을 설명할 수 있다. 미국과 유럽 모두 이 둘은 밀접한 관계에 있고, 이런 관련성은 최근 몇 년간 미국보다 유럽에서 더 높아졌다. 그리고 표준 이론에 따르면 이는 유럽에서 노동력 공급이 상대적으로 더 많아지는 결과로 이어졌을 것이다.

물론 사회보장 부담금과 복지 혜택 간의 관계가 밀접하다면 이를 세금으로 간주하면 안 된다는 것을 의미한다. 의무 저축액이 개인이 스스로의 계좌에 적립했을 저축액보다 적은 한 노동공급에 영향을 미치지 못한다. 하지만 암묵적으로 추진되는 의무 저축이 개인이 자의로 했을 저축액 수준을 초과하면 소득효과와 대체효과가 충돌하면서(의무 저축이 노동의 한계 수익을 감소시키므로) 노동공급에 미치는 영향력이 모호해진다: J. E. Stiglitz, Taxation, public policy and the dynamics of unemployment, International Tax and Public Finance 6: 239-62 (paper presented to the Institute of International Finance, Cordoba, Argentina, August 24, 1998)를 참조.

여가 행태를 설명하는 대부분의 표준 모델에서 고려하는 요인들이 또 있다 (상기 8번의 알레시나 외 학자들의 연구 참조). 가령 노동력 공급이 가구 차원의 결정일 때, 위험도와 안전망 강도의 차이는 노동시장 참여율(K. Basu, G. Genicot, and J. E. Stiglitz, 2002, Minimum wage laws and unemployment benefits, in K. Basu, P. Nayak, and R. B. Ray, eds., Markets and Governments, New York, Oxford University Press, ch. 3)과 노동시간(M. Rothschild and J. E. Stiglitz, 1971, Increasing risk: II. Its economic consequences, Journal of Economic Theory 5(1): 66-84) 모두에 잠재적으로 큰 영향을 미칠 것이다. 이런 효과는 이론적으로 복잡하고 모호하다. 안전망의 부재는 예방적 차원에서 여유 저축액을 확보하기 위해 미국인들이 일을 더 하도록 만들 것으로 생각되었지만, 대부분의 저소득층 미국인들은 집이라는 순자산을 제외하면 사실상 저축을 거의 하지 않는다.

22. 이 문헌의 개요를 알고 싶다면 상기 8번의 연구 내용을 참조할 것. 2차적인 소득자의 노동공급 탄력성은 더 크지만, 이는 일반적으로 여성의 사회 진출과 더불어 가구 생산이 시장 생산으로 전환되는 두드러진 변화를 반영한다.

23. S. Nickell, 2004, Employment and taxes, CEP discussion paper 634.

24. 이는 관련 문제를 다룬 여러 연구에서 나온 일반적인 결과이다. 참고사항 7번(Faggio and Nickell)도 그런 예 중 하나다. 이런 연구들은 복지 수준과 직접적으로 관련된 사회보장 부담금을 소득에서 공제했는지 명확히 밝히지 않는다. 그렇게 하면 유럽의 세율이 낮아지기 때문에 두 대륙 간 차이에 대한 수수께끼는 더욱 커질 것이다.

25. E. C. Prescott, 2004, Why do Americans work so much more than Europeans? Federal Reserve Bank of Minneapolis Quarterly Review 28(1): 2-13.

26. 상기 6번 연구 내용 참조(Aguiar and Hurst).

27. 늘 그렇듯이 문제는 더 복잡하다. 소득 하위층의 임금이 감소하고 그 외 사람들의 임금은 증가했기 때문에 이런 패턴은 하위집단의 공급 탄력성이 양이고 상위집단의 공급 탄력성은 음이라는 것을 의미한다. 이는 물론 표준 후방굴절 공급 곡선과도 일치한다.

28. 유효 한계세율을 고려하는 경험적 연구들은 여러 복잡한 문제에 직면한다. 다른 곳에서 지적했듯이 노령연금 같은 부담금은 급여와 연결되기 때문에 그 차이만 세금으로 간주해야 한다. 미국에서 자녀가 있는 저소득 기혼 임금 노동자들은 상당한 근로소득 장려세제를 수혜받고, 그 결과 상당한 수준의 마이너스 세율 대상이 된다. 반면 소득이 조금 높은 편인 근로자들은 상당히

높은(심지어 고소득층보다도 높은) 한계세율 대상이 된다.

29. E. F. P. Luttmer, 2005, Neighbors as negatives: Relative earnings and well-being, Quarterly Journal of Economics 120(3): 963-1002.

30. 많은 사람이 이를 당연한 결론이라 여기겠지만, 현대의 많은 표준 경제 이론은 그와 반대되는 주장을 해왔다. 이런 이론들은 초기 조건들(이력)과 상관없이 경제가 수렴하는 고유한 장기 균형이 존재하는 모델(예를 들어 선호와 기술이 고정된 대표적 경제주체 모델)을 탐구해왔다.

31. 단순화를 위해 나는 '고소비' 행동 양식을 '미국식' 모델이라고 부른다.

32. 이 가설에 따르면 필시 저소득층 미국인들이 저소득층 유럽인들보다 더 많이 일해야 할 것 같지만, 비정상적인 양상은 오히려 고소득층 미국인 사이에서 현저하게 나타난다. 하지만 이는 어쩌면 하위층이 경쟁에서 이미 탈락했기 때문일 수도 있다. 다시 말해 인종의 영향력은 교육 수준이 상대적으로 높은 미국인들 사이에서만 나타난다. 하위층이 경쟁에서 탈락한 이유에 대해서는 다음 자료를 참고할 것: B. Nalebuff and J. E. Stiglitz, 1983, Prizes and incentives: Toward a general theory of compensation and competition, Bell Journal 14(1): 21-43

33. 이런 '과도한 소비'와 신호/선별 균형(개인이 그렇지 않은 경우보다 교육에 더 많은 돈을 쓰거나 더 열심히 일하는) 간의 유사성을 더 명확히 알고 싶다면 다음을 참고할 것: J. E. Stiglitz, 2002, Information and the change in the paradigm in economics, American Economic Review 92(3): 460-501, and G. Akerlof, 1976, The economics of caste and of the rat race and other woeful tales, Quarterly Journal of Economics 90(4): 599-617

어떤 경제학자들은 유럽인들도 미국인 못지않게 소비(상대적 소비)에 집중해왔지만, 어느 순간 뒤처지면서 이제 경쟁을 포기했다고 말한다. 하지만 이들의 주장은 설득력이 없다. 개인이 상대적 소비에 그렇게 주의를 기울일 정도라면 이는 일상적으로 일어나는 소비라는 뜻이기 때문이다. 나는 이 게임에서 이기기 위한 비용에 관한 인식에 기초한 더 설득력 있는 설명이 있다고 믿는다. 그 비용은 관련된 개인에게도 더 일반적으로 사회 전체에도 너무 높기 때문이다. 그렇다면 왜 유럽인들이 그런 비용을 더 잘 인식하게 됐는지라는 질문이 다시 제기된다. 또 여가 소비에 대한 차이가 비교적 최근에 발생했다는 사실을 생각하면, 왜 그런 인식의 차이가 최근 몇십 년 사이에 일어났는지에 대한 의문도 생긴다. 본문에서 언급한 세 번째 가설이 이 문제를 이해하는 데 조금은 도움이 될 것이다.

34. 11번 자료(Putnam)를 참조할 것.

35. 나는 앞서 점진적 소비의 상당분이 교육, 여행 같은 여가의 보완재에 쓰여 왔다고 설명했다. 이는 물론 시장이 이익이 수반되는 활동을 장려해왔다는 견해와도 상충하지 않는다. 가령 이익 창출 기회가 제한적인 클래식 음악 같은 여가는 다른 형태의 보완재만큼 확대되지 않았기 때문이다.
    일부 경제학자는 특정 형태의 '문화'에 대한 수요는 부유하고 잘 교육받은 사람들이 자신들의 자녀가 식별될 수 있도록 하는 신호 장치일지도 모른다고 설명한다. 예를 들어 클래식 음악에 대한 감상 교육을 어렸을 때 받지 못한 사람들이 나중에 그런 음악을 즐기려면 더 높은 교육 비용을 부담해야 하기 때문이다. 따라서 문화에 대한 일부 수요에는 상대적 지위에 따른 효용이 반영됐을 수 있다.

36. 어떤 이들은 광고가 사람들의 선택을 바꾸는 정보를 제공한다고 생각하고, 또 다른 사람들은 광고가 사람들의 선호를 직접적으로 바꾸려 노력한다고 생각한다.

37. K. J. Arrow, 1962, The economic implications of learning by doing, Review of Economic Studies 29(3): 155-73.

38. 항상 그렇듯이, 문제는 생각보다 더 복잡하다. $U(aC)$가 상품의 효용을 나타낸다면, a는 소비 '효율성'의 척도이고, $aU'(ac)$는 소비의 한계 효용이며, a(소비 효용을 항상 증가시키는)가 증가하면 $-d \ln U'/d \ln C$가 1보다 크거나 작은 조건에 따라 소비의 한계효용이 감소하거나 증가한다(U가 오목형이면 U'가 0보다 작고, $d \ln U'/d \ln C$도 0보다 작기 때문).

39. 앳킨슨(Atkinson)과 스티글리츠(Stigliz)는 국지적인 기술 발전이라는 개념을 공식적으로 발전시켰다. 기업은 그들이 생산하는 기술에 대해서는 더 나은 생산 방법을 배우지만, 다른 기술 관련 지식은 답보 상태에 머물게 된다. 따라서 여기서도 국지적인 선호 변형을 생각할 수 있다. 개인이 현재의 (그리고 인접한) 후생 수준(무차별 곡선)에서는 상품에 대한 여가의 한계 대체율을 바꿀 수도 있지만, 또 다른 후생 수준에서는 선호가 상대적으로 변화가 없을 수 있

다. 반면 이 장에서 다루는 모델에서 선호의 변화는 본질적으로 전역적인 차원에서 나타난다: A. B. Atkinson and J. E. Stiglitz, 1969, A new view of technological change, Economic Journal 79(315): 573-78

40. 일부 경제학자들은 '행복'에 대한 설문조사 데이터를 통해 과연 일을 더 적게 하는 사람들(일을 덜 해서 소득이 감소하는 결과도 고려해서)이 더 행복한지 확인하려 노력했다. 예를 들어 알레시나(Alesina)와 동료 학자들은 "적어도 유럽인들은 점점 더 일을 줄이면서 행복해하는 것으로 보인다"고 결론지었다. 이 주제에 대해서는 상기 17번 참고 자료(Layard, Frank)도 참고하길 바란다. 이런 연구 내용을 보면 노동량의 감소가 고용의 행복에 직접적으로 미치는 긍정적인 영향과 고용 불안에 미치는 부정적인 영향을 확인할 수 있다.

41. '합리성'을 시험하는 연구는 대부분 '개인은 가격 변화에 (예측할 수 있는 방식으로) 민감한가?'라는 이보다 훨씬 약한 가설을 탐구한다. 내가 다른 곳에서 주장한 바 있듯이, 개인이 가격 민감성을 보이는 양상이 완전히 합리적이지는 않다. 이와 관련해서는 다음 자료들을 참고할 것: J. E. Stiglitz, 1989, Rational peasants, efficient institutions and the theory of rural organization: Methodological remarks for development economics, in P. Bardhan, ed., The Economic Theory of Agrarian Institutions, Oxford, Clarendon Press, pp. 18-29.

42. 8번(Alesina 외)과 25번(Prescott) 자료를 참조할 것.

43. 하지만 미국의 더 낮은 실업률은 '예방적' 차원의 노동 참여에 대한 필요성을 약화시킬 것이다.

44. 유럽과 미국 사이의 노동자 1인당 노동시간의 차이는 실업률의 차이로 설명할 수 있는 수준보다 더 크다.

45. R. Arnott and J. E. Stiglitz, 1985, Labor turnover, wage structure and moral hazard: The inefficiency of competitive markets, Journal of Labor Economics 3(4): 434-62; B. Greenwald and J. E. Stiglitz, 1988, Pareto inefficiency of market economies: Search and efficiency wage models, American Economic Review 78(2): 351-55

46. J. E. Stiglitz, 1975, Incentives, risk and information: Notes toward a theory of hierarchy, Bell Journal of Economics 6(2): 552-79

47. J. E. Stiglitz, 1977, Monopoly, non-linear pricing and imperfect information: The insurance market, Review of Economic Studies 44(3): 407-30

48. J. E. Stiglitz, 1987, Design of labor contracts: Economics of incentives and risk-sharing, in H. Nalbantian, ed., Incentives, Cooperation and Risk Sharing, Totowa, NJ, Rowman and Allanheld, pp. 47-68

49. 이는 정(S. Cheung)이 제시한 주장과도 비슷하다. 그는 표준 소작 모델에서는 한계 생산량의 50%(때에 따라서는 3분의 2)가 지주 몫으로 돌아가기 때문에 노동공급이 크게 줄어들 것으로 예상된다고 해도 왜 실제로는 소작 모델이 노동공급에 별 영향을 미치지 못할 수 있는지 설명한다.: S. Cheung, 1968, Private property rights and share-cropping, Journal of Political Economy 76(6): 1107-22; and S. Cheung, 1969, The Theory of Share Tenancy, Chicago, University of Chicago Press)

50. 같은 맥락에서 데이비드 카드(David Card)와 앨런 크루거(Alan Kruger)는 최저 임금이 고용 감소로 이어지지 않았다고 주장해왔다: D. Card and A. Krueger, 1994, Minimum wages and employment: A case study of the fast-food industry in New Jersey and Pennsylvania, American Economic Review 84(4): 772-93. D. Card and A. B. Krueger, 1995, Myth and Measurement, Princeton, Princeton University Press

51. 물론, 설사 노동공급이 감소한다고 해도 세 번째 가설과 관련해 논의했던 조정 문제에 대한 해결책 때문에, 혹은 불확실성의 감소로 인해서 후생 수준이 증가할 수 있다. 노조의 독점적인 권력을 약화시키는 것도 (그 자체로는 생산량 감소로 이어질 수 있지만) 후생 증가로 이어질 수 있다.

52. J. E. Stiglitz, 1987, The causes and consequences of the dependence of quality on prices, Journal of Economic Literature 25: 1-48

53. 효율 임금 모델의 개요를 확인하고 이 모델과 표준 경제 이론 간의 관계를 알고 싶다면 다음 자료들을 참고할 것: Stiglitz, The causes and consequences of the dependence of quality on prices, note 52, and J. E. Stiglitz, 1986, Theories of wage rigidities, in J. L. Butkiewicz et al., eds., Keynes' Economic Legacy: Contemporary Economic Theories, New

York, Praeger, pp. 153-206. Earlier studies of efficiency wage models include J. E. Stiglitz, 1974, Alternative theories of wage determination and unemployment in L.D.C.'s: The labor turnover model, Quarterly Journal of Economics 88(2): 194-227; J. E. Stiglitz, 1976, The efficiency wage hypothesis, surplus labor and the distribution of income in L.D.C.'s, Oxford Economic Papers 28(2): 185-207; J. E. Stiglitz, 1982, Alternative theories of wage determination and unemployment: The efficiency wage model, in M. Gersovitz

et al., eds., The Theory and Experience of Economic Development: Essays in Honor of Sir Arthur W. Lewis, London, Allen and Unwin, pp. 78-106; J. E. Stiglitz, 1987, The wageproductivity hypothesis: Its economic consequences and policy implications, In M. J. Boskin, ed., Modern Developments in Public Finance, Oxford, Blackwell, pp. 130-65; B. Nalebuff, A. Rodriguez, and J. E. Stiglitz, 1993, Equilibrium unemployment as a worker screening device, NBER working paper 4357; and C. Shapiro and J. E. Stiglitz, 1984, Equilibrium unemployment as a worker discipline device, American Economic Review 74(3): 433-44

54. 앞서 여러 번 언급했지만, 유럽의 높은 실업률은 총노동공급의 차이를 극히 일부만 설명한다. 가령 유럽인들은 휴가 일수는 더 많고 주당 평균 노동시간은 더 짧다. 이런 일자리의 특징들은 고용과 관련된 순지대(net rent)를 높이고 따라서 직무태만의 위험을 줄이는 효과적인 방법이 될 수 있다. 이에 반해 미국 기업들이 보이는 더 근시안적인 행동(높은 내재적 할인율 현재 수익에 집중하는 방식에 관해서는 다음 자료를 참조할 것: J. E. Stiglitz, 2003, Roaring Nineties, New York, Norton)은 실질 임금을 낮추고 이직 비용을 높일 수 있다.

55. P. Rey and J. E. Stiglitz, 1993, Moral hazard and unemployment in competitive equilibrium, unpublished manuscript, University of Toulouse (revised July 1996)

56. B. Greenwald and J. E. Stiglitz, 2003, Macroeconomic fluctuations in an economy of Phelps-Winter markets, in P. Aghion, R. Frydman, J. Stiglitz, and M. Woodford, eds., Knowledge, Information, and Expectations in

Modern Macroeconomics: In Honor of Edmund S. Phelps, Princeton, Princeton University Press, pp. 123-36

57. 25번 자료(Prescott)를 참고할 것.

58. 즉 다음 조건을 가정한다: g=twL=th(g)L(w*). 이때 세후 임금은 다음과 같다: w*=(1-t)h(g), 따라서 g=th(g)(L((1-t)h(g)). 그러므로 dg/dt={hL-th2L'}/{1-th'[L+hL'(1-t)], 그리고 dw*/dt=-h+(1-t)h'dg/dt. 표준 분석은 첫 번째 조건에만 초점을 맞추고 두 번째 조건은 무시한다. 이런 분석에서 세수가 사적 재화의 완벽한 대체재에 쓰인다고 가정하면 역의 소득효과가 발생한다.

59. 물론 대표적 경제주체 모델에서는 이런 가정을 당연시한다.

5장 협동조합주의와 케인스: 그의 성장 철학

이 장은 「케인스의 일반이론, 75년 후(Keynes's General Theory after Seventy Years, July 3-6, 2006, Santa Colomba)」 컨퍼런스에서 발표한 논문의 전반부로 구성되었다. 글에서 밝힌 나의 견해는 여러 학자와 나눈 대화 덕분에 나올 수 있었다. 장-폴 피투시, 로먼 프리드먼(Roman Frydman), 악셀 레이온휘브드, 로버트 먼델(Robert Mundell), 조지프 스티글리츠, 그리고 이제는 고인이 된 해리 존슨(Harry Johnson)과 제임스 토빈(James Tobin) 등 모두에게 감사를 전한다.

1. 많은 사람이 유럽 대륙의 상대적으로 높은 실업률과 낮은 노동시장 참여율의 원인으로 (낮은 시간당 생산성은 해당하지 않을지라도) '사회 복지 모델'을 탓한다. 그런데 실증적으로 영국과 아일랜드는 복지 지출이 큰 나라지만 심각한 고용 문제를 겪지 않았다.

2. 하이에크가 정의하는 자본주의 개념은 자유 기업이라는 용어로 더 잘 설명되지만, 나는 이 용어를 널리 사용하지 않으려 한다.

3. 길드 같은 조합들은 시장 경제가 부상하면서 독점적이라는 비판을 받았고, 프랑스 혁명 때 제정된 달라르드(D'Allarde) 법령에 따라 폐지됐지만 이후 다수가 부활하였다.

4. 제1차 세계대전 이후부터 제2차 세계대전 전까지 이탈리아에 존재했던 협동조합주의 경제사상의 유형을 조사한 다음 자료를 참고할 것: Marco E. L.

Guidi, 2000, Corporative economics and the Italian tradition of economic thought, in Storia del Pensiero Economico 40: I. 관련 내용은 다음 사이트에서 확인 가능: hwww.dse.unifi.it/spe/indici/numero40/guidii

5. 제2차 세계대전 이후 일부 유럽 국가에서는 기업과 은행의 독점력을 줄이는 자유화 물결과 함께 협동조합주의 색채가 옅어졌다. 하지만 이후 대다수 유럽 지역에서 새로운 협동조합주의 기관들이 다시 등장하기 시작했다. 공동결정(codetermination, cogestion, Mitbestimmung 등으로 불린) 제도를 통해 '노동자 평의회(worker councils)'가 생겼고 독일에서는 노조 대표가 일반적으로 회사의 투자 위원회에 참석한다.

6. Marcello de Cecco, ca. 1983, Keynes and Italian economists, manuscript unpublished, Fiesole, p. 19. A revised version is in P. A. Hall, ed., The Political Powers: Keynesianism across Nations, Princeton: Princeton University Press, 1989. The author emphasizes that some of Mussolini's new economic policy of 1927 had roots in pre-Fascist times.

7. 1919년 2월에 제정된 대통령령으로 국방과 더불어 '과학 및 산업 연구를 계획하고 추진'하는 '국가연구회(National Research Council)를 위한 정관을 준비하는' 위원회를 설립했다. CNR은 1923년 11월에 법령으로 제정되었다. 프랑스에서도 1939년에 비슷한 기관이 설립되었다. 미국 국립과학재단(US National Science Foundation)은 1950년이 돼서야 '과학 발전을 촉진하고, 국가의 안녕과 번영, 복지를 증진하며, 국방을 확립하기 위해' 설립되었다.

8. 이 발언 중 두 개는 케인스가 『설득의 에세이(Essays in Persuasion)』에 실린 「자유 방임주의의 종언(The End of Laissez Faire)」과 자유당 출판물인 『영국의 산업적 미래(Britain's Industrial Future(1928)』에서 한 말이다.

9. James Crotty, 1999, Was Keynes a corporatist? Keynes's radical views on industrial policy and Macro Policy in the 1920s, Journal of Economic Ideas 33 (3): 555-78. 아마존닷컴 독자평 중에는 케인스의 의제가 1912년 시어도어 루스벨트의 진보당 의제와 다르지 않았다는 주장이 있다.

10. J. A. Schumpeter, 1944, Capitalism, Socialism and Democracy, New York, Harper; W. J. Baumol, 2003, The Free-Market Growth Machine, Princeton, Princeton University Press.

11. C. J. Schramm, Entrepreneurial capitalism and the end of bureaucracy, paper presented before the Annual Meetings, American Economic Association, Boston, January 2006.

12. F. A. Hayek, 1937, Individualism and Economic Order, Chicago: University of Chicago Press, and F. A. Hayek, 1944, The Road to Serfdom, London: Routledge and Kegan Paul.

13. 「월스트리트 저널(Wall Street Journal)」에 실린 한 칼럼은 배달원의 사례로 이 문제에 접근했다. 한 배달원에게 건물 꼭대기층에서 아래층으로 내려가며 일하는 것이 최선인지, 아니면 그 반대인지를 묻자 그는 이렇게 답했다. "그건 하루 중 언제이냐에 따라 달라요." 멋진 하이에크적 답변 아닌가?

14. 여기에는 진공청소기부터 냉장고, 유성영화, 냉동식품, 저온 살균 오렌지 주스, 텔레비전, 트랜지스터, 반도체 칩, 인터넷 브라우저, 극장 시스템, 그리고 최근 소매 방식이 모두 포함된다(물론 이 과정에서 종종 공학적인 작업과 기술 발전이 필요했지만, 이런 혁신의 궁극적인 원동력은 기업가들이었다).

15. Keynes, 1930, Economic Possibilities for our Grandchildren (in this volume, chapter 1).

7장 버터 위에 빵을 얇게 펴 바르기

1. 케인스는 거듭 '100년 후'라 말했으므로 증손자 세대가 맞을 것이다.

2. US Department of Commerce, Bureau of Economic Analysis, National Income and Product Accounts, table 2.3.5.

3. 케인스의 소비 함수에 '미시적 토대'가 없다는 비판은 이제 일반적인 주장이 되었다. 하지만 그는 모든 소비재가 결국에는 열등재가 된다는 추측을 매우 미시적인 가설로 생각했을 것이다.

4. 복리를 설명하면서 케인스는 "인간은 그들이 만든 것 중 합목적성이 가장 강한 이 원칙을 특히 아낀다"라는 말로 '인간'을 불쾌하게 묘사했다는 점을 또한 잊지 말아야 한다.

5. A. F. Alesina, E. L. Glaeser, and B. Sacerdote, 2005, Work and leisure in the U.S. and Europe: Why so different? Harvard Institute of Economic

Research Discussion paper 2068.

6. E. C. Prescott, 2004, Why do Americans work so much more than Europeans? Federal Reserve Bank of Minneapolis Quarterly Review 28: 1.

7. US Department of Commerce (at note 2).

8. S. Burenstam-Linder, 1970, The Harried Leisure Class, New York: Columbia University Press. 부렌스탐 린더는 G. 베커의 다음 글에서 영감을 받았다: G. Becker, 1965, A theory of the allocation of time, Economic Journal 75 (September).

9. 던전앤드래곤(dungeons-and-dragons) 게임 중 기업의 ARS 콜센터 미션의 목적은 미로 끝에서 사람의 목소리를 찾는 것인데 이에 성공한 사람이 과연 있을까?

10. 스키델스키에 따르면 케인스는 1928년 2월부터 1930년 6월까지 이 에세이를 다른 자리에서 다섯 차례 발표했다. 게다가 그는 이 글을 두 번 출판했다. R. Skidelsky, 1994, John Maynard Keynes: The Economist as Savior, 1920-1937, New York: Allen Lane, chapter 7, note 53, p. 664

11. R. E. Lucas Jr., 2003, Macroeconomic priorities, American Economic Review 93: 1-14

12. 이것이 메이너드 케인스에 대한 인사인지, 밀턴 프리드먼에 대한 인사인지는 확실하지 않다.

8장 역사적 맥락으로 본 경제적 안녕

이 장의 내용 일부는 내가 최근에 발표한 다음 책을 바탕으로 한다: 『The Moral Consequences of Economic Growth』, New York: Knopf, 2005

1. 데이비드 랜즈(David Landes)의 1998년 논문(The Wealth and Poverty of Nations, New York: Norton)은 "세상에서 가장 부유한 사람"인 네이선 로스차일드(Nathan M. Rothschild)가 1836년에 아주 평범한 감염병으로 사망한다는 짧은 비네트(vignette)로 시작된다.

2. J. M. Keynes, 1930, Economic Possibilities for our Grandchildren(see chapter 1, this volume).

3. A. Smith, [1776] 1937, The Wealth of Nations (E. Cannan edn), New York:

Random House, pp. 324-25

4. A. Smith, [1759] 1979, The Theory of Moral Sentiments (D. D. Raphael and A. L. Macfie edn), Oxford: Clarendon Press, p. 149

5. A. Marshall, [1898] 1961, Principles of Economics, vol. 1, 9th ed., London: Macmillan, p. 135

6. A. Sen, 1981, Poverty and Famines: An Essay on Entitlement and Deprivation, Oxford: Clarendon Press, p. 12. 이와 비슷하게 마르크스는 사람들이 생각하는 '생존' 임금이 시간이 지나면서 증가할 것으로 예상했다.

7. J. S. Mill, 1907, "On Social Freedom", Oxford and Cambridge Review(June), p. 69.

8. 존 케네스 갤브레이스는 『부유한 사회(The Affluent Society)』에서 공공재는 등한시하고 사적 소비에 편향된 행태를 꼬집으며 이런 주장을 했다. 갤브레이스의 사상을 발전시킨 현대 경제학자로는 리처드 이스털린(Richard Easterlin), 로버트 프랭크, 줄리엣 스코르(Juliet Schor)가 있다.

9. Smith, The Wealth of Nations, p. 81

10. 국가의 경제적 성장을 결정하는 요인을 이런 여러 방식으로 연구하는 오늘날의 경제학자로는 다론 아제모을루, 알베르토 알레시나, 로버트 바로(Robert Barro), 에드워드 글레이저(Edward Glaeser), 로데르토 페로티(Roberto Perotti), 토르스텐 페르손(Torsten Persson), 제임스 로빈슨, 아마르티아 센, 귀도 타벨리니(Guido Tabellini), 제프리 윌리엄슨(James Williamson) 등이 있다.

11. A. Gerschenkron, 1943, Bread and Democracy in Germany, Berkeley: University of California Press, p. 5

12. 미국 인구조사국(US Census Bureau) 데이터. 2006년 데이터는 아직 이용할 수 없다.

13. 상기와 동일한 미국 인구조사국 데이터를 사용

9장 우리는 왜 케인스가 예견한 것보다 더 많이 일할까?

1. J. M. Keynes, 1930, Economic Possibilities for our Grandchildren(chapter 1)

2. 2005년에 미국인들의 주당 평균 노동시간은 34.7시간이었는데 노동시간이

가장 짧은 국가 중 하나인 독일은 평균 27.6시간이었다. 이는 2006년 'OECD 고용전망(OECD Employment Outlook)' 자료의 [표 F]에 나오는 연간 노동시간을 계산한 수치이다.

3. 1970년부터 2005년까지 미국 노동자의 1인당 노동시간은 1% 감소했지만, 고용률은 12% 증가했다. 따라서 성인 1인당 노동시간은 약 11% 증가했다. OECD Employment Outlook 2006 and Employment Outlook 1985.

4. 소득 불평등이 높아지면 더 오래 일하려는 동기가 커진다. 이런 동기는 추가 근무시간이 승진 기회를 높여서 매우 불평등한 임금 분배에서 위로 올라가거나 해고 시기에 자리를 보존할 가능성을 높일 때 나타난다. L. A. Bell and R. B. Freeman, 2001, The incentive for working hard: Explaining hours worked differences in the US and Germany, Labour Economics, 8(2): 181-202

5. R. Freeman, 2007, America Works: The exceptional labor market, New York: Russell Sage, ch. 4

6. C. Juhn, K. M. Murphy, and R. H. Topel, 1991, Why has the natural rate of unemployment increased over time? Brookings Papers on Economic Activity 1991(2): 75-142

7. 소득 수준은 높지만 복지가 부족한 나라의 빈곤에 대한 분석은 다음 자료를 참조할 것. M. Federman, T. I. Garner, K. Short, W. B. Cutter IV, J. Kiely, D. Levine, D. McDough, and M. McMillen, 1996, What does it mean to be poor in America? Monthly Labor Review 119(5)

8. L. Bell and R. Freeman, 2001, Working hard, in G. Wong and G. Picot, eds., Working Time in Comparative Perspective, Kalamazoo, MI: Upjohn Institute

9. US Bureau of Labor Statistics, Work at Home in 2004 USDL 05-1768, September 22, 2005, hhttp://www.bls.gov/news.release/homey.nr0.htmi

10. hhttp://www.politicalgateway.com/news/read/39278i

11. 『이상한 나라의 앨리스』에 나오는 내용을 『보이지 않는 손(invisible hand)』 버전으로 각색했다.

12. William Nordhaus, 2006, The Stern Review on the economics of climate change, NBER working paper 12741, December. See also Martin Weitzman, 2007, Structural uncertainty and the value of statistical life in the economics of catastrophic climate change, NBER working paper 13490, October

13. A. Clark and A. J. Oswald, 1994, Unhappiness and unemployment, Economic Journal 104(2): 648-59

14. J. 리프킨은 자신의 저서에서 그런 새로운 시간 할당 방법을 설명했다: J. Rifkin, 1996, End of Work (New York: Tarcher Putnam). J. 스코르도 다음 책에서 케인스식 시간 할당 방법을 지지했다: 1992, The Overworked American: The Unexpected Decline of Leisure(New York: Basic Books).

10장 케인스의 생각보다 상황이 더 중요한 이유

이 글의 초안에 의견을 준 로렌조 페치와 구스타보 피가에 감사한다.

1. R. H. Frank and P. J. Cook, 1995, The Winner-Take-All Society, New York: The Free Press

2. 이런 과정에서 불평등이 미친 역할에 대한 증거는 다음 자료를 참조할 것: R. H. Frank and A. S. Levine, 2006, Expenditure cascades, mimeo, Johnson School, Cornell University

3. R. H. Frank, 1999, Luxury Fever, New York: Free Press

4. 일례로 A. 카시단(A. Kashdan)과 D. 클라인(D. Klein)은 2006년에 발표한 그들의 논문에서 이 주장에 이의를 제기한다. 이에 대해서는 다음 자료를 참고할 것: Assume the positional: Comment on Robert Frank, Econ Journal Watch 3(3): 412-34 hhttp://www.econjournalwatch.org/pdf/KashdanKleinCommentSeptember2006.pdfi

5. R. H. Frank, 2006, Taking libertarian concerns seriously: Response to Kashdan and Klein, Econ Journal Watch 3(3): 435-51(http://www.econjournalwatch.org/)

11장 (경제적) 역사의 종말

출처를 별도로 표기하지 않은 모든 인용문은 『우리 손자 손녀들이 누릴 경제적 가능성』에서 가져왔다. 이 장의 초안에 유용한 조언을 해준 벨라 벨루필라이(Vela Velupillai)에게 감사한다.

1. 그 이후로 복리의 힘은 경제학자들에게 항상 놀라움을 줬다. 로버트 루카스는 "같은 기간(1960~1988)에 한국의 1인당 국민소득은 매년 6.2%씩 증가했는데, 이는 생활 수준이 11년마다 2배씩 증가한 것과 같다"라고 썼다. 그리고 이런 결론을 내렸다. "만약 우리가 경제 성장 과정을 이해한다면⋯ 이런 사실을 컴퓨터가 설치된 실험실에서 펜과 종이로 증명해낼 수 있어야 한다. 경제적 기적이 무엇인지 아는 사람이라면 증명해낼 수 있어야 한다(Lucas, 1993)." 유토피아는 존재한다. 아니, 멋지게 존재한다!

2. 이런 해석을 내게 제시한 사람은 벨라 벨루필라이였다.

3. 케인스는 『통화 개혁에 관한 소고(The Track on Monetary Reform)』에서 "종국에는 모두가 죽는다!"라고 말했는데, 거기에 "인류에게 다행히도 우리의 손자 손녀들은 살아 있을 것이다!"라는 말을 덧붙였어야 했다.

15장 정말 장기적으로 생각하기: 케인스의 또 다른 걸작

1. 나는 1936년에 알프레드 랜든(Alfred Landon)이 프랭클린 D. 루스벨트를 누르고 미국 대통령에 당선될 것으로 예측하면서 뼈아픈 교훈을 얻었다. 독자들은 루스벨트 대통령의 재선 당선이 미국 역사상 가장 놀라운 반전 중 하나였다는 것을 기억할 것이다. 그런 경험을 한 후 나는 어떤 예측을 하든 지나칠 정도로 신중해졌다. 이후 1966년에 윌리엄 보웬 교수와 함께 공연예술 경제학에 관한 책을 내면서 비용 질병(cost disease) 이론을 제시했다. 나는 이 이론에 기초하여 40년 동안 질적으로 정확했다고 판명된 전망을 제시했지만 너무 소심한 나머지 우리의 숫자들을 예측이라고 부르지 못했다(Baumol and Bowen 1966, pp. 405-407).

2. 들리는 얘기로, 헨리 포드는 이 문제를 다음과 같이 표현했다고 한다. "이 세상에서 가장 불행한 사람은 할 일이 전혀 없는 사람이다(Lands 2006, p. 132)."

3. 하지만 우리가 케인스 예측이 옳았다고 생각한다면 이 사고 실험은 쉽게 수행되지 못할 것이다. 만약 인류가 점점 거대해지는 번영에 케인스의 예상대로 대응한다면 산출의 증가 속도는 이전보다 훨씬 더 낮아질 것이고 인류는 그 혜택을 측정 불가능한 심리적이고 미학적인 즐거움 위주로 누리게 될 것이기 때문이다. 이런 즐거움의 규모는 산출과 혁신의 폭발적인 증가와 비교하면 훨씬 불분명하고 정의하기 어렵다.

| 참고문헌 |

2장

Acemoglu, D., P. Aghion, and F. Zilibotti. 2006. Distance to frontier, Selection and economic growth. Journal of the European Economic Association 4:37-74

Acemoglu, D., and F. Zilibotti. 2001. Productivity differences. Quarterly Journal of Economics 116:536-606

Achen, A. C., and F. P. Stafford. 2005. Dataquality of housework hours in the panel study of income dynamics: Who really does the dishes? Mimeo. University of Michigan

Blanchard, O. J. 2004. Is Europe falling behind. The Globalist, June 8. Costa, Dora. 2000. Frommill town to board room: The rise of women's paidlabor. Journal of Economic Perspectives 14 (Fall):101-22

Doepke, M., and F. Zilibotti. 2005. Social class and the spirit of capitalism. Journal of the European Economic Association 3:516-24

Doepke, M., and F. Zilibotti. 2008. Occupational choice and the spirit of capitalism. Quar-terly Journal of Economics, forthcoming.

Eisensee, T. 2006. Fiscal policy and retirement in the twentieth century. Mimeo. IIES-Stockholm University

Greenwood, J., A. Seshadri, and M. Yourukoglu. 2005. Engines of liberation. Review of Economic Studies 72:109-33

Huberman, M., and C. Minns. 2007. The times they are not changin': Days and hours of work in old and new worlds, 1870-2000 In Explorations in Economic History, forthcoming.

Marimon, R., and F. Zilibotti. 2000. Employment and distributional effects of restricting working time. European Economic Review 44:1291-1326

Myrdal, G. 1968. Asian Drama: An Inquiryin to the Poverty of Nations. NewYork: Pantheon Books

Parente, S., and E. Prescott. 2002. Barriers to Riches. Cambridge: MITPress.

Prescott, E. 2004. Why do Americans work so much more than Europeans. Federal Reserve Bank of Minneapolis Quarterly Review 28:2-14

Ramey, V., and N. Francis. 2006. A century of work and leisure. NBER working paper W12264

Sala-i-Martin, X. 2006. The world distribution of income: Falling poverty and... conver-gence, period. Quarterly Journal of Economics 121:351-97

6장

Cass, D. 1965. Optimum growth in anaggregative model of apital accumulation. Review of Economic Studies 32(3):233-40

Cole, H., G. Mailath, and A. Postlewaite. 1992. Social norms, savings behavior, and growth. Journal of Political Economy 100(6):1092-112

Cole, H., and L. E. Ohanian. 2002. The great U.K. depression: A puzzle and possible resolution. Review of Economic Dynamics 5(1):19-44

Cooley, T.,a nd L. E. Ohanian. 1997. Post war British growth and the legacy of Keynes. Journal of Political Economy 105(3):439-72

Kendrick, J. 1961. Productivity Trends in the United States. Princeton: Princeton UniversityPress.

Keynes, J. M. 1930. Economic Possibilities for our Grandchildren(chapter1,t hisvolume).

Koopmans, T. 1965. On the concept of optimal economic growth. Pontificiae

Academiae Scientiarvm Scripta Varia28:225-300

Leamer, E. 2004. Datapoint. Harvard Business Review(October), p. 24

Ljungqvist, L., and T. J. Sargent. 1998. The European unemployment dilemma. Journal of Political Economy 31(3):514-50

Lucas, R. 1988. On the mechanics of economic development. Journal of Monetary Economics 22(1):3-22

Ohanian, L. E., A. Raffo, and R. Rogerson. 2006. Long-term changes in labor supply and taxes: Evidence from OECD countries, 1956-2004. Discussionpaper. Federal Reserve Bank of Kansas City.

Pigou, A. C. 1927. Wage policy and unemployment. Economic Journal 37(147):355-68

Prescott, E. 2004. Why do Americans work so much? Quarterly Review, Federal Reserve Bank of Minneapolis 28(1):2-13

Romer, P. 1990. Endogenous technological change. Journal of Political Economy 98(5, pt. 2):S71-S102

Schor, J. 1992. The Overworked American: The Unexpected Decline of Leisure. NewYork: BasicBooks.

Solow, R. 1956. Ac ontribution to the theory of economic growth. Quarterly Journal of Economics 70(1):65-94

Swan, T. 1956. Economic growth and capital accumulation. Economic Record 32:334-61

Veblen, T. 1899. The Theory of the Leisure Class. London:Macmillan.

11장

Fukuyama, F. 1992. The End of History and the Last Man. NewYork: FreePress.

Keynes, J. M. 1925. Soviet Russia. The Nation and Athenaeum, October 10, 17, and 24. Reprinted in The Collected Writings of John Maynard Keynes, vol. 9. London: Macmillan, pp. 253-71

Lucas, R. J. 1993. Making a miracle. Econometrica 61(2):251-72

Lucas, R. J. 2003. Macroeconomic priorities. American Economic Review 93(1):1-14

Phelps, E. S. 2006. Macroeconomics for a modern economy. Nobel lecture, Stockholm University, December 8

Samuelson, P. A. 1983. The world economy at century's end. In S. Tsuru,ed., Human Resources Employmentand Development. Vol. 1: TheIssues. London: Macmillan.

Skidelsky, R. 1992. John Maynard Keynes. Vol 2: The Economist as Saviour. London: Macmillan.

12장

Boldrin, M., and D. K. Levine. 2002. Factor saving innovation. Journal of EconomicT heory 105:18-41

Boldrin, M., and D. K. Levine. 2006. Quality ladders, competition and end ogenous growth. Mimeo. Washington University in SaintLouis, October.

Cole, H., and L. Ohanian. 2002. The great U.K. depression: A puzzle and possible resolution. Review of Economic Dynamics1:19-44

Crafts, N. 1999. Economic growth in the twentieth century. Oxford Review of Economic Policy 15:18-34

David, P. A., and G. Wright. 1999. Early twentieth century productivity growth dynamics: An inquiry in to the economic history of "OurIgnorance." Mimeo. University of Oxford and Stanford University.

Diamond, J. 1997. Guns, Germs and Steel: The Fates of Human Societies. NewYork: Norton.

Duffy, E. 1992. The Stripping of the Altars: Traditional Religion in England, 1400-1580. New Haven: Yale University Press.

Fudenberg, D., and D. K. Levine. 2006. A dual self model of impulse control. American Economic Review, forthcoming.

Gali, J. 1999. Technology, employment, and the businesscycle: Do technology shocks explain aggregate fluctuations? American Economic Review 89:249-71

Gordon, R. J. 2004. Two centuries of economic growth: Europe chasing the American frontier. Mimeo, Northwestern University.

Gordon, R. J. 2005. The 1920s and the 1990s in mutual reflection. Mimeo. Northwestern University.

Lane, F. C. 1963. The economic meaning of the invention of the compass. American Historical Review 68:605-17

McNeill, W. H. 1963. The Rise of the est: A History of the Human Community. Chicago: University of Chicago Press.

Mokyr, J. 1990. The Lever of Riches: Technological Creativity and Economic Progress. NewYork: Oxford University Press.

Rostovzev, M. 1926. The Social and Economic History of the Roman Empire. Oxford: Clarendon Press.

Solow, R. M. 1956. A contribution to the theory of economic growth. Quarterly Journal of Economics 70:65-94

Solow, R. M. 1957. Technical change and the aggregate production function. Review of Economics and Statistics 39:312-20

Trevor, W. I. 2000. A History of Invention from Stone Axes to Silicon Chips. NewYork: FactsonFile.

Youings, J. 1971. The Dissolution of the Monasteries. London: Allen and Unwin.

13장

Kandel, E. R., J. H. Schwartz, and T. M. Jessell. 2000. Principles of Neural Science. NewYork: McGraw-Hill.

Rayo, L., and G. S. Becker. 2007a. Evolutionary efficiency and happiness. Journal of Political Economy 115(2):302-37

Rayo, L., and G. S. Becker. 2007b. Habits, peers, and happiness: An evolutionary perspective. American Economic Review, Papers and Proceedings 97(2):487-91

Robbins, L. 1930. On the elasticity of demand for income in terms of effort. Economica 29:123-29

Robbins, L. 1932. An Essay on the Nature and Significance of Economic Science. NewYork: Macmillan.

14장

Alesina, A., R. Di Tella, and R. MacCulloch. 2001. Inequality and happiness: Are Europeans and Americans different? NBER working paper 8198. Cambridge, MA.

Baker, G., R. Gibbons, and K. J. Murphy. 2002. Relational contracts and the theory of the firm. Quarterly Journal of Economics 117(1):39-84

Baker, G., M. C. Jensen, and K. J. Murphy. 1998. Compensation and incentives: Practivevs. theory. Journal of Finance 63(3):593-616

Becchetti, L., D. Londono Bedoya, and G. Trovato. 2006. Income, relational goods and happiness. CEIS working paper 227.

Becchetti, L., and M.S antoro. 2006. The wealth-unhappiness paradox: Are lational goods/Baumol disease explanation. InL. Bruniand L. La Porta, eds., Handbook of Happinessin Economics, London: Elgar.

Becchetti, L., and F. Rosati. 2007. Globalization and the death of distance in social preferences and inequity aversion: Empirical evidence from a pilot study on fair trade consumers. World Economy 30(5):807-30

Bird, K., and D. Hughes. 1997. Ethical consumerism: The case of "fairly-traded" coffee. Business Ethics: A European Review 6(3):159-67

Bruni, L., and P. L. Porta. 2004. Felicit□ ed Economia. Milano: Guerini associati.

Clark, A. E., and A. J. Oswald. 1994. Unhappiness and unemployment. Economic Journal, Royal Economic Society 104(424):648-59

Corporate Social Responsibility Monitor. 2003. Available at ＜http://www. bsdglobal.com/issues/sr.aspi＞

Duesenberry, J. 1949. Income, Saving and the Theory of Consumer Behaviour. Cambridge: Harvard University Press.

Easterlin, R. A. 2001. Income and happiness: Towards a unified theory. Economic Journal 111:465-84

Fehr, E., and A. Falk. 2002. Psychological foundations of incentives. European Economic Review 46:687-724

Frank, R. H. 1997. The frame of reference as a public good. Economic Journal 107(445):1832-47

Freeman, R. E. 1984. Strategic Management: A Stakeholder approach. Boston: Pitman.

Frey, B. S., and A. Stutzer. 2000. Happiness, economy and institutions. Economic Journal 110:918-38

KPMG International Survey of Corporate Responsibility Reporting 2005. Available at ＜www.kpmg.com/Rut2000_prod/Documents/9/Survey2005.pdfi＞

Report on Socially Responsible Investing Trends in the United States. 2003. Available at ＜http://www.socialinvest.org/resources/researchi＞

Sen, A. 1977. Rational fools: A critique of the behavioral foundations of economic theory. Philosophy and Public Affairs 6(4):317-44

Smith, A. [1759]1984. The Theory of Moral Sentiments. London, pp.182-85

15장

Baumol, W. J., and W. G. Bowen. 1966. Performing Arts: The Economic Dilemma. NewYork: Twentieth Century Fund.

Keynes, J. M. 1930. Economic Possibilities for our Grandchildren(chapter 1, this volume).

Landes, D. S. 2006. Dynasties. NewYork: Viking.

Maddison, A. 2003. The World Economy: Historical Statistics. Paris: OECD

옮긴이 **김성아**

미국 듀크대학교 MBA를 졸업한 후, 미국 시티그룹 본사 마케팅 부서에서 매니저로 근무했다. 이후 삼성전자와 제일모직에서 마케팅을 담당했으며, 현재 번역에이전시 엔터스코리아에서 전문번역가로 활동하고 있다. 주요 역서로는 『존 메이너드 케인스』, 『마케팅 평가 바이블』, 『TED: 끓어오르는 강』, 『TED: 한끗 차이 디자인 법칙』, 『TED: 낯선 사람들이 만날 때』, 『심플하게 생각하기: 생각의 전환으로 결정적 순간을 만드는 10가지』 등이 있다.

감수자 **이강국**

일본 리쓰메이칸대학교 경제학부 교수이다. 서울대학교 경제학부와 대학원을 졸업하고 매사추세츠 주립대학교에서 경제학박사 학위를 받았다. 『다보스, 포르투알레그레 그리고 서울: 세계화의 두 경제학』, 『가난에 빠진 세계』, 『이강국의 경제산책』 등의 책을 썼고, Cambridge Journal of Economics 등의 학술지에 많은 논문들을 발표했으며 한겨레신문에 칼럼을 쓰고 있다. 주요 연구 분야는 불평등과 경제성장, 금융세계화 등이다.

다시, 케인스

초판 1쇄 발행 2023년 10월 04일

지은이 존 메이너드 케인스, 조지프 스티글리츠, 구스타보 피가, 로렌조 페치 외 15명
옮긴이 김성아
감　수 이강국
펴낸이 김선준

책임편집 송병규
편집팀 이희산
마케팅팀 이진규, 권두리, 신동빈
홍보팀 한보라, 이은정, 유채원, 권희, 유준상, 박지훈
디자인 김세민
경영관리팀 송현주, 권송이

펴낸곳 (주)콘텐츠그룹 포레스트　**출판등록** 2021년 4월 16일 제2021-000079호
주소 서울시 영등포구 여의대로 108 파크원타워1 28층
전화 02) 2668-5855　**팩스** 070) 4170-4865
이메일 www.forestbooks.co.kr
종이 ㈜월드페이퍼　**인쇄·제본** 한영문화사

ISBN 979-11-92625-81-2 (03320)